現代の社会福祉

人間の尊厳と福祉文化

関西福祉大学社会福祉研究会【編】

日本経済評論社

刊行にあたって

関西福祉大学学長　岸井勇雄

　関西福祉大学は，2009（平成21）年4月開学12年目を迎え，さらに同年4月，大学院社会福祉学研究科修士課程も開設しました．このたびこれを機会に『現代社会福祉―人間の尊厳と福祉文化』のテーマのもと「論文集」を刊行することになりました．期を同じくして，新学長に就任いたしました私から，本書の趣旨を簡単に述べ刊行のことばとしたいと思います．

　本書は，3部から構成されています．第1部は「社会福祉学の根源から考える」のタイトルのもとで社会福祉学の原理研究を中心に，第2部は，社会福祉学における「実践の原理と原理にもとづく実践」について，それぞれの福祉実践の視点から検討しています．第3部は，「これからの社会福祉を展望する」のテーマのもと政策論の分野を中心に，現代の社会福祉について述べています．

　今日の社会に起こっている失業問題やホームレス，引きこもり，高齢者や子どもの虐待，いじめ，生活保護の受給困難などの問題の前で，人間の尊厳と自立，人権，支え合い等を前提とした「社会福祉の新しい原理」とその方法を求めることは，現代の学問上でも重要な課題と思います．この点は，私の専門の教育学の分野でも「原理」の根源を求めることが重要であり，いわば共通の課題となっていると思います．特に本学が「福祉の心」を大切にすることを開学の精神としている上からも明らかなところです．

　本書編集の当初の出発点では，「社会福祉の原理を求めて」としていました．しかし，近年，社会福祉の守備範囲が拡大し，同時に社会福祉学の学際的な性格も強くなり，また現実の社会福祉の実践との接点も社会福祉理論の有効性をめぐって論議されるところとなりました．したがって，本書では，このような状況を踏まえて，社会福祉の原理，実践，政策の分野を中心に，その統合化をはかり，最終目標を福祉文化という学際的で横断的な方法を取り入れて追求することとしました．

　本書執筆のメンバーは，本学社会福祉学部の比較的若い研究者が中心となっ

ています．しかしながら，その学問的な追求の果敢な精神をもって現代社会福祉学への挑戦を各人がそれぞれの角度から試みております．その試みが成功しているかどうかは読者の皆さんの判断に任せるしかありませんが，この書が，社会福祉の専門家の方がたにはもちろん，社会福祉の現場で働く多くの人びとの指針や展望となり，またその原動力となることを願って刊行の言葉と致します．

 2009 年 7 月

はしがき

　失業し社宅を追われ，ホームレスとなった人たちがいる．引きこもり・介護・多重債務・虐待など，たくさんの困難を抱えた家庭が，地域との係わりがないため気づかれないでいる．いじめられていることを大人にいうことができず，死を選ばざる得ない状況に追い込まれてしまった中学生がいる．うつ状態であることをまわりに打ち明けることができず，自死してしまったお父さんがいる．

　社会福祉の必要性はますます増してきている．しかしながら，生活保護があることを知り窓口に行っても，生活保護の受給が難しい現実がある．重い障害があるため，様々な福祉サービスが必要であるにもかかわらず，サービスを利用すればするほど費用がかかり，十分な生活の維持が困難な人がいる．社会福祉は今まさに必要とされているにもかかわらず，その機能を十分に果たせないでいる．

　社会福祉は経済や政治，そして国民の意識といった要因に影響され，そのあり方は変わってきた．しかし，このような外的要因に影響・規定されるだけの社会福祉を脱却しなければならない時代を迎えている．今日に求められている社会福祉は，自らが内在的にもつ原理を軸として社会福祉という活動を組み立て，自らのアイデンティティを確立し，社会福祉が経済や政治そして国民の意識に影響を与えていくようなあり方である．

　このように考えたとき，社会福祉が内在的に宿している原理となるのが「一人ひとりの尊厳をまもること」ではないだろうか．この原理を様々な文脈の中で問い具体化していくこと，この原理に基づいた福祉実践や福祉政策を展開していくこと，そして，社会福祉を単に福祉実践や福祉政策としてではなく，経済や政治あるいは国民の行動様式に影響を与える文化へと高めていくことが，これからの社会福祉のあり方であると考える．

　本書はこのような考えを軸に，これからの社会福祉を組み立てていく上で必

要とされる論点を，原理，実践，政策の3領域に分け論じている．各領域で論じられている内容は以下の通りである．

第1部は社会福祉学を根源から考える論文を集めている．

中村論文は尊厳という概念を理解するために，存在の次元と他者の次元という思考空間を導入し，その2つの次元が交差する地点で尊厳を捉えることで，尊厳という概念がもつ意味を明らかにしている．また，尊厳概念の顕在化および尊厳概念の継承と習慣化いう観点から創造される福祉文化のあり方を提示している．

平松論文では，"人権の尊重"という社会福祉の根幹をなす人権思想や人間の尊厳の深淵について論じている．私たちは崇高な存在によって保障された地平における出会いを通じて，はじめてそれぞれの存在と，その人権と尊厳を認めることができる．つまり，互いに向き合っている人間同士の関係だけでなく，それを成立させている崇高な第三者の存在との関係を想定し，共有することを通して，真の人権思想や人間の尊厳を体得することが可能となる．崇高な第三者すなわち聖なるものへの飽くなき探究と深い思索，報いを求めない献身こそが社会福祉学に貢献することにつながり，さらには，これからの研究・教育者に求められる姿勢なのではないだろうかと提言している．

丸岡論文の「メタ福祉学の構想」は，社会福祉学のなかで「認識論」を担当する研究領域の開発構想である．さしずめ社会学では「理論社会学」やカッコつきで「メタ社会学」と呼ばれているものである．この認識論は，デカルト以来カントによって確立された哲学史上のアポリア（主観・客観問題）であるが，その後「科学哲学」によって引き継がれた．そして人文社会科学では，この科学哲学の変形バージョンが「メタ理論」となって再生し，現在も学問論として重要なテーマの1つである．したがって本論文は，社会福祉学がメタ理論領域に関わる「通過儀礼」としての役割を果たすものであると言えるだろう．

光田論文は，近代ヨーロッパを代表する教育家でありながら，貧民救済や孤児教育の実践を通して社会福祉家としても評されるペスタロッチーの理論と実践をもとに，そこに見出される児童福祉と教育との原理的融合の内実を明らかにする．児童福祉は教育の基礎概念であり，児童福祉は教育の保障をもっての

み実現しうる．児童福祉と教育の原理はそれぞれの学問分野で論究されているが，ともに子どもの権利やその生活の安寧のために存在するならば，理論レベルにおいても実践レベルにおいても，共通の原理のもとに展開されるべきである．本論文では，その原理をペスタロッチーの思想を手がかりに読み解くことによって，福祉の実現を目指す営為にかかわる原理的研究の新たな地平を開くことが目指されている．

　第2部は福祉実践の原理と原理にもとづく実践に関する論文を集めている．

　谷川論文の独自性は少なくとも2つ数えられる．第1に，地域福祉に欠くことができない理念を「地域福祉理念のダイアグラム」として提示していることである．これによりQOLを最終目標とする各種理念の因果関係が明らかにされている．そして第2は，地域福祉の体系を多変量解析に基づいて「地域福祉の構成要件」として提示していることである．それは学究諸家の論理だけに求めるのではなく，現職のコミュニティワーカーの意識から導いたものとなっている．

　岩間論文は，ソーシャルワークにおけるクライエントの自己決定に関して，そこに組み込まれてしまっているパターナリズムについて整理しつつ，実践上の課題について考察している．そこから，ソーシャルワークを含めた専門職による援助提供枠組ではパターナリズムの完全な克服が難しい以上，当事者の主張する権利としての「自己決定」には制限を加えざるを得ないこと，またソーシャルワークの価値と現実場面での行動の間に構造的矛盾が生じているという問題を浮き彫りにすることを試みた．

　一瀬論文は，介護心中事件や要介護高齢者に対する家族間暴力という極めて緊急度の高い問題を取り上げている．この論文では，男性介護者のストレスおよび家庭内高齢者虐待の発生原因について，家族システム論的視座に立った分析を試みている．そして，高齢者に対する家族間暴力を緩衝するために，家族システム論的アプローチに基づく介入技法の必要性について述べている．本論文で示されているソーシャルワーク実践スキルをより具体的なものとして提示し，それを実践において検証するなかで，より有効性の高いソーシャルワーク実践スキルの体系化につながるのではないか．この視点に基づく研究は，介護心中や高齢者虐待の解決策を探るうえで一石を投じるのではないだろうか．

岩本論文の独自性は，20年以上にわたる播州織女性史の踏査研究そのものが前人未到であり，唯一無比という点にこそあるといえよう．本稿ではとくに「福祉文化論」の視点から「超高齢社会」を目前にした社会において，いわゆる「情報弱者」へのアプローチのあり方，「福祉の質」はいかにあるべきか，を論じた．これらに対する解決の糸口として，かつて播州織機業地において，女子工員や地域住民への意識啓発・地域浄化に主導的役割を果たした婦人会・青年団および地元新聞の考え方・行動力などを論述した播州織女性史にみる原理的研究が参考になるにちがいない．時代はまさに，「福祉」と福祉が根付いた生活様式である「福祉文化」との共通項，「福祉の質」「豊かな生活」に逆行し，家庭や地域力の低下はさまざまな問題を噴出させている．だからこそ，過去に学ぶという筆者の原理的研究には大きな意義があるといえまいか．

古瀬論文は人間のおかれた状況が，危機，絶望，苦難など，極めて厳しいものであればあるほど，精神性が命と結びつき，そこに真の癒しの姿勢が生まれてくる．ことばを超えた音楽の美は，命を支え，生き延びるために有効であることを示唆している．このことは「なぜすべての民族が音楽を離さなかったのか」との問いに答え，さらに人間の幸福を希求する上で音楽が不可欠であることの原理を，説き明かそうとしたものである．

第3部はこれからの社会福祉を展望する論文を集めている．

谷口論文では，支援費制度から障害者自立支援法施行へと続く改革をとりあげ，その実施主体である市町村の現状と課題を明らかにしている．その上で，これら課題がもたらす閉塞感を打開するための糸口として，地域自立支援協議会の動きに注目している．特に，当該活動の将来に新たな公共の創出・住民自治の実現への可能性を見出せたことの意義は大きいものと思われる．

藤岡論文では，アマルティア・センの潜在能力（ケイパビリティー）の観点を基礎にし，人間発達を強調しながら，全く異なる政策構想を提起するギデンズの「第三の道」と ベーシック・インカム論を批判的に検討する．そして，エスピン-アンデルセンの福祉国家の類型化を検討しつつ，1950年代に展開されたスウェーデンモデルの現代化が，果たして人間発達の社会保障論の典型足りうるかを論じる．

坂本論文では，これまでの各章の叙述を踏まえ，欧米や日本で現在問題とな

っている社会的排除の問題に対して社会福祉学はどのように対応すべきかについてその経済的，社会的基盤となる行財政とこれに関連する諸問題について検討している．まず，社会福祉と社会保障の関係について憲法第 25 条の規定をもとに検討し，戦後の社会福祉の概念は，その後の社会保障制度によって経済的・財政的に裏づけられ，さらに今日ではかつての貧困問題がさらに，「人間の尊厳の維持」と「自立生活」「生きがい」に向けた支援への広がりを見せていることを述べる．現代社会のインナーシティ問題，労働力市場の二重構造，失業や不安定就業に見られる社会的排除・格差構造を前に，ヨーロッパにおける福祉主体の多元化や「福祉ミックス論」の動向を踏まえて，まずエスピン-アンデルセンの福祉国家類型論などを検討し，現代の福祉国家における「新たな公共」の役割に関する社会福祉学をはじめとする諸学説について述べた．そうして，財政問題とあわせてこれを補完し行政との協働・参加を進めるこれまでの社会福祉協議会をはじめ NPO，福祉協同組合や特に欧米の社会的企業などの動向についてふれた後，行政努力と共にこれら諸団体による社会的排除への包摂化と福祉文化に果たす役割が益々大きくなっていることを指摘している．

　関西福祉大学はすでに創立 12 周年を迎え，「ほんものの福祉」とは何かを研究し，その研究に基づいた教育を展開していくことに大学の方向性を定めた．そして，2009 年 4 月から大学院社会福祉学研究科を開設した．本書はその中から生まれた 1 つの成果である．しかしながら，「ほんものの福祉」を探究し，教育する歩は始まったばかりである．あえて「ほんもの」を掲げて探究しなければならないほど，現実の社会福祉は多くの課題を抱えている．そして，その中で尊厳が踏みにじられ，生活課題を抱えた人が多くいる．このような状況にいる人びとの尊厳が保持できる社会となるために，「ほんものの福祉」の探究を，この歴史ある赤穂の地から発信し続けていきたい．

　2009 年 7 月

関西福祉大学社会福祉研究会

目次

刊行にあたって　iii
はしがき　v

第1部　社会福祉学の根源から考える

第1章　社会福祉における尊厳と福祉文化の創造
―尊厳・ハビトス・福祉文化―……………………中村　剛　3

はじめに　3
1. 人間の尊厳　5
2. 存在の尊厳：存在の次元における尊厳　10
3. 他者の尊厳：他者の次元における尊厳　16
4. 尊厳概念の再構築　19
5. 尊厳概念と福祉文化の創造　20
おわりに　21

第2章　現代社会福祉における人権問題 ………………平松正臣　24

はじめに　24
1. 社会福祉における人権　26
2. 社会福祉と人権思想の抱える困難　31
3. 人権尊重を中心に据えた援助をめざして　37
おわりに　40

第3章　メタ福祉学の構想
―社会福祉の意味と認識― ………………………丸岡利則　42

はじめに　42

1. 「意味の意味」の原理　43
2. メタ理論の認識論　47
3. 社会福祉学の認識論的転回　52
4. 認識論へのクリティーク　56
   おわりに　61

第4章　ペスタロッチーの教育思想と「福祉」の原理
　　　　―教育と福祉の原理的融合を求めて―……………光田尚美　66

　　はじめに　66
1. ペスタロッチーに学ぶ意味と研究方法　67
2. ペスタロッチーにおける「福祉」の原理　68
3. 結びにかえて：教育と福祉の原理的融合を求めて　80

第2部　実践の原理と原理にもとづく実践

第5章　地域福祉体系化への序説
　　　　―学究諸家に学ぶ視座と確認―………………………谷川和昭　87

　　はじめに　87
1. 地域社会とコミュニティの位相　88
2. 地域福祉理念の思想的展開　92
3. 地域福祉理論の変遷と類型　96
4. 地域福祉要件の分析と新たな体系化　100
   おわりに　105

第6章　ソーシャルワークにおける自己決定問題　……岩間文雄　109

　　はじめに　109
1. 問題の所在　110
2. 専門職とパターナリズム　111
3. 先行研究のレビュー　113
4. 自己決定の歪んだ捉え方から生じる問題　117

5. 自己決定を巡るソーシャルワークの問題　120
　　おわりに　123

第7章　高齢者介護家族のストレス分析
　　　―家族システム論的見地から― …………………… 一　瀬　貴　子　125

　　はじめに　125
　　1. 家族間暴力の発生プロセスに関する理論　128
　　2. 要介護高齢者をめぐる家族間暴力：家族システム論的見地から　130
　　3. 介護心中事件の家族システム論的視座に基づく分析　135
　　4. 要介護高齢者をめぐる家族間暴力に対するアプローチ　137

第8章　「福祉文化」論への課題
　　　―社会福祉史の研究を通して― …………………… 岩　本　真　佐　子　145

　　はじめに　145
　　1. 「福祉文化」の研究視点　145
　　2. 播州織女性史にみる「福祉文化」前史　148
　　3. 「福祉文化」再構築への視座　153
　　おわりに　156

第9章　音楽と福祉
　　　―収容所における音楽療法― …………………… 古　瀬　徳　雄　158

　　はじめに　158
　　1. 大戦下における収容所での音楽活動　159
　　2. ナチスへの抵抗から生まれた作品について　168
　　3. 施設での音楽と文化的活動　171
　　4. 考察　175
　　おわりに　178

第3部 これからの社会福祉を展望する

第10章 障害者自立支援法と障害者福祉 ……………… 谷口泰司 183

1. 措置から契約へ：支援費制度の幕開け 183
2. 支援費制度の崩壊 185
3. 障害者自立支援法の施行と混迷する市町村障害者福祉行政 190
4. 新たな福祉像を求めて：地域自立支援協議会の意義と展望 196

第11章 社会保障論の基礎視座
―人間発達とスウェーデンモデル―……………… 藤岡純一 205

はじめに 205
1. 人間発達の社会保障論 206
2. 第三の道とベーシック・インカム論 210
3. 福祉国家レジーム 215
4. スウェーデンモデル 218
おわりに 220

第12章 現代の社会福祉と「新たな公共」
―社会的包摂と社会的企業の役割― ……………… 坂本忠次 224

はじめに 224
1. 社会福祉と社会保障の関係：憲法第25条及び第13条をもとに 226
2. 福祉国家における「福祉主体の多元化」と「新しい公共性」 229
3. 地方自治体における社会福祉と公民連携の方向について 236
4. 社会的企業をめぐる最近の動向 238
むすび 243

索引 249

第1部　社会福祉学の根源から考える

第1章

社会福祉における尊厳と福祉文化の創造
―尊厳・ハビトス・福祉文化―

中　村　　剛

はじめに

　社会福祉法では基本的理念（第3条）として「福祉サービスは，個人の尊厳の保持を旨とし」と謳っている．また，社会福祉士の倫理綱領の価値と原則には「人間の尊厳」が掲げられ，「社会福祉士は，人間の尊厳の尊重と社会正義の実現に貢献する」とある．また，社会福祉法の制定に先立つ社会福祉基礎構造改革では，福祉の文化の創造が基本的方向性の1つとして示された．すなわち，今日の社会福祉は，尊厳概念を根底におき社会福祉法制度・社会福祉実践を組み立てていくだけでなく，社会で暮らすみんなで福祉の文化を創造していくような社会福祉が求められている．
　では尊厳はどのような意味をもち，何を根拠に人間には尊厳があるといえるのか．この点について社会福祉研究では，中山（2005），葛生（2005）の考察がある．また，栃本（2008）は人間の尊厳を基盤とする社会福祉についての基本的な視座について論じ，「社会福祉研究者が正面から向き合わなければならないのは，『尊厳が実現していない社会』についての具体的な改善であり」（栃本 2008: 13）といった切迫した提言をしている．これらの研究により，社会福祉を論じる上での基礎的な点が整理されてはいる．
　しかしながら，第1節の考察で指摘するように，人間理解の根幹にかかわるこの概念はまだ，充分に理解されてはいない．また，社会福祉士のテキストを見ても，最近では関家（2009: 138-46）や岩崎（2009: 38-9）などの一部のテキストには尊厳についての記述が見られるものの，その意味については十分な説明がなされていない．そして，尊厳の意味が明確でないために，尊厳という概

念と福祉文化がどのように結びつくのかも明らかになっていないのが現状である．

このようななか，現実の社会に目を向けると，会社だけでなく家庭でも自らの居場所を失った中で生きている人びと，死ぬまで働かされた人びと（過労死）をはじめ，「憲法の生存権基底すら満たされない状況」（齋藤・金子・市野川他 2009: 205），「『健康で文化的な最低限度の生活』が侵されている，そのことすら感じられない状況」（齋藤・金子・市野川他 2009: 205）が目に見える形で広がっている．

いま社会福祉に必要なことは，長い歴史の中で人間が気づき理解してきた"尊厳"を護る，という観点から社会福祉を検証することである．そして，尊厳という概念をキーワードの1つとした福祉の文化を創造していくことである．そのためには，軸となる尊厳という概念について，なぜ人間には尊厳があり，その尊厳とはどのような意味であるのかを明らかにしておく必要がある．そして，尊厳という概念がどのようにして福祉の文化の創造を可能にするのか，その道筋を明らかにすることが必要である．このような問題意識のもと，根拠・意味・意義という観点から尊厳という概念を明らかにし，その上で，尊厳という概念が福祉の文化を創造する道筋を明らかにすることが本稿の目的である．本稿では以下の手順に従って考察を進める．

まず1節では，Bayertz（= 2002: 150-63），葛生（2005: 16-21）の研究に依拠し，尊厳の歴史について一部引用し要約することで，尊厳の意味と根拠を確認する．また，葛生が提唱する「ハビトスとしての人間の尊厳」，「暗黙の知」としての尊厳という観点を紹介する．さらに尊厳という概念が，「暗黙の知」であることを示すために，救命ボートのアポリアを採り上げる．

次に言語による明示化が不可能な「暗黙の知」とされる尊厳の意味を明らかにするために，存在の次元・他者の次元という思考の次元を導入する．2節では，存在の次元における尊厳について考察する．ここでは，存在の次元を明らかにする方法として哲学があることを指摘し，その系譜を確認する．その上で，存在の次元において露わになる尊厳の意味を明らかにする．続く3節では，他者の次元における尊厳について考察する．ここでは，他者とのかかわり合いの中で尊厳を捉えている論者を採り上げ，その内容を要約する．その上で，レヴ

ィナスの哲学を採り上げ，他者の次元で露わになる尊厳の意味を明らかにする．

以上の考察を踏まえ4節では，根拠・意味・意義という観点から尊厳概念の再構成を試みる．そして5節では本稿の結論として，尊厳と福祉の文化の創造がどのように結びつくのかの道筋を示す．

1. 人間の尊厳

(1) 尊厳概念の歴史
1) 古代ローマ（ストア学派）

尊厳は英語の dignity の訳であるが，この言葉の使用は，古代ローマで使われていたラテン語の dignitas までさかのぼる．この言葉が確認できる最古の文献はストア学派の1人キケロの『義務について』であるとされている．そこでキケロ（Cicero = 1999: 188-9）は，自然の欲求をコントロールする理性こそが，他の動物には見られない人間固有の優越性であり，それを人間の尊厳と捉えている．

キケロをはじめとするストア学派は，当時の貴族の美徳であった dignitas を，社会的身分にかかわりなく人間そのものに帰属するものとして発展させていった．

2) 中世ヨーロッパ（キリスト教）

中世になると尊厳は，人間と動物の質的差異を表す言葉として用いられた．その根拠となったのが『旧約聖書』創世記（第1章第27-28節）である．そこでは，人間は他の被造物とは異なり「神自身に似せて造る」という特異な造られ方をされたということ，他の動物にはみられない格別の価値が与えられていることが語られている．この神から与えられた格別の価値が尊厳である．

葛生（2005: 18）は，13世紀のトマス・アクィナスは尊厳について，次のように述べているという．

> 「他の被造物は『ほかのもののためにどれだけ役に立つか』という『有用性』（utilitas）によって価値が語られるが，ひとり人間のみは「それ自体」で価値を持つ．つまりは他のものと比較不能な価値をもつ．これが『尊

厳』（dignitas）と呼ばれる価値だと述べています〔T. Aquinas, III Sent: 35.I.4〕」．

中世のキリスト教は，ストア学派が発展させた尊厳の普遍的意味を糸口として，あらゆる人間に帰属する尊厳を「人間のみが神の似姿であり，不死なる魂をもつ」という，創造物の中における人間の特殊な地位を表す言葉として解釈した．

3）ルネッサンスから近代（哲学）

この時期には思想・哲学の観点から人間の尊厳が語られるようになる．この尊厳という概念を構成するのは，人間が持つ次の3つの特性である．

合理性——パスカル（Pascal = 1966: 204）がいうように，「われわれの尊厳のすべては，考えることのなかにある」．

非固定性——ピコ・デラ・ミランドラ（Pico della Mirandola = 1985: 16-7）がいうように，他のあらゆる存在者が生来一定の生命のあり方に固定されているのに対して，人間はその生き方を自由に決定し，さまざまなあり方の中から，自己の在り方を選択できる唯一の存在である．

自律性——カント（Kant = 1976: 118-9）がいうように，人間は自分自身の創造者であるばかりではなく，普遍的な価値と規範（普遍的法則）の創造者であり，自律した存在である．

ルネッサンスから近代における人間の尊厳という理念は，これら人間が持つ普遍的性質に関係しているのである．そして，カント（1976: 118）において尊厳は，「比較を絶する無条件的価値」とされた．

4）現代（法哲学）

現代では「人間の尊厳」は法の中に明文化され制度化されている．これは，次の2点がきっかけとなっている．1つは社会構造の変化である．これまでの階級的に秩序づけられた社会関係の代わりに，現代では機能に従って細分化された社会が現れた．階級的に秩序づけられた社会の中で，自己と社会の間の橋渡しという重要な機能を引き受けていた栄誉という伝統的な概念の代わりに，生得的性質や社会的業績に関係なく，すべての人間に帰属する尊厳という理念

が現れる．もう1つは，二度の世界大戦とドイツにおけるファシスト的独裁者のもとで工業的に行われた数百万の人間の抹殺という経験・反省である．

これらを契機として，第2次世界大戦後法的に制度化された人間の尊厳は，1人ひとりの個人が人間であるというそれだけでもつもの，と考えられるようになった．ここで尊厳は「侵してはならないもの」といった意味をもち，全体や全体の効率に犠牲にはなってはならない，といった機能をもつようになった．

5) 今日（生命倫理学におけるパーソン論）

生命倫理学の中には人間を，自己意識や理性をもつ人（パーソン）とそうでない人（ヒト）に分け，後者より前者の方が価値が高く，前者のみが尊厳をもつ，という考え方がある．これはパーソン論と呼ばれ，「現代の英語圏の影響力のある生命倫理学者たちは，パーソン論を採用するか，あるいはパーソン論に共感的な姿勢を示している」（森岡 2001: 106）．

(2) 徳およびハビトスとしての尊厳
1) 徳としての尊厳

葛生は尊厳の歴史を整理した上で2つの観点を提示している．1つは「存在の論理」であり，もう1つは「倫理的習慣としての徳」である．

「存在の論理」はキリスト教の人格論に基づく尊厳理解である．葛生（2005: 30）は人格について「すべての人はこの地球上に一個の『いのち』として存在しているという，ただそれだけですでにペルソナ＝人格なのです」という．そして，「存在の論理」にたった人間の尊厳は次のように理解されるという．

> 「第一に，すべてのひとは，その能力・境遇・経験のいかんにかかわらず，他の存在によって代替することのできない唯一性を有しているということ，これが人間に尊厳があるといわれるゆえんです．……第二に，唯一性を持った人格の価値は，それぞれに絶対なので，実用性とか効率などといった相対的尺度で測定したり，比較したりすることができないということです」（葛生 2005: 31）

一方「倫理的習慣としての徳」について葛生（2005: 39）は，「人間の尊厳は，各人が行為の反復を通じて体得すべき倫理的習慣，すなわち徳として語ること

もできます」とした上で，この観点から人間の尊厳について次のように述べている．

「個人倫理として考えるならば，それは自己の尊厳を大切にする倫理的習慣だといえるでしょう．……より現代的にいうならば，自己の唯一性や代替不可能性を大切にする習慣だといえます．……社会倫理として考えるならば，それは他者の尊厳を尊重する倫理的習慣，具体的には，（胎児や胚も含めて）他者をかけがえのない唯一性を持った存在として扱う習慣，あるいは，他者を自分の欲望の実現手段にしないという習慣が，徳としての人間の尊厳だといえます」（葛生 2005: 39）

2) ハビトスとしての人間の尊厳

葛生は 2007 年の論文で，ハビトスとしての人間の尊厳という概念を提示する．葛生は人間の尊厳について「『人間の尊厳とは何か』という積極的な定義は困難であるとしても，『何が尊厳に反するか』というネガティブ・テストは比較的容易」（葛生 2007: 110）であり，「ジェノサイドによって殺戮された大量の死体が累々と積み上げられる様を目の当たりにして，これが『人間の尊厳』に反するか否か，答えに躊躇するものは，一般に，あまり見出すことができないだろう」（葛生 2007: 110）という．そして，このような尊厳に対する知の在り方について次のように述べている．

「このような知のあり方を，理性によって推論され，言語的に明示可能な理論知に対して，反復的慣習によって体得されており，したがって言語的明示化の困難な『ハビトスの知』と呼びたい．『人間の尊厳』もまた，言語によって明示化される以前に，言わば『人間の尊厳感覚』（sense of human dignity）とでも呼ぶべき，ハビトスの知が存在しているように思われる．『人間の尊厳』概念を『具体的に提示』することが困難であるのは，この概念の根底が理論的論証になじまない，この種の知に依拠しているからではないだろうか」（葛生 2007: 111）

(3) 考察

尊厳の歴史を通して分かることは，この概念が他の動物とは違う人間の固有

性を示す能力，あり方に付与された価値ということである．それは，カントやパーソン論では理性であり，キリスト教では神の似姿とされた．また，第2次世界大戦後の法では，人間がただ人間であるだけでもつとされた．

葛生はカントやパーソン論のような理性という能力により尊厳があるとする見方を「所有の論理」とし，それとは異なるキリスト教や第2次世界大戦後の法が示すような，ただ人間であるだけで尊厳があるとする見方を「存在の論理」とする．社会福祉は，生まれたばかりの子ども，認知症が進んだ高齢者，重度の知的障害者など理性といわれる能力に欠ける人に対しても，その尊厳を護ろうとする．よって，パーソン論のような「所有の論理」は肯定できない．葛生がいうように，社会福祉においては「存在の論理」という観点が必要である．

さらに葛生は「倫理的卓越性としての徳」という観点を提示している．それはキケロに見られるように，尊厳を徳として捉える見方である．また，他者の尊厳を尊重する倫理的な習慣であり，このような習慣を通じて「ハビトスとしての人間の尊厳」が形成される．

「存在の論理」や「ハビトスとしての人間の尊厳」という観点は，社会福祉における尊厳を考察する上で，継承すべき観点である．しかしながら課題は，なぜ存在しているだけで尊厳があるといえるのか，その根拠を示すことである．さらには，「暗黙の知」とされた尊厳の意味について改めて考察し，可能な限り多くの人に理解してもらえるように言語化することである．そして，これらの考察を踏まえ，尊厳という概念がもつ機能を明確にすることである．以下においてこの課題に取り組むが，その前に，私たちが尊厳という概念を「暗黙の知」として身につけていることを，救命ボートのアポリアを通して確認しておく．

(4) 救命ボートのアポリア：比較不能かつ抵抗する価値

いま船が難破し，そこに5人の人と4人乗りの救命ボートがある．この時，救命ボートに5人乗るとボートは沈み5人とも助からない．かといって，誰か1人を見殺しにするのも躊躇われる．これが救命ボートのアポリア（出口なし）である．

これが物，例えばリンゴなら何の躊躇もなく，1個を捨て4個をボートに乗せる．そこにはアポリアはない．しかし，人はそうではない．実際の場面では誰かが犠牲になるかもしれないが，物と違い，犠牲に対する抵抗，1人と4人の比較不能性がそこにはある．救命ボートのアポリアは，人が人に対し尊厳の感覚をもっていることを端的に示している．

では，それはどのようなものなのか．以下では存在の次元と他者の次元を導入することで，なぜ人間には尊厳があるのか，尊厳にはどのような意味なのか，そして，それはどのような意義をもっているのかを明らかにする．

2. 存在の尊厳：存在の次元における尊厳

(1) 方法としての哲学

人はたまたま（偶然）生まれいずれ死ぬ．物事は生まれ滅びる．このような世界に対し，滅びないもの，永遠，神聖さの探究として生まれたのが哲学である．古東は次のように述べている．

> 「ギリシア哲学とはそんな《それでもなお滅びざるもの》への希求からうまれ，……永遠の探究．それが，ギリシア哲学だったといってよいかと思う」（古東 2005: 30）

> 「そんな『神の死』をうけて，いまいちど宇宙的な神聖さを復権しようとするこころみが必要となった．それがタレス以降のイオニア哲学だったのである」（古東 2005: 54）

メルロ＝ポンティ（Merleau-Ponty）は「真の哲学とは世界を見ることを改めて学ぶことである」（= 1982: 25）といっている．この哲学観を踏まえていえば，偶然が支配し生成消滅するものと世界をみるのではなく，必然性，永遠，神聖さを感じるものと世界みることができるよう，世界に対する見方を学びなおすことが哲学なのである．

世界に対する見方を学びなおしたとき，人間の固有性が露わになり，人間の固有性を現す尊厳の意味が明らかになる．以下では，世界を滅びざるもの，永遠，必然性，神聖さとしてみる見方を示した哲学の系譜を確認する．

(2) 系譜
1) タレス

アリストテレス（Aristotelēs＝1959: 32）の「タレスは，あの知恵の愛求〔哲学〕の始祖であるが」という記述により，タレスは哲学の始祖とされている．その理由は「第1の原理や原因を探究する理論的な学」（Aristotelēs＝1959: 28）としての哲学がタレスによって始まったからである．しかし理由はそれだけではない．熊野（2006: 10）が指摘するように「タレスは，移ってゆくいっさいを超えて，滅びないものの影を見ていた．そのことでタレスは，自然学ではなく哲学の始祖となったのである」．

2) パルメニデス

パルメニデス（Parmenidēs）は次のようにいう．「あるものは不生にして不滅であること．なぜならば，それは姿完全にして揺がず また終わりなきものだから」（内田編 1998: 71）．このように語るパルメニデスの哲学的テーゼを古東（2005: 115）は次のように述べている．

「《モノゴト（存在者）は生滅する．だが，モノゴトが『在ること（エイナイ）』そのこと，『在るという存在の事実性（ト・オン）』そのことは，生滅しない．だから，『在るということ』そのことこそ，それでもなお滅びざるもの》

つまり，存在の永遠性を，パルメニデスは説いた」

3) スピノザ

スピノザは『エチカ』第2部定理40の備考2において，人間の認識を次の3つに区別している．第一種認識は他人の意見や感覚的経験から得られる認識であり，第二種認識は理性による認識である．スピノザは一般的に考えられるこの2つの認識の他に第三種認識があるとする．それは直観知であり，現実を別様では決してありえない必然として認識するものである．スピノザはそれを「物をある永遠の相のもとに知覚する」（Spinoza＝1951: 149）と表現する．上野（2005: 190）は第三種認識の光景を次のように表現している．

「物事を永遠の相のもとに認識する人は，自分を絶対的に肯定する愛を世

界にも自分にも感じる．自分というものが唯一であることと神が唯一であることは同じ比類なき必然性で結ばれているという，目も眩むような栄誉を感じる．……われわれが日々見なれている現実と寸分違わないのに，永遠の相ものとに進行する光景である」

4）ニーチェ

スピノザを自らの先駆者としているのがニーチェである．永井（1998: 180）はニーチェの「永遠回帰思想の最大のポイントは現実肯定にある」と指摘した上で，永遠回帰が露わにする現実を次のように記述する．

「他にたくさんの可能性があったはずなのに，まさにこれが私の人生だったのだ．そこには何の意味も必然性もない．何の理由も根拠もない．その事実そのものが，そのまま意義であり，価値なのである．偶然であると同時に必然であるこの剥き出しの事実性のうちにこそ，神聖が顕現している．そこにこそ〈神〉が存在する．その奇跡に感嘆し，その〈神〉を讃えて，ニーチェがなした祝福の祈りこそ『永遠回帰』の祈りなのである」（永井 1998: 208）

5）ハイデガー

ハイデガーは晩年，自らの哲学を振り返り「『存在と時間』は，"思考の場所の革命だった"．カントのような"思考の仕方の革命（コペルニクス的転回）"ではなく，思考の場所を"意識から現存在へ移動"したことに『存在と時間』の画期性があった」（古東 2002: 85）と述べている．では，現存在とはどのような在り方をしているのか．ハイデガーは端的に「現存在（生）が時である」（古東 2002: 127）と述べている．ここでいう時とは，過去→現在→未来というように直線としてイメージされるものではない．このイメージは意識によって対象化された時間である．古東（2002: 127）がいうように「『時』とは，むろん，一瞬の運動生起．先にみた，①と②とが交差する一瞬利那の出来事である」．この①と②とは，生成と消滅である．

ハイデガーは，このような時を刻一刻と刻んで生きているのが私たち現存在の在り方であることを露わにした．この生成＝消滅という働きが存在であり，

第1章 社会福祉における尊厳と福祉文化の創造

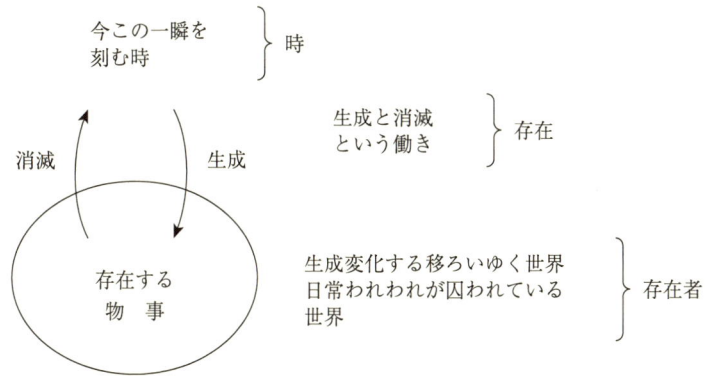

図1 現存在のあり方

この存在の働きにより存在する物事（存在者）は生まれ滅びる．そして，この存在の意味が時なのである．存在する物事は生まれ滅びる．しかし，生成＝消滅という働きである存在は移ろうことのない永遠なのである．これら存在する物事（存在者），存在，時の関係を図で示すならば図1となる．

この図1こそ現実を生きている現存在のあり方である．それゆえハイデガーは「ほんとうに生きている人には，いつも時がある（15: 359）」（古東 2002: 144）という．

このような本当の生を生きる時，ふと神のようなものを感じる．これが，ハイデガーがいう最後の神である．それは古東（2002: 53-5）がいうように，最初におかれる創造神，途中で求められる救済の神ではなく，「ニヒリズムも存在不安もなくなって，なくなったどころか，この世界の存在の最高肯定性を得心した，その後に来る神」（古東 2002: 54）である．それは，存在の体験の中でふと感じる何か神のようなものである．

(3) 存在の尊厳
1) 存在の次元における時空間：永遠と普遍
世界とは存在するものすべて・思考しうるものすべてである．我々はこの世界に対してもその外部に立ち，世界を対象化して理解しようとする．そこには

過去→現在→未来というように直線としてイメージされた時間があり，死後の世界が想像される．このような世界において物事は生まれ滅び，人間は生まれ死んでいく．これが存在者の世界了解である．

しかしである．過去や未来，死後の世界，他人の世界，これらはすべて，今この時にこの私が想像したり，思い出したりしているものに過ぎない．あるのは刻一刻と時を刻む今この一瞬だけであり，誰もがこの一瞬を生きることしかできない．すなわち，あるのはこの一瞬のみであり，それだけが現実である．

このような現実の世界には外部はない．なぜなら，外部を想定した途端，それは現実の世界の内部で想定した出来事になってしまうからである．また，このような現実の世界は二度と起こらない．それ故，我々が生きている現実の世界は唯一無二の1回だけの世界である．

このような世界の内部は様々に変化する．しかし，今この現実の世界があるということは変化がなく，その意味で永遠である．また，いつの時代・社会でもあるのはこの現実の世界であり，その意味で普遍である．

2) 存在の次元における様相：必然

この現実の世界の中で，我々は様々な可能世界を想像する．例えば，「私があのとき事故に遭い，身体的な障害をもったかもしれない」，というようにである．現実の世界が対象化され，可能世界として対象化されたとき，現実の世界の偶然性が理解される．

しかし，過去や未来と同様に可能世界も，この私によって想像された世界に過ぎない．すなわち，ここでいう現実世界も可能世界もともに，この私が生きている現実の世界に過ぎないのである．この現実の世界と並行した形で，どこかに可能世界というものがある訳ではない．なぜなら，そのようにして想像される可能世界も現実の世界の一部にしか過ぎないからである．

このように現実の世界には，実は可能世界という外部の世界は存在しえない．外部の世界が存在しえないということは，現実の世界には他の世界であった可能性が存在しえないということであり，その意味で，今この世界が，この私にあることは必然なのである．

3) 存在の次元における世界了解

①存在驚愕（タウゼマイン）

　存在の次元における世界了解を端的に言い表しているのがパルメニデス（1998: 69）の「あるもの（のみ）があると語り考えなければならぬ．なぜならあることは可能であるが，無があることは不可能だから」である．すべては"ある（現実の世界）"のであり，"無（外部）"はないのである．このように，無（外部）は在りえないものとして徹底的に排除される．しかしながら斎藤（2007: 80）がいうように「世界から無が徹底的に排除されるという仕方で（「ないはない」），思考は（そのように「徹底的に排除される」ところのものとして）無に出会ったことになる」のである．このようにして人間の思考は無と出会っている．ゆえに，「何故無ではなくむしろ或るものが有るのか」（Leibniz = 1989: 251）と問われる．そして，思考不可能な無ではなく，今この現実の世界があることに驚く（存在驚愕）のである．

②神聖さ

　思考不可能な無ではなく，今この現実の世界がある．しかも，永遠・普遍・必然といった相をもって在ることを感じれば，そこに何か神のようなもの（この世界があることの神聖さ）が感じられる．古東（2002: 54-5）は次のようにいっている．

　　「こんなすごい『存在の存在（在るなんてことが在るってこと）』（15-111）を可能にした〈なにか神のようなもの〉を，ふっと想ってしまう．……それがハイデガーのいう『最後の神』，あるいは『神のようなもの』である」

4) 存在の尊厳

　人間が生きている現実の世界は唯一無二であり，そこには永遠・必然を感じる．そして，そのような世界が在ることに驚愕するとともに，そのような世界があることに神聖さ（最後の神）を感じる．このような世界が宿している神聖さが存在の尊厳である．そして神聖さを宿している世界を生きていることが人間の固有性であると考える．

3. 他者の尊厳：他者の次元における尊厳

(1) 他者の次元・他者とのかかわり・哲学

この私が生きている現実の世界には外部がない．とはいえ，この私と同様に他者も，他者の世界を生きているはずである．しかし，他者が生きている世界は，この私には思考不可能なことである．

しかしながら，私は日々他者とかかわり生きている．その中で他者にも尊厳というような何か特別なものを感じるときがある．以下の(2)では，他者とのかかわりの中で感じられる尊厳について記述する．それらはなぜ他者とのかかわりの中で尊厳というものを感じるのかについての理由を述べてはいる．しかし，そこにおける記述とは異なり，他者をこの私の世界の外部と位置づけた上で，そのような他者の尊厳について示唆に富む見解を示しているのがレヴィナスの哲学である．よって(3)では，レヴィナスの哲学を参考にして，他者とのかかわりの中で感じる尊厳の意味を明らかにする．

(2) 他者とのかかわりの中で感じる尊厳

1) かかわり合いのなかで確認される尊厳：森岡正博

森岡はパーソン論にみられる尊厳理解を批判し，尊厳に対し次のような理解を示す．

> 「ある人間をかけがえのない尊厳ある存在として大切にしていこうとするまわりの人間たちの眼差しや，コミュニケーションや，相互扶助によって，その人間は尊厳ある存在として社会のなかに生成してくるのである．いったんその人間が尊厳ある存在として生成してしまえば，今度は，その人間は，その人間を取り囲む関わり合いの網の目のなかへと自らの存在感を不可逆的に刻印していくことになる．
>
> 逆に言えば，ある人間を大切にしようとする人々の関わり合いがなければ，その人間は尊厳ある存在として，社会のなかに立ち現われてはこない」（森岡 2001: 122-3）

2) いのちの尊厳：安藤泰至

安藤は個々人の生を超える「いのちの働き」という観点から、「本当は人と人のその都度の出会いにおいて、尊厳が実現されたり、可能性にとどまったりする、といった方が正確なのではないだろうか」（安藤 2001: 21）といった見方を提示する．そして、「ある『いのち』は他の『いのち』によって受け入れられ、生かされてはじめてその『いのち』としての尊厳が実現されると考えられるのである」（2001: 21）、「いのちの尊厳とは、『個体としての人間に内在する何ものか』であるよりは、『他のいのちに触れることによって、そうしたつながりの中で現われくるもの』だからである」（2001: 23）と述べている．

3) 相互承認における尊厳：ハーバーマス

ハーバーマス（Habermas）は、尊厳とは人間という個体がもつ何らかの特性ではなく、人間と人間との関係性の中でのみ意味をもつ表現と捉え、次のように述べている．

> 「『人間の尊厳』とは、知力とか青い目のように、生まれつき自然に『持っている』ような特性とは異なる．『人間の尊厳』とはむしろ、相互承認という間人格的な関係においてのみ、そして人格相互の平等主義的なつきあいにおいてのみ意味を持ちうるあの『不可侵性』（Unantastbarkeit）を際立たせた表現なのである」（Habermas = 2004: 59）

(3) 他者の尊厳

1) 顔の体験

レヴィナス（Lévinas）は次のようにいう．「顔は所有に、私の諸権能に抵抗する．それまで把持可能であったものが、顔の公現、表出において把持への全面的抵抗に一変する」（= 1989: 298）．「この悲惨と飢えの了解が〈他人〉との近さを創設する」（= 1989: 302）．

これは次のようなことである．例えば、飢えて痩せ細った子どもが、私が手にしたパンをじっと見つめる．そのパンは私が買ったもので私のものである．しかし、飢えて痩せ細った子どもの顔に見つめられると、「これは私のものだから」といって、その子どもに無関心ではいられない．パンを分けよう、ある

いはあげようと思う．このような体験が顔の体験である．

2）他者との関係＝倫理（他者の次元）
　把持への全面的抵抗に一変する顔の体験は，「ある新たなる次元の開けによってのみ生じる」とレヴィナス（＝1989: 298）はいう．それは「〈他人〉の『抵抗』はある肯定的な構造を有しており，この構造こそ倫理にほかならない」（レヴィナス 1989: 298）．すなわち，顔の体験を通し他者と出会い，そこで生じる他者との関係をレヴィナスは倫理と呼ぶ．そして，倫理という関係が現れるのが他者の次元である．
　他者そのものを認識したり思考することは不可能である．しかしながらこのような他者に対し「レヴィナスはしたがって，感受性のレヴェルで，ロゴスには還元しえない次元を開こうとする」（港道 1997: 228）．すなわち，言葉では思考不可能な他者を感受性の次元で捉えることにより他者の次元が切り拓かれ，他者そのものとの出会いが可能となる．

3）倫理の内容
　顔の体験を通して切り拓かれる他者の次元，そして，そこで生まれる倫理の内容は次の2点である．1つは，他者からの審問である．他者は自分を対象化・客体化し，手段として扱い，時に虐待してしまう私の不正を訴える．さらには，私がいま自明のこととして享受しているもの（暮らし，所有しているもの，地位，能力）に対し「本当にそれはあなたのものなのか，それは私が享受すべきものだったのではないか」と疑問を投げかける．もう1つは，他者に対する責任である．他者は私に「殺さないでほしい．1人にしないでほしい．人間として接してほしい」と呼びかけている．この呼びかけに応えることが，他者に対する責任である．

4）他者の尊厳
　レヴィナスは「神的なるものの衝撃とは，すなわち内在的秩序（私が把持しうる秩序，私が自分の思考のうちに包括しうる秩序，私の所有物となりうる秩序）が砕け散る経験とは，他者の顔の経験なのです」（Poirié ＝ 1991: 120），

「倫理……その言葉で私が考えるのは，聖性です．他者の顔の聖性です．……顔のうちにはある種の聖性が存在するのです」(Poirié = 1991: 122-3)，「倫理的要求とは，神聖さの要求なのです」(Lévinas = 1985: 150) という．

　顔の体験により，所有されたり手段にされたりする他者とは違う他者そのものに出会い，倫理という関係が生まれる．レヴィナスは倫理について「それは，人間的なるものである限りでの人間性のことなのです．……それは，他者に優先権を認めるという人間の可能性です」(Lévinas = 1993: 154) という．そして，「自己を気遣うよりさきに他の誰かを気遣うこと，他の誰かを見守ること，自己の責任を引き受けるよりさきに他の誰かの責任を引き受けること，こういった行いのうちにはたしかに聖性が認められます．人間性とはこの人間の聖性の可能性のことです」(Poirié = 1991: 134) という．

　このように他者の優先権を認めるという人間の可能性（倫理的関係）の中に神聖さ・聖性がある．これがレヴィナスによって露わにされた事実である．この倫理的関係（人間の可能性）の中に見出される神聖さ・聖性こそが，他者の尊厳であると考える．

4. 尊厳概念の再構築

　以上の考察を踏まえ，(1)尊厳の根拠（尊厳を生み出すものは何か），(2)尊厳の意味（尊厳とは何か），(3)尊厳の意義（尊厳はどのような働きをするのか）という観点から整理することにより，尊厳という概念を再構築する．

(1) 尊厳の根拠

　今この時にこの私が生きている現実の世界（世界そのもの）がある．そして，そのような私の世界と同様，世界そのものを生きている他者との出会いがあり，その他者との出会いの中で生まれる倫理的関係がある．この私の世界と倫理的関係の中に感じる神聖さが尊厳である．すなわち，この私が生きている世界そのものと，他者との倫理的関係が尊厳という特別な感情・価値観を生み出す根拠である．

（2） 尊厳の意味

　世界そのもの（存在）と他者との関係（倫理）によって生じる尊厳の中核的（本質的）な意味は神聖さである．この神聖さを核としながらも，存在の尊厳には①唯一無二の1回性（かけがえのなさ）＝比較不能性，②永遠性・必然性＝移ろうことのない必然的なもの，という意味がある．一方，他者の尊厳には③汝，殺すなかれ，1人にしないでほしい，人として接してほしい，という意味がある．神聖さを核としながらも，この①〜③が尊厳の意味である．

（3） 尊厳の意義

　レヴィナスは全体性という暴力に抗し，人間の可能性である人間性を守るために，思考不可能な外部＝他者について考え抜いた．そこで露わにされたのが，聖性を感じる倫理（他者との関係）であった．同様に人間の尊厳は，全体性の暴力や都合から人間の人間性を守り，また，人間を物として扱おうとする暴力，手段や道具として扱おうとする暴力から人間の人間性を守る切り札となる．このように，尊厳とは他者や全体から人を守る切り札としての意義（機能）がある．

5．尊厳概念と福祉文化の創造

（1） 潜在化している尊厳概念

　人間の尊厳という概念は「暗黙の知」であり，普段は言語化不可能なものとして潜在化している．言い換えれば，我々の日常は，お金，権力・地位，健康，自己実現，人の噂などに関心を奪われ，人間の尊厳を忘却している．

（2） 尊厳概念の顕在化による福祉文化の創造

　人間が生きている現実の世界は唯一無二の1回きりであり，そこには永遠・必然を感じるときがある．そして，そのような世界が在ることに驚愕するとともに，そのような世界があることに神聖さ（最後の神）を感じる．このようなときに，人間には尊厳があることを感じる（存在の次元における尊厳の経験）．
　また，「ある人間をかけがえのない尊厳ある存在として大切にしていこうとするまわりの人間たちの眼差しや，コミュニケーションや，相互扶助によっ

て」（森岡 2001: 122），あるいは「ある『いのち』は他の『いのち』によって受け入れられ，生かされることによって」（安藤 2001: 21）尊厳は顕在化し，人間は人間に尊厳を感じる．さらには，人間の尊厳が踏みにじられていると強く感じる経験をすると，そこに尊厳を感じる（他者の次元における尊厳経験）．

　社会福祉の実践は，他の領域の活動よりも人間の尊厳が踏みにじられていると感じる経験をする．それゆえ社会福祉においては，普段は潜在化している人間の尊厳が顕在化する経験をするのである．そこには，普段は忘却されている人間存在についての気づきがある．人間は自らに尊厳があることに気づくことができる．社会福祉は自らの実践・経験，そして研究で気づいたこの可能性を掘り起こし（耕し），人間の尊厳を大切にする文化を創造していかなければならない．このような営みが福祉文化の創造の根幹にあることではないだろうか．

(3) 尊厳概念の継承と習慣化による福祉文化の創造

　人間は戦争や奴隷制度などの多くの過ちを通して，人間には尊厳があるということに気づいた．この先覚者たちの気づき（人間性への気づき）を社会福祉は継承し，それを今に活かさなければならない．すなわち，人間が自らの生に感じる神聖さ，他者を唯一無二のかけがえのない存在と感じる感性と思考力，あるいは他者を自らの欲望の手段にしないという思考を繰り返し教育し，また生活のなかで反復することで，そのことが習慣化するようにしなければならない．そして，人間の尊厳を大切にするという習慣を，後世に引き継いでいかなければならない．このような継承と習慣化も福祉文化創造の根幹にあることではないだろうか．

おわりに

　尊厳に対する理解を深めることは，人としての尊厳が踏みにじられている人々の現実を理解することである．それは人が人に神聖さを感じられなくなり，殺さないでほしい，人として接してほしいという声なき声に無関心でいられる状況である．そして，そのような状況の中で悲惨な生活を送り，なかには死に追いやられる人がいる現実のことである．

社会福祉はこの現実を理解することから始まるはずである．この現実に対し，人としての尊厳を護り，尊厳という人間理解を社会の中で育て，後世に継承していくことが福祉文化の創造であると考える．そしてこのような福祉文化は，法制度に基づく社会福祉の基盤となるだけでなく，法制度に基づく社会福祉では届かない福祉ニーズ──イグナティエフ（Ignatieff = 1999: 21）がいう友愛，愛情，帰属感，尊厳，そして尊敬といったニーズ──に対応し，人と人との温かな結びつきを可能とするであろう．

参考文献

安藤泰至（2001）「人間の生における『尊厳』概念の再考」『医学哲学医学倫理』日本医学哲学・倫理学会，第19号，16-30頁．
岩崎晋也（2009）「第2章 福祉の原理をめぐる理論と思想」精神保健福祉士・社会福祉士養成基礎セミナー編集委員会編『社会福祉原論 現代社会と福祉』へるす出版，27-46頁．
上野修（2005）『スピノザの世界─神あるいは自然』講談社現代新書．
内山勝利編（1998）『ソクラテス以前哲学断片集 別冊』岩波書店．
熊野純彦（2006）『西洋哲学史 古代から中世へ』岩波新書．
葛生栄二郎（2005）「第1章 人間の尊厳と福祉」葛生栄二郎〔編〕『人間福祉学への招待』法律文化社，15-40頁．
葛生栄二郎（2007）「ハビトスとしての人間の尊厳─人間の尊厳とケア倫理─」ホセ・ヨンパルト，三島淑臣，竹下賢他編『法の理論26 特集：人間の尊厳と生命倫理』成文堂，109-129頁．
古東哲明（2002）『ハイデガー＝存在神秘の哲学』講談社現代新書．
古東哲明（2005）『現代思想としてのギリシア思想』ちくま学芸文庫．
齋藤純一・金子勝・市野川容孝他（2009）「第5章『公共的なもの』と社会的連帯─その限界と可能性【討論】」市野川容孝・小森陽一編『思考のフロンティア 壊れゆく世界と時代の課題』岩波書店，192-225頁．
斎藤慶典（2007）『哲学がはじまるとき─思考は何/どこに向かうのか』ちくま新書．
関家新助（2009）「第2部第2章第1節 人間の尊厳と哲学─近代人権思想の確立─」『社会福祉学習双書2009 社会福祉概論Ⅰ 現代社会と福祉』社会福祉協議会．
栃本一三郎（2007）「社会福祉と人間の尊厳」『社会福祉研究』第100号，鉄道弘済会，5-18頁．
永井均（1998）『これがニーチェだ』講談社現代新書．
中山愈（2005）『社会福祉原論─人間福祉と生命倫理の統合を哲学する』弘文堂．
港道隆（1997）『現代思想の冒険者たち16 レヴィナス─法-外な思想』講談社．
森岡正博（2001）『生命学に何ができるか─脳死・フェミニズム・優生思想』勁草書房．

Aristotelēs／出隆訳（= 1959）『形而上学（上）』岩波文庫.
Bayertz, K. (1995) *Die Idee der Menschenwurde: Probleme und Paradoxien.* (= 2002, 吉田浩幸訳「人間尊厳の理念―問題とパラドックス―」ジープ, L.・山内廣隆・松井富美男編監訳『ドイツ応用倫理学の現在』ナカニシヤ出版, 150-173 頁).
Cicero. *De Officiis.* (= 1999, 中務哲郎・高橋宏幸訳『キケロー選集 9』岩波書店).
Habermas, J. (2001) *Die Zukunft der menschlichen Natur. Auf dem Weg zu einer liberalen Eugenik?* (= 2004, 三島憲一訳『人間の将来とバイオエシックス』法政大学出版局.
Ignatieff, M. (1984) *The Needs of Strangers*, London: Chatto and Windus; Penguin Books. (= 1999, 添谷育志・金田耕一訳『ニーズ・オブ・ストレンジャーズ』風行社).
Kant, I. (1785) *Grundlegung zur Metaphysik der Sitten.* (= 1976, 篠田英雄訳『道徳形而上学原論』岩波文庫).
Leibniz, G.W.／下村寅太郎・山本信・中村幸四郎・原亨吉監修, 西谷裕作・米山優・佐々木能章訳（1989）『ライプニッツ著作集 9 後期哲学』工作舎.
Lévinas, E. (1961) *Totalité et Infini*, Martinus Nijhoff. (= 1989, 合田正人訳『全体性と無限―外部性についての試論―』国文社).
Lévinas, E. (1982) *Ethique et Infini, Dialogues avec Philippe Nemo*, Fayard. (= 1985, 原田佳彦訳『倫理と無限』朝日出版社).
Lévinas, E. (1991) *Entre nous: Essais sur le penser-ā-l'autre*, Grasset. (= 1993, 合田正人・谷口博史訳『われわれのあいだで―〈他者に向けて思考すること〉をめぐる試論』法政大学出版局).
Merleau-ponty, M. (1945) *Phénoménologie de la Perception.* (= 1982, 中島盛夫訳『知覚の現象学』法政大学出版局).
Parmenidēs／藤沢令夫・内山勝利訳（1998）「自然について」内山勝利編『ソクラテス以前哲学者断片集 別冊』岩波書店, 65-80 頁.
Pascal, B. *Pensees.* (= 1966, 前田陽一・由木康訳『世界の名著 24 パスカル パンセ』中央公論社).
Pico della Mirandola, G. *De hominis dignitate.* (= 1985, 大出哲・阿部包・伊藤博明訳『人間の尊厳について』国文社)
Poirié, F. (1987) *Emmanuel Lévinas, Quiêtes-vous?* Manufacture. (= 1991, 内田樹訳『暴力と聖性―レヴィナスは語る―』国文社).
Spinoza, B. (1677) *Ethica.* (= 1951, 畠中尚志訳『エチカ 倫理学（上）』岩波文庫.

第2章

現代社会福祉における人権問題

平 松 正 臣

はじめに

　2000年6月に社会福祉事業法が改正され，社会福祉法となった．この改正は，ただ単に制度の名称が改正されたことを意味するだけではなく，日本における社会福祉の根幹を変革させる大きな意味をもつものであった．

　日本の社会福祉制度は，第2次世界大戦後間もない時期に，戦争被災者，戦災孤児，引揚者などが急増する中，生活困窮者への対策を主たる目的として出発した．1946年の（旧）生活保護法制定にはじまり，1947年の児童福祉法，1949年の身体障害者福祉法など，福祉サービスの具体的な目的や内容は各法律によって規定され，個々に発展・充実が図られてきた．さらに1951年の社会福祉事業法は，日本の社会福祉制度が未成熟であるために福祉事業そのものが質・量ともに不十分なことを受け，「社会福祉事業の全分野における共通的基本事項を定め，社会福祉事業が公明且つ適正に行われることを確保し，もって社会福祉の増進に資することを目的とする」（社会福祉事業法第1条）ものであった．

　その後，ノーマライゼーションやリハビリテーション，自由最大化環境などの福祉理念が普及・浸透し，少子・高齢化の進展，家庭機能の変化，障害のある人の自立と社会参加など，社会福祉に対する問題意識の内容とそこで求められるものの様相が多様なものとなってきていた．こうした社会や経済環境の変化を背景として，社会福祉制度の基礎構造改革が叫ばれ，国民全体の生活の安定を支える役割を担う新たな枠組みの構築が議論されてきた．

　結果，社会福祉事業法が社会福祉法に改正され，従来の「措置制度」が「契

約制度」となり，「行政処分」から利用者の「自己選択」と「自己決定」の尊重を，また，提供される福祉サービスの効率化，すなわち「福祉サービスの利用者の利益の保護」（社会福祉法第1条）を掲げ"利用者主体"を明文化した法律となった．

しかし，この法律が施行されることとなった日本の現実はどうであろうか．社会政策上の歪みから格差社会が生まれ，ホームレスやニート，ワーキングプアなどという新しい貧困が社会問題化されている中で，利用者を選別し個別化をはかる介護保険制度や障害者自立支援法の成立は，むしろ社会保障におけるセーフティネットの崩壊を意味するのではないかと思わせる．そこでは一見，利用者の人権を最大限尊重し保障するような理念が掲げられながらも，実際には利用者の人権がより深く傷つけられてしまうような事態が生じているのではないだろうか．

例えば2005年2月，石川県かほく市の認知症高齢者介護施設「グループホームたかまつ」で利用者の84歳の女性が職員から虐待をうけ死亡した事件は，私たちに暗澹たる思いを抱かせるものであった（「読売新聞」2005年8月10日付）．この事件では，介護保険制度を通して，サービス提供事業者の問題や労働条件，労働環境の問題など，真に明らかにされなければならない現代福祉の歪みが犠牲者を伴って露呈された．もちろん，介護の意味すら十分理解せず，虐待行為によって唯一無二の命を奪った元職員の責任は重い．一方，グループホームでの業務は1日24時間，全く気を抜くことができない大変なものである．しかし，経営者の方針やコストの都合もあり，深夜には1人の職員しか配置されていないという現実であった．それがパートタイマーの職員であることも少なくない．利用者に苦情を言われながら一生懸命に業務を遂行しても，誰かが評価してくれるわけでもない．さらに，そのことが給与や昇進にも反映しない．このような環境で，「がんばって仕事をしろ」と求めることにこそ無理がある．この事件に関しては，尊厳をもって対応されるべきかけがえのない命を無責任かつ非常勤の人間に預け，すべての責任を委ねることを許す制度上のシステムにこそ根本的な問題あると考えるべきではないだろうか．

介護保険制度における矛盾を事例としてあげたが，障害者自立支援法やホームレス，ワーキングプアなどの問題も，根底においては共通の論理が働いてい

る．つまり人権を尊重するはずの社会福祉の政策や実践が，逆に利用者の人権を傷つけ，レイベリング（labeling）することになっている．挙げ句の果てにはその命をも奪うような事態まで生じているのである．これらのことから推察されるのは，援助を受ける立場になるために，まず利用者自身が自らの人権を貶めるように仕向ける制度や，自己選択し自己決定することを自己責任という縛りに連結させる考え方の広がりやシステムの存在である．

このような問題意識をうけ，本論では，"人権の尊重"という社会福祉の根幹をなす考え方について，それがいかに生起し，特に日本においてどのように扱われてきたのかを概観し，現代の社会福祉が抱える困難を提示する．その上で，"人権の尊重"を中心に据えた社会福祉政策・実践のあり方について展望することを目指したい．

1. 社会福祉における人権

(1) 人権思想登場の系譜

「他人の生活困難を援助するもっとも端緒的かつ自然発生的な行為として，相互扶助（mutual aid）を挙げることができる」（岡村 1998: 6）．社会福祉の歴史は，この相互扶助を１つの起源としている．同じ地域で暮らす者や職業・信仰を同じくする者の間においては，仲間意識や同質の価値観念が成立しやすい．特別な理由を必要とせず，他者の苦痛や困難な状態の共有が容易に可能となる．そこで，自己の恣意的・心情的動機により，自然発生的な自己献身に基づく援助が成立する．洋の東西を問わず，原初の相互扶助活動においては，援助者と被援助者の間に支配－被支配という関係はなく，対等な者同士における相互交換的な関係があった．一方，このような相互扶助的援助活動には，生活圏域や地域全体にわたる自然災害などの困難に対して限界があったのも事実である．また，同じ地域に暮らしていても，移住者などに対しては，関係を拒むなどという排他的な機能を有するという点においても欠陥をもっていた．

相互扶助の次段階として，キリスト教による「隣人愛」や仏教による「慈悲」など，宗教的動機に基づく慈善事業（charity）や，人道的思想に基づく博愛事業（Philanthropy）が生起する．例えば聖書では，神が人を創造されたと

き，"神にかたどって造り，彼らを男と女とに創造された"(『聖書』創世記第5章1節・2節) とあるが，この神の言葉を根拠として，個人や教団の信仰に基づく神への献身として，善意や宗教的動機に基づいて援助が実践されたのである．そのような意味においては，これらの慈善事業も「国民1人ひとりの基本的権利としての公的な社会保障や社会福祉」という概念とは程遠いものであった．また，社会福祉の歴史では，領地を所有する支配者が領民の生活困難な状況を救済し，政治的支配を維持することを目的とした「慈恵」活動も多く見られるが，この活動は，領民を「生きている」だけの極限の状況にしておくことが方針であるため，「個の尊厳」などは意識されない．為政者の政治的意図に基づく救済であるために，人権という概念は未だ存在し得なかったのである．とはいえ，こうした救済の形態は不完全でありながらも，18・19世紀の近代憲法における人権宣言や自由権，さらには20世紀憲法における社会権の発祥へとつながるものであった．

　国王の専制政治による自由の抑圧に対する反動として成立した自由権は，私有財産の不可侵，経済活動の自由として，資本主義経済の発展の原動力となった．しかし，経済活動を無制限に放任した自由競争は，著しい貧富の差を生み，大多数の人々の生活を苦しめることになった．利潤追求至上主義の資本の論理の発展に伴って，この矛盾は顕著になり，富める者と貧窮に喘ぐ者との格差を拡大した．以上のような過程を経る中で，自由権とともに個人の生存権を保障する生存権的基本権が希求されることとなり，第1次世界大戦後のドイツのワイマール憲法において最初の「生存権」が規定されるに至った．

　人権が国際的な問題として論議されることになった契機は第2次世界大戦である．それまで人権は，各国が独自に国内法で自国民や居住者に与えるものであるとされていた．国内で苛酷な人権抑圧を行っていたナチス・ドイツが1939年9月1日にポーランドへ侵入し，大戦が勃発した．1941年8月14日の英米共同宣言（大西洋憲章）は，「ナチ暴政の最終的破壊の後，両者は，すべての国民に対して，各自の国境内において安全に居住することを可能とし，かつ，すべての国のすべての人類が恐怖と欠乏から解放されてその生命を全うすることを保障するような平和が確立されることを希望」する旨を表明した．それを受けて，連合国（United Nations）は，1942年1月1日の宣旨で「敵に対

する完全な勝利を得ることこそが，生命　自由，独立，宗教的自由を守るために，また，自国及び他国において人権と正義を維持するために必要である」と述べて，連合国の戦争目的が人権の擁護であることを明確に宣言した．これらの文書の根底にあるのは，「人権の国際的保障を平和にとって不可欠の要件だとする認識である」（上田 1999: 28）．第2次世界大戦でナチス・ドイツによる極端な人権侵害と侵略政策を経験した人類は，平和と人権が表裏一体であり，戦争こそが人類最大の人権侵害であることを痛切に認識した．大戦後，国連の下で，国際人権法の構築に向かい，1948年12月10日に第3回国際連合総会で，すべての人民とすべての国民が達成すべき基本的人権についての宣言である世界人権宣言（Universal Declaration of Human Rights）が採択されるに至った．これは，後に国際連合で締結される人権条約の基礎をなすもので，世界の人権に関する規律の中でもっとも基本的な意義を持つ．あるいは，人権が1つのイデオロギーであることについての宣言であるとも言えるだろう．

(2)　ノーマライゼーション思想の浸透

　障害のある人への収容施設での保護に起因する諸々の弊害に対する批判や反省の中から誕生したノーマライゼーションの思想は，障害の有無を問わず人間として，家庭や地域の中で普通に暮らすという考えをその原点におくことから名付けられた．1950年代末，デンマークの知的な障害がある人の親の会を中心とする施設の環境改善運動に端を発し，デンマークの官僚であったニルス・E. バンク=ミッケルセンが理念として提唱した．その後北欧では，障害のある人，高齢者の分野に共通する思想として発展してきた．1970年代以降，この思想は世界に大きな変革を巻き起こした．また，この思想は後に展開されることになる脱施設化政策の運動の下地を形成した．1980年以降になると，国際障害者年，各国別の行動計画策定など，ノーマライゼーションの実現へ向けた国際的な潮流が生まれた．結果，世界的な規模で，障害そのものの治癒や改善はもちろん，障害のある人を取り巻く環境因子を障害の背景として認識し，改善することに重点をおいた政策が展開された．社会的不利を文化的，物理的，社会的障壁によって派生するものとし，その解消に向けて機会の均等を実現する姿勢が明確に打ち出されたのである．

知的な障害のある人達の領域から誕生したノーマライゼーション思想の解釈のあり方も拡大してきた．現在ノーマライゼーションは，社会的援助の必要な全ての人達に対し，普通の市民として普通の生活状況を提供することを目的に掲げるようになっている．つまり，障害のある人の固有のニーズへの充足にとどまらず，「ナショナルミニマム」を無差別平等に保障するという認識である．そこでは，経済的効率性を重視した社会効用的処遇観である「劣等処遇の原則」が否定され，能力の違いによる人間の序列化や不平等を差別として位置づけ，その状況の改善が目指される．さらに，共生原理に基づいた新たな地域連帯思想として，障害の有無を問わず，1人ひとりの個性を尊重し，個人を生活の主体者として位置づける．ノーマライゼーション思想は，社会からの逸脱を認めず少数者を偏見により差別してしまう社会を非人間的で異常な社会であると認識し，多様な価値観や相互の相違を尊重し，人々が尊厳と誇りをもちながら自己実現を希求することのできる社会の構築を目指している．

ノーマライゼーション思想の具体化への過程はインテグレーション，メインストリーミング，インクルージョンとして示される．インテグレーションは，障害の有無を問わず統合していくこと，あるいは統合化の状況そのものを指す．教育や労働，生活，住居，文化活動などの各場面で普及が図られている．メインストリーミングは，本流化・主流化という概念であり，アメリカにおいてはこの言葉が使われている．それらを進展させた理念として「すべてを包括する」という概念であるインクルージョンが発展した．この概念はさらにソーシャル・インクルージョン（社会的包含）として，社会のなかで孤立させられ，差別され，排除されやすい立場にある全ての人々を看過することなく，社会的な連帯のなかへ包括していこうとする考え方に発展し，現在の社会福祉における基本理念として重視されている．

ノーマライゼーション思想が誕生し，常にその先進地域でありモデルとしての役割を果たしてきた北欧諸国が資本主義社会であることも付記しておきたい．資本主義社会が，階級社会として能力主義や経済的効率主義を一定の社会的原理の規範とする限り，その理念と現実の間にさまざまな乖離現象を生み出し得る．現に福祉国家のモデルとされる北欧諸国でも全てにおいて順調だとは言えない状況にある．しかしながら，ノーマライゼーション思想は，単一国家・単

一社会を超え，国家社会間や多民族間の共生原理としても今日的意義をもつものであり，人権思想及び社会福祉思想の1つのゴールであるとも言える．

（3） ソーシャルワークの価値における人権思想

最後に，これまで概観してきた社会福祉における人権思想が，具体的な実践活動においてはどのようなものとして提示されているのかについて見ていきたい．これについては，Z.T. ブトゥリムによるソーシャルワークの価値に関する研究が非常に多くの示唆を与えてくれる．彼女はソーシャルワークの基本的前提として，極めて明快に次の3つの概念をあげている．

第1は，人間の尊重である．これは，「人間1人ひとりを，他の何ものにも代えることのできない，かけがえのない存在としてとらえること」を指している．ここでは，神の似姿として創造された全ての人間は，独自性と1回性の中に「唯一無二」のかけがえのない存在であることが示されている．これは全ての価値の源泉ともされるほどの道徳的価値である．ところで，人間を「唯一無二」として考えるためには，その人間が「唯一無二」のものであると断定するための比較対象（他者の存在）が必要となる．多くの他者の存在を前提にして，私たちはいま目の前にいる人を，かけがえのない存在として認めることができる．このように「人間1人ひとりの尊重は，常に他者の存在なしに達成することができない」（野口・赤木編著 2007: 19）．Z.T. ブトゥリムは，第2のソーシャルワークの基本的価値前提として，「人間の社会性に対する信念」（ブトゥリム＝1986: 61）を置いた．

このような認識はマルチン・ブーバーによっても示されている．彼はその著書『人間とは何か』（思想社，1961）のなかで，「現存在」という概念を用いて，「我と汝とは我々の世界の中のみ存在する．なぜなら，人間は，つまり自我は，汝との関係に基づいてこそ，はじめて存在するからである．この『人間と共存しつつある人間』という対象の考察から，人間学と社会学とをつつむ人間の科学は出発しなければならない」（ブーバー＝1961: 178）．さらに，「我々が，人間を，対話の中で，相互に現前しあう『2人ずつ』の中で，或1人と他の1人との出会いが，その都度つねに実現され，かつ認識されつつある実存として了解するようになった暁にこそ，人間とは何か，という問いの答えは，おのずか

ら明らかになるであろう」(ブーバー=1961:178) と説いている.

「ソーシャルワーク実践の第3の価値前提は,人間の変化,成長および向上の変化の可能性に対する信念」(ブトゥリム=1986:63) である.人間は常に成長し続ける存在であり,自己と他者との関わりの中で変化し続ける.人間を固定的なものとして認識することを避けるという点で,この価値前提はレイベリングなど,人間をある種のカテゴリーに押し込めようとする考え方と真っ向から対立する.また,人間が常に自らを,あるいは状況を変化させていく力を有していることについて絶対的な信頼をおくという意味では,ソーシャルワークにおけるエンパワメントという考え方を支える根拠ともなりうる.

以上の3つの価値は,個々に完結するのではなく相互に関連しながら,ソーシャルワーク実践の前提となる.もちろん,これらの「人間尊重,人間の社会性,人間の変化への可能性といった3つの価値前提が,きわめて抽象度の高いものであることは否めない」(ブトゥリム=1986:63).また,これらの価値前提はソーシャルワーク実践に限らず,他領域のあらゆる専門職においても当然とされていることであるかもしれない.しかし,あらゆる特性や属性を取り払った,ありのままの「人間」を尊重するという価値を根底に位置づける,すなわち,あたりまえのことをあたりまえに主張することが,ソーシャルワークの価値の本質であり,あるいは,人間そのものの尊重をその価値の根幹に置くという点において,ソーシャルワークは他領域の専門職と一線を画するのである.

以上の考察からもわかるように,社会福祉の具体的な実践であるソーシャルワークにおいても,1人ひとりの人間の権利を保障するという人権思想がその根幹に位置づけられている.あるいは,人権思想を全面に押し出した実践こそがソーシャルワークであるという認識も,決して的はずれではないということが理解できる.

2. 社会福祉と人権思想の抱える困難

(1) 日本における社会福祉の変遷

では,第1節で論じた社会福祉における人権思想が日本においてどのような形で実現されてきたのか.あるいは,今現在の日本社会において実現している

と言えるのかについて検討を加えていきたい．

　戦前の日本の福祉には大きな流れがあった．1つは宗教的な動機に基づく活動である．仏教においては，慈悲の実践として慈善活動が数多く行われており，その担い手は僧侶であり寺院であった．そして，寺院は福祉施設そのものであった．あるいは，明治時代以降の慈善活動の多くがキリスト教の教えに基づいて実践されていた事実も見過ごすことはできない．第2に，天皇による賢君政治である．聖徳太子による四箇院の設置として伝えられるものにはじまり，律令制度の制定を経て，現代における昭和天皇や今上天皇，皇族方による施設訪問もその流れを汲むものであり，これもまた，日本の福祉を考える上で見過ごすことができない．第3の流れが土地の領主を中心として行われた，領地内での支配と人心の統合を目的とする慈善事業である．それは，荘園領主の恣意的救済に始まり，江戸時代の徳川吉宗による小石川療養所や人足寄場の設置などに代表される．

　しかしながら第2次世界大戦の敗戦の後，GHQによる占領下の体制を端緒に，日本にヨーロッパの人権思想に基づいた社会福祉の理念が流入してくる．戦後の社会福祉は，敗戦直後の救貧対策の時代から幕を開ける．1946（昭和21）年に公布され，1947（昭和22）年5月3日に施行された日本国憲法では，第25条第1項で「すべて国民は，健康で文化的な最低限度の生活を営む権利を有する」と規定した．ここで規定されているいわゆる「生存権の保障」というものは，単に「生きること」のみの保障ではなく，「健康で文化的な最低限度の生活」をすべての国民に保障することを意味する．また，第2項では，「国は，すべての生活部面について，社会福祉，社会保障及び公衆衛生の向上及び増進に努めなければならない」と明確に規定した．この時代を通じて，それまで宗教や地域において恣意的な対応がなされていた社会福祉に関する問題が，国家レベルの問題として認識されることとなった．結果，「国家責任」「無差別」「給付制限の撤廃」という社会福祉3原則を基盤として，生活保護法などの救貧対策そのものが社会福祉の本流であるとされるに至った．1957（昭和32）年に東京地裁に提訴され，10年に及ぶ裁判闘争を繰り広げることになったいわゆる「朝日訴訟」は「人間裁判」とも呼ばれ，社会に大きな反響を呼んだ．これらのソーシャルアクションをきっかけに，生活保護基準の改定や福祉

の権利保障が進められていった．

　昭和30年代後半より日本は高度経済成長期を迎え，人口の都市集中に伴う過密，過疎化が地域生活の環境条件を悪化させ，また，核家族化の進行に伴い，従来の家族機能の衰退や家族解体が生じることとなった．高度経済成長に伴う労働力の確保を背景として，また，従来の福祉理念に対する反省と，新たな思想への展開が進み，例えば障害者福祉の分野では，1971（昭和46）年に国立コロニーが開設され，全国各地に大規模入所施設が次々に建設された．いわゆる施設福祉の時代である．

　その後，高度経済成長に歯止めがかかり，低成長期を迎え，日本の社会福祉はそれまでの施設中心，機能分散型といった性格から，在宅中心，機能複合型の「地域福祉」を基盤とする性格に変貌を遂げることになる．居宅処遇の原則に基づいて，可能な限り地域生活を営みながら，福祉サービスを提供することにより，高齢化社会の福祉ニーズに幅広く応えようとした．結果，通所介護や短期入所生活介護をはじめ，高齢者，障害のある人を対象とした福祉が向上した．また，福祉サービス提供の対象も貧困層中心から，中間的勤労層を含む一般国民に拡大され，そのため対象人口が大幅に増え，財政負担の過重が政治問題となり，「高福祉・高負担」の時代となっていった．かくして社会福祉は在宅福祉，地域福祉を中心とする時代に入る．

　少子高齢社会の到来を迎え，1990（平成2）年6月，福祉関係8法の改正が行われ，福祉の改革期が到来する．1997（平成9）年以後，社会福祉の基礎構造改革に関する本格的な検討が始まり，国は1997年12月，その考えを取り入れた介護保険法を成立させ，2000（平成12）年4月から実施，また，障害者福祉の分野では，2003（平成15）年4月戦後50年以上変わることのなかった「措置費制度」が，行政指導型の制度から，障害のある人自身が本人のニーズに基づいて自己選択・自己決定するという名目のもとに「支援費制度」へ移行することとなった．この制度はその後，サービス利用について「応益負担」とし，身体・知的・精神の3障害に共通する福祉サービスの「一元化」，市町村の役割強化，ケアマネジメント手法の導入などを柱として，2006（平成18）年4月に障害者自立支援法制定という形で見直しがはかられた．これらの改革を通じて，社会福祉の責任は国ではなく，個人にあるとし，社会福祉の担い手と

して地域や民間への移行がはかられた．

(2) 日本の社会福祉における人権思想の不徹底

以上の通り日本における社会福祉の歴史を概観したとき，私たちは日本の福祉と人権の問題について多くのことに気づかされる．まず，戦前の日本の福祉を支えた背景と要因，すなわち，①宗教的な動機に基づく活動，②賢君政治，③土地の支配を企図した慈善事業を見る限り，日本においては，ヨーロッパ諸国のように人権思想の下地が十分ではなかったと結論せざるを得ない点である．もちろん，前述した通り，明治時代以降の慈善活動がキリスト教を背景にしたものが多かったのは事実だが，キリスト教に基づく人間観が日本の社会福祉の主流にはならなかった．日本で主流をなしていたのは，天皇を中心とする賢君政治であったが，多くの指摘がなされているように，この潮流は一方で，日本における差別的な身分制度を創出した遠因であるとされ，人権思想の浸透に関しては，むしろマイナスの作用をもたらす要因であったと考えられる．

戦後の日本において社会福祉の本流とされた救貧対策についても，朝日訴訟のようなソーシャルアクションが展開されるに至ったという事実を見るだけでも，その水準は非常に低いものであり，また，申請に伴って実施されるミーンズテストの厳格さ，さらには受給者に付されるレイベリングの苛酷さも窺い知ることができる．2007年の北九州市における生活保護受給申請者に対する門前払いと，その結果として申請者が餓死したという報道も記憶に新しい（「中国新聞」2006年11月11日付）．以上のことから推察されるのは，日本においては救貧対策においても，人権思想を貫徹することができなかったこと，つまり，ヨーロッパ諸国のように，十分な社会保障に関するセーフティネットを確立することができなかったことである．そして，セーフティネットが不十分なまま，オイルショックを契機に高度経済成長に歯止めがかかり，社会福祉の権限を地域に委譲するという大転換を進めることになった．ヨーロッパ諸国の多くが，国家としてある一定の評価を与えることができるセーフティネットを確立した上で，その権限を地域に委譲していったのに対し，日本は国家としてのセーフティネットが未完成な状態のまま，地域への権限委譲を行うこととなった．

高度経済成長の時代以降，日本の社会福祉は施設福祉の時代を迎えたが，こ

のような大規模施設への入所は一方で，社会福祉の名の下に何らかの問題を抱えた利用者をレイベリングし，社会的に隔離するといった，イクスクルージョンを浸透させる機能を果たしていたという点を見過ごすことはできない．このようなメカニズムのあり方は私たちに，戦前・戦中・戦後を通して国家がハンセン病の患者に行ってきた，まさにイクスクルージョンと呼ぶにふさわしい一連の人権侵害を想起させる．施設福祉の充実と大規模化は皮肉にも，新たな人権侵害を生み出す契機にもなった．

(3) 現代の社会福祉における人権侵害と自己責任

それでは，前項で論じたような問題が現代において解決していると考えられるだろうか．残念ながら，状況はより深刻なものとなっている．本章の「はじめに」で述べたように，人権を尊重するはずの社会福祉の政策や実践が，逆に利用者の人権を傷つけ，レイベリングし，その上にスティグマを貼付しているという事実が存在している．それは日本の社会福祉が，援助を受ける立場になるために，まず利用者自身が自らの人間としての尊厳や人権を低下させてしまうような制度や，自己選択し自己決定することの結果，当事者を自己責任という呪縛のなかに貶めるシステムのもとで運営されていることを示している．例えば，障害のある人が福祉サービスを受けるためには，障害者手帳を提示するという行動を強いられる．結果，障害者としてレイベリングされ，スティグマを付与されることと引き換えに受給権を得るという，屈辱的なプロセスが展開される．

障害者福祉の目的は，ただ単に障害のある人のニーズを充足することだけではなく，社会に，そして，障害のある人自身の内にも存在している偏見や差別を解消し，基本的な人権が守られる社会を構築することである．

これは，先に述べたノーマライゼーションの原理においても示されている内容である．しかしながら，介護保険制度や障害者自立支援法では，福祉サービスの提供を受ける初段階において，現在及び未来の自分自身の能力を，客観的とは言い難い尺度とレベルの異なる審査委員と呼ばれる第三者に評価され，ランクをつけられる辱めを受けるのである．そうしたプロセスを経た後に自らのサービスを自らマネージメントしなければ，援助を受けるというステージにさ

え上がれない．さらに，応能負担から応益負担という，サービスの利用にはその額の1割を負担するという軛さえ負わされるのである．これらの政策は，国民に対し，「介護や介助の必要のない，居宅での生活が望ましい生き方である」といった考え方や，「障害があっても自分のことが自分で出来ることを理想とする」といった考え方を暗黙裏に意識づけるものとなっている．例えば，改正介護保険における「予防給付」という考え方は，まさにこのような意識付けの傾向を如実に示している．

　社会福祉の分野や領域に共通の人権保障における中心課題は，自己決定権の尊重である．唯一無二であるところの自らの人生を自らにおいて選び取ることなしに「人間の尊厳」を保つことはできない．自己決定を尊重する思想は，医療，看護，介護をはじめ，社会福祉に関連する多くの領域の基本である．自己選択権と，自己決定権の尊重は，従来サービスの利用者や対象者として位置づけられ「与えられる」立場におかれてきた人々に，改めて自らを「人生の主体者」として捉え直す契機となる．だが現在の日本における社会福祉制度の大半は，自己実現をめざして自己選択し自己決定した結果に付随して，当然のことのように「自己責任」を求める．しかし，社会福祉サービスの分野や領域において，自己決定と自己責任とが連動しなければならない必然性はない．私たちは社会サービス供給の責任主体が誰か，また，誰がサービス利用についての決定をするかについて，もう一度真剣に考えるべきである．先述したように，憲法25条は，国民の生存権と，国の社会保障推進の義務を明定している．自立自助を楯として，国民に当然のことの如く負担を課し，国家としての責任を放棄することは，歴史の逆行である．「人間は国家のためにあるのではなく，国家とその権力は人間のためにある」（ヨンパルト 1990: 74）．「福祉は憐れな人のために」ではない．人間が他者のなかに自己の姿を見たときに生じる心を突き動かす思いから，対等な人間としてなされる，思想と実践の凝縮である．「自分を愛するようにあなたの隣人を愛せよ」（『聖書』マルコによる福音書第12章31節）という言葉に私たちは改めて耳を傾ける必要があるのではないだろうか．

3. 人権尊重を中心に据えた援助をめざして

(1) 「関係としての援助」への気づき

　前節の問題提起をうけ，本節ではこれを解決していく道筋を示していきたい．まず私たちは，社会福祉における利用者と援助者の関係を改めて問い直さなければならない．第1節(3)で論じた，マルチン・ブーバーの示唆から私たちは次のように考えるべきである．すなわち，社会福祉における利用者と援助者の関係は，私という存在の透徹したまでの自己洞察や自己認識＝自己覚知を経た他者への眼差しによって成立する．「我」といういと小さき存在者としての自己を認識し，他者に対する限りなき愛の実践からのみ，他者への援助が可能となってくるのである．自己の存在の小ささや弱さを自覚し，私がその試練に耐えながら，他者の苦悩を自らの苦悩とし，その全てを引き受け，自己の「真実をもって出会う」（ブーバー＝1961: 104）ときのみ，私は真の意味においてそこに実存するのである．つまり，「我と汝」が出会う場所にのみ，私は実存するのである．全ての人間の1人ひとりが，命を与えられ生かされている自らの存在のあり方に気づき，謙虚に「われわれ」として，他者を受容し許容しあうことが目指される．新約聖書マタイによる福音書の5章44節から45節は，いわゆるアガペーの愛を説いたものである．自分を愛する人を愛すだけではなく，自分に敵対する者をも愛し祈る，このアガペーの愛が，社会福祉の原初的観念であり哲学であった．人間のもつ原罪を「悔い改める」ことを通して全て許す，という与える愛の実践を介して，人々に「安寧」をもたらしていた．すなわち，神の創造物，同胞として揺らぐことなき信念を持って，他者との関わり，他者の実存の中に自己を見出していたのである．「人がその友のために自分の命を捨てること，これよりも大きな愛はない」（『聖書』ヨハネによる福音書第15章13節）．

(2) 人権尊重に基づく社会福祉政策・実践

　日本における福祉政策の歴史を見る限り，人権に関する考え方は浅薄であり無自覚に近い程に意識化されてこなかった．この状況は，現在の社会福祉政策

の中心ともいえる地域福祉や自立の概念においても同様である．

それらは，ドイツやスウェーデン，さらにはイギリスの建国の歴史や国民性，宗教性などの大切な要素を顧みず，日本に都合のよいところだけを選択し導入したものに過ぎない．そのためいわゆる「モザイクの福祉」となり，福祉以外の他の政策と有機的な繋がりを持てなかった．根源的な志向性を喪失したまま，障害のある人や高齢者，経済活動に参与できにくい人々を，それが原罪であるかのように社会的な逸脱者としてレイベリングしてきた．

それに対し，時代の趨勢によりその趣を変えるヒューマニズムをかざすだけでは，現代の政策の矛盾を解決する糸口には成り得ない．ヒューマニズムは，福祉問題を俎上に乗せる契機にはなるが，政策に対してこれを解決する義務と責任を求めにくい．そこでは人間存在に対し，具体的な社会の国民や地域住民としての，労働市場の担い手としての，あるいは契約主体としての価値しか付与されない．人間が実存者として生きることを可能ならしめるためには，人権が基盤として掲げられた，社会福祉政策と実践が成立しなければならない．人権が人権として機能するためには，尊厳との結びつきが必須であり，そこには崇高（sublime）が根底にどっしりと根付いていなければならない．聖なるものへの畏敬から切り離された尊厳は，尊厳とは言えない．神仏など第三者的な存在への畏敬から，人間存在そのものへの尊厳が創成される．そのような意味では，社会福祉政策と実践はその原点に還り，崇高という聖性を根源においた人権思想を基礎に据えることが必要ではないだろうか．

(3) 人権尊重に基づく社会福祉教育の必要性

社会福祉の根幹をなすものが人権思想と人間の尊厳である以上，たとえ社会福祉教育が知識や技術教育偏重が奔流とされる中であっても，人権思想と人間の尊厳に対する理解が常に重要視されなければならない．例えば，利用者が「援助を受ける」ことで，自らにおいて，そして援助者から「手のかかる人」というレッテルを貼り／貼られてしまうという複雑な事態とそれが孕んでいる奇妙さを看破し，克服していく教育のあり方が求められる．

人権の侵害は，社会の中の逸脱者に対して行われることが多い．他者との「同調」が困難な人にその矛先が向けられる．あらゆることに同調するのでは

なく，一面的な見方ではない，物ごとを多面的に見ようとする認識方法の習得が必須である．具体的には「ストレングス視点」による利用者理解のトレーニングや，面接におけるリフレイミングの演習，与えられた情報を吟味し，それぞれの情報に含まれる意図を正確に認識し，適切に取捨選択するための情報リテラシー能力の習得を目指す教育が求められる．

　「社会福祉教育」は，高齢者や障害のある人，児童，社会的に弱者とされている人など，あらゆる人に「尊厳」を保持し侵してはならないという考えに拠って立たなければならない．日本では，極めて「繊細（sensitive）」に援助の介入を試みる．それは社会福祉実践を「善きことの実践」という思想に基づいて行ってきたからであろう．しかし限定された人生の中で限られたスキルしか持ち得ない援助者が，「善きことの実践」のみを後ろ盾に，あるいは言い訳として援助し介入することは，高度に発達し成熟した市民社会のなかでは，むしろ滑稽極まりない行為であり，そのことがまさに利用者の尊厳を損なうことにもつながっている．社会福祉実践というものを「援助を求める人へのサービスの提供」としてのみ捉えることは，その人に仕えることと同義である．サービスの語源はラテン語のServusであり「戦利品としての人間」，つまり奴隷を意味する．そのため，現代でもサービスを提供する側とされる側には，なんとなく主人と奴隷のような，主従のイメージが付き纏う．そしてその代価は多くの場合において「金銭」となるのである．

　これに対して，人権尊重を中心に据えた社会福祉教育には，ホスピタリティ（Hospitality）の思想が求められる．これはラテン語ではHospics（外来者の保護）であり，それが英語のHospital（病院）Hospice（ホスピス）へと発展した．「外来者」と主人とは，友情や尊敬，信頼など，麗しい精神＝尊厳で結ばれた互いに対等な関係である．ホスピタリティは見返りを求めないのが原則であり，対価があるとすれば，それもホスピタリティである．決して「金銭」ではない．さらに，ボランタリー（Voluntary）の精神も重要である．これは，ラテン語のvoloの派生語であり「自由意志」を意味するボランタス（voluntas）が語源となっている．つまり，自らの自由意志によって何かに取り組むことであり，「他の人々や社会のために」という志のもとに取り組む意思である．先に示した「自分を愛するようにあなたの隣人を愛せよ」という言

葉こそがホスピタリティの思想・ボランタリーの精神を端的に示すものなのである．

　結局のところ，人権思想に基づく社会福祉教育においては，彼我の彼方に尊厳という揺らぐことのない根源をもち，「我と汝」という崇高な間合いを見切る感性を磨くような関わりが目指される．聖なるものという根源を喪失した教育は，軸のないコマのように揺らぎの大きい歪なものとなる．

　大学における社会福祉教育の使命と目的は，自らの全存在を通して，命に対する畏敬と人間存在の意味と価値を問いかけることである．したがって，自らの実践のあり方を俯瞰的な立場から冷静かつ客観的に吟味するという思考のプロセスが体得できるような教育のあり方への検討が必要であろう．さらに，これからの社会福祉研究は，崇高という根源をしっかりと据えた人権思想を基礎として取り組む必要がある．合理主義や功利主義の中に安寧は生まれない．聖なるものへの飽くなき探求と深い思索，報いを求めない献身こそが社会福祉学に貢献することにつながり，さらには，これからの研究・教育者に求められる姿勢なのではないだろうか．

おわりに

　第3節において示した通り，社会福祉の根幹をなす人権思想や人間の尊厳は，常に，他者との出会いの中で生起する．しかし，すでに述べたように，ここでの出会いは，2つの意味を有している．私たちは崇高な存在によって保障された地平における出会いを通じて，はじめてそれぞれの存在と，その人権と尊厳を真に認めることができるのだ．つまり，互いに向き合っている人間同士の関係だけでなく，それを成立させている崇高な第三者の存在との関係を想定し，共有することなしに，真の人権思想や人間の尊厳を体得することはできない．崇高な存在との関係を忘れ，相手と自分を比較することでしか他者の個性を見いだせない，あるいは，それを人権思想や人間の尊厳の根拠とすることは，結局のところレイベリングを再生産することになる．現在，社会福祉の政策や実践において求められるのは，この聖なる，そして崇高な根源の獲得なのではないかという提言をもって本論を閉じたい．

参考文献

上田正昭(1999)『人権歴史年表』山川出版社.
岡村重夫(1998)『社会福祉原論』全国社会福祉協議会.
野口勝己・赤木正典編著(2007)『社会福祉論』建帛社.
ブーバー, M. 著／児島洋訳(=1961)『人間とは何か』思想社.
ブトゥリム, Z.T. 著／川田誉音訳(=1986)『ソーシャルワークとは何か』川島書店.
フランクル, V.E.／霜山徳爾訳(1957)『死と愛』みすず書房.
松本峰雄(2002)『福祉と人権』明石書店.
百瀬孝(1997)『日本福祉制度史』ミネルヴァ書房.
吉田久一(2004)『新・日本社会事業の歴史』勁草書房.
ヨンパルト, J. (1990)『人間の尊厳と国家の権力』成文堂.

第3章

メタ福祉学の構想
―社会福祉の意味と認識―

丸 岡 利 則

はじめに

　「メタ福祉学」とは，社会福祉学の内部で確立している専門区分を前提とした研究領域であり，社会福祉学の学問としてのあり方を追求することに中心がある．そしてこの研究の特徴は，「社会福祉とは何か」ではなく「社会福祉学とは何か」という根源的な「問い」のアイデンティティを持っており，社会福祉学の「性格，問題，方法，意義などに関する議論」を使命としている[1]．

　したがってメタ福祉学は，社会福祉学の固有の学問的体系ではなく，学問のための学問，研究のための研究という要素がある．しかし，このような実証的ではない研究は，社会福祉学に対して形而上学的な思考方法や形式を再確認する機能を持っている．

　本稿の目的は，社会福祉の「意味と認識」というテーマについて，メタ福祉学の思考方法や形式である「概念地図」と「概念経路」という機能から明らかにすることである．それは，1つは，社会福祉の意味を考えることによって「原理の枠組み」をつかむことにあり，もう1つは，社会福祉学を確立する上で，社会福祉の「意味」を追求することと「原理の求め方」とを結びつけることにある．言い換えると社会福祉学の「意味」を考えることがメタ福祉学の存在理由であり，そしてその機能は，「意味」をつきつめる道筋を示すことにある．

1. 「意味の意味」の原理

(1) 社会福祉の「意味の意味」

　われわれは言葉でものを考える．言葉で思考の方法や形式を組み立てる．したがって言葉自体には意味があると確信している．しかし例えば「社会福祉」という言葉は，その言葉そのものに意味があるのではなく，それ以上の意味はない．普通社会福祉という言葉は価値文脈のなかで用いられるが，このことではなく，意味は意味連関のなかにある．まさにそれが「意味の意味」（文脈）のことなのである．本稿で検討するのは，社会福祉学の研究における社会福祉の意味の意味である（船曳 1993: 12）．

　社会福祉の意味を考えるとき，「問い」が出発点となる．例えば社会福祉の教科書などで登場する言葉（「福祉のこころ」，「ノーマライゼーション」，「自己覚知」など）の「意味」を問うところから始める．メタ福祉学は，社会福祉学研究が社会福祉で用いられている言葉の意味について，無自覚でかつ何の学問上の問いもなく，研究課題として格闘もせず看過することに対し，メタ（形而上学）から徹底的な批判をすることを使命とする．

　そして社会福祉への「問い」は，「正しさの根拠」への経路をたどることにつながっている．ところで，この「正しさ」とは，哲学的認識論のことでもあり，それは「真理とは何か，誤謬とは何か，それの判断基準は何か，認識の客観的妥当性や間主観的妥当性は，どのようにして，また，どのていどまで，保証されるのか，認識の権利・身分に関するこのたぐいの問題」である（廣松 1988: 17）．しかしメタ福祉学の認識論は，他の領域のメタ理論（メタ社会学やメタ倫理学など）と同じく，哲学的認識論も射程に入れて検討するが，「認識事実学」という「認識と呼ばれる現象の成立機構」に重点を置いている（廣松 1988: 17）．

　まず「正しさの根拠」を追求する思考の経路は，前述したように「問い」から出発する．それは社会福祉に対する何らかの批判的な動機から，あるいは研究者の価値関心からたどることができる．その社会福祉の「問い」は，これに対する「答え」への極めて形而上学的な道筋である．

次に，その道筋は地図（全体像）のなかにあるということを確認しなければならない．冒頭で述べたように，メタ福祉学の機能は「社会福祉の内部で確立している専門区分」を前提としながら，この「地図」というものの作成にかかわるのである．それが社会福祉の意味とは何かを問うことであり，同時にそれが社会福祉の「意味の意味」[2]を問うことが確認できる場所であることを指す．それは，社会福祉の原理的研究のなかで，社会福祉学の知識が「本当に」「正しいのか否か」という形而上学的な究極の問いなのである．そして「正しさの根拠」をめぐる議論の方向は，必然的に「社会福祉とは何か」とは「意味」を問うことであり，そのことは次に「意味の意味」（文脈）を問うことによって，それが「認識」を問うことにつながるのである．

　それでは，その道筋はどのような経路をたどるのだろうか．これは同時にいくつかの方向をもっていることを確認しなければならない．それは，社会福祉学の知識の正しさが，真か偽かを認識できる哲学的認識論が前提としてあるだろう．そして，真正をめぐる道には，必ず根拠が求められる．無論，社会福祉学は，実証主義的な検証による理論を積み重ねてきたものではないので，科学の知識だけの正しさに根拠を求められない．したがって「社会福祉学とは，社会福祉の活動の経験上の問いに答える知識を形成する営み」であると言えるだろう（船曳 1992: 37）．

　さて意味の経路の概略だけを示すと，それは「意味と認識」の枠組みであるところの「認識」と関連づけられる．これは経路が交錯する地図の全体像に関わる検討である．そもそも認識とは，ものごとの正しさの根拠を追求する場合の行き着く最終地点である．それは，本当に正しいのか否かの根拠であり，具体的には「人間の認識（＝主観）は『真理』や『客観』をとらえることができるのか」という問いという形式となる．また「意味」とは，「言語」から始まる．同様に，それは「言語は『真理』や『客観』を正しく表現できるのか」として突きつけられる．そして後に詳しく見るが，「言語」は「意味」を担うものである[3]．

　そして，例えば西勝は，本稿と同じ主題である「意味と認識」論文で，意味にまつわる論理哲学的な諸問題として，特にパース研究から「意味」の持っている問題を「意味の格率」に結論（西勝は「真偽」という）づけている（西勝

1973: 76). その主題の行きつく先は, 本稿と同様に留保つきであるが実証性 (現代の学問上の正しさの基準を定めること) に至るものである.

(2) 概念地図と概念経路

意味は, 問いから始まる. 最終目標は, 正しさへの根拠へとむかう道であり, そこでは意味の意味を探るいくつかの経路をたどるだろう. そのなかでも「学問論」と交錯する経路との接点が重要である.

例えば, 憲法学で長谷部は,「メタ理論」と学問論の要点について,「学問は, 自由である. しかし, いたるところで鎖につながれている. いかなる理論的探求も, 何が問うにあたいする問題であり, それをいかなる方法でいかに解決すべきかについて, 暗黙のあるいは明示の前提があってはじめて成り立つ」という (長谷部 1991: i). ここでメタ理論の基軸となっているのは, 学問の限定性 (枠組み) と正しさへの指標である方向性である. すなわちそれは,「科学」性であり, 主に自然科学をモデルとしたような「反証可能性」を示している. つまりメタ理論独自の営為の基軸は,「限定性と方向性」を規定することであるが, 同時に各学問におけるメタ理論領域に共通する課題がある. それが形而上学的なテーマである「意味と認識」なのである.

本稿では, 認識に至る経路の全体像を示したものを「地図」に擬えて, その過程の枠組みを「概念地図」(認識の全体像), そして, そこにあるいくつかの道筋を「概念経路」(どの道も正しさの根拠を求める道筋であり, 行き着く先は必ず「普遍性や客観性」にある) と称するものである. しかし, これらのキーワードは, 一般的に用いられている意味と同一ではない.「概念地図」は, 一般的に概念図なり概念地図法やコンセプト・マップなどと称されているものと別の概念であるが,「概念経路」はメタ福祉学の名称独占のようであるが, これも基本的意味内容はフローチャートに近い.

そして本稿の進路は, 概念地図をたよりに全体を眺めながら, いくつかの概念経路をめぐり, 最終地点にたどり着く. しかし, この概念地図は, あくまで「メタ」=「概念 (形而上学)」であり, 公理から出発して道筋を厳密に論証していくものでも, 社会福祉学原論を創作するものでもない. すなわちこれは, 意味と認識をつかみ取るための概念地図の作成と概念経路の脈絡の提示だけに限

定されている．

　さて社会福祉の概念地図は，社会福祉像（枠組み）についての認識を対象としたものになるが，それは社会科学のメタ理論と同じく事実認識についての主観・客観論の域を出ないものである．そして，このときその像を捉える枠組みは1つではなく，次のような世界観や価値観を捉える科学構想としての「系」が取り出される．

　1つの系は，近代以降の社会福祉の人権思想，社会観，価値観といわれるものに対して，その「普遍性（どの考えが正しいのか）」を求める概念地図を作成することにおかれる．

　この場合に，いくつかの世界観についての概念経路が示されるが，この究極の問題のかたちは二元論[4]になるだろう．これは社会福祉の「価値」を考える場合の概念経路が2つの道（二元論）になる．それは例えば，前節の「問い」である「福祉のこころ」に価値があるという立場と無価値だとする立場が対立した場合に生じる．そのため両者の対立を解消し，統合された普遍性への道を見出すことが，それほど容易ではないことである．それが二元論という形式をとることになる．ここでは，それを仮に「思弁的な系」と呼んでおこう．

　そして，もう1つの系は，メタ科学理論である（富永 1993: 73）．この系は，K. ポパーや T. クーンなどに代表される科学理論による実証主義をめぐって，同じ二元論の形式をとるものである．これを仮に「学問的な系」と呼んでおこう．しかし，本稿では実証主義をテーマにルーマンやギデンズなどの科学論や学問論との関連を論考しない（今田 1991: 31）．あくまでこの系は，意味と認識のテーマから学問論との関連を問うことにある．

　社会福祉という事実への認識というと，それは，社会福祉学が社会福祉の現実を前提として成立する学問と捉えると，形而上学は，その前提である認識を問うことにある．例えば「社会福祉制度」という『社会福祉用語辞典』にあるような1つの項目（言葉＝概念）について，その正しさを検証する場合に現れる．それは「社会福祉学とは，『社会福祉』という活動や制度を対象として研究する学問である」というような言明が少なくないが，これは，「社会福祉の科学的研究については何事も語っていないのと同じで」ある（船曳 1993: 76）．すなわち社会福祉学とは，社会福祉の制度を網羅的に説明することにあるので

はなく，制度の意味を社会福祉学の固有の視点から明らかにすることなのである．このときに，視点とは「ものの見方」であり，福祉制度を見たり，説明したりする場合の認識方法として示される．

その認識方法は，福祉制度が客観的に存在するという前提から出発する立場（「主観とは独立に客観が存在する」という立場＝「実在論」）と，純粋に主観からはじめる立場（＝「観念論」）[5]がある（稲沢 2005: 239-40）．この系も同様に二元論であるが，どの概念経路が正しいのかということではなく立場の違いをいう．この立場の違いは，かつて社会福祉の本質論争や社会科学の認識論から社会福祉を構想してきた時期に出現したが，重要な点は社会福祉学固有の視点を提示する場合に，常にこの認識問題が問われることである．

2. メタ理論の認識論

(1) 認識論の整理

他の学問で「メタ」を標榜する領域（以下「メタ理論」という．）では，必然的に「意味と認識」自体がテーマとなっている．それに対して社会福祉学でこのテーマの研究は，僅かにしか存在しない．しかし，この領域で議論されているのは，他の領域と同様に「哲学的認識論」ではなく「事実認識論」である．この認識論のレベルは，哲学的認識とは次元が異なり，「認識の成立する心理・生理的な機構を研究する」もので，以下のように概観できるだろう（廣松 1988: 17）．

メタ理論における事実認識論は，哲学の認識論と本質を同じくするために，用いる概念も同じで「主観 - 客観図式」の文脈のなかにあるが，別の次元で違う体系を持っている．それは，60 年代におけるカントの認識論を復古させた科学哲学の誕生（カント認識論の置き換え）にあるとされている（田村 2007: 140）．科学哲学や社会科学方法論なしに，メタ理論は，その存在理由も含めて認識論を中心的な課題として継続できなかったであろう．

さてメタ理論の認識論における「主観 - 客観図式」だけを整理してみると，以下のような特徴が挙げられる．客観的認識や主観的認識の対象を「人間や社会」に置き換えているもの，また意味論としての展開などというような主観 -

客観図式を座標軸にした多様なものが混在している．またメタ理論の典型としては，学問内でのテーマが常に客観説か主観説かという二元論（二分法，二項対立）で対立していることも挙げられる．このような二元論は，主観を「認識する主体」と客観を「認識される客体」とおくことから，同時にこの主観は，主体であり，精神，「私」などの置き換えとなり，主観と対立した客観は，客体であり，物質であり，「物」となる．しかし，問題の中心的なものであるところの二元論自体が解消された訳ではないのである（仲正 2006: 85-6）．

それでは，他の領域のメタ理論における認識論のエッセンスを見てみよう．

まず社会学の「メタ社会学」は，社会認識の客観性はどのように可能なのかが主題である．特に社会を見る社会学者自身の視点は，社会の中にあり，それを離れて客観的認識が果たして可能なのかというアポリアは解決されていない．ところで「メタ社会学」という領域は，『社会学理論』（厚東 1997: 15-6）において編集作業として分立されたが，この区分は一般的ではない．

また理論社会学のなかで，意味と社会という認識論について山口は，「主観的意味と客観的意味」の2つの立場，つまり「現代の社会学を二分する対立項をなす」ものとして二元論的な展開をしている．さらに，この対立項は，「解釈論的パラダイムと規範的パラダイム」の対立としても捉えられるとしている（山口 1982: 134）．そして，後者は典型例の「自己言及性」[6]といわれるパラドックスである．このパラドックスは，シュッツの「主観的解釈の公準」やウェーバーの「理解社会学」などで社会学史でも馴染みがあるものである（山口 1982: 134）．山口は，解釈学的パラダイムの限界を「解釈学」に次のように求めている．「解釈学こそ『意味』とその社会的・歴史的な次元と，『理解』がもつ存在論的次元との解明に力を注いできているように思われるからである」という（山口 1982: 140）．

また法学では，そのなかで「メタ法学」[7]という明確な区分はないが，学問論をテーマとする研究が『法の臨海』（井上他 1999）に見られる．ここでは，憲法学が国内法の最高法規という枠を超えたメタ法学という存在であることが確認できる．そこでは，法の正義論の「認識」が課題とされている．

最後に倫理学で言う「メタ倫理学」は，これまでの哲学史上の認識問題と最も接近した認識論を課題としている．「道徳の内容ではなく道徳的判断の本質

についての1つの立場」であり,「道徳的判断がなされるとき,そもそも何がなされているのか,ということが問われていること」がメタ倫理学の問題の立て方なのである(永井 2003: 170). また哲学上の究極の課題(真偽や善悪や美醜)を客観的に正しいと言えるのかによって,倫理を考える立場が異なる.同時にその延長線上に「意味と認識」論が検討される重層構造である[8].

特に倫理学では,「メタ倫理学」として「メタ」領域が明確に区分されていることが特徴である.実質的倫理学とメタ倫理学の相違があり,それは,例えばギルバート・ハーマンが述べるように「メタ倫理学の哲学的な主題は,規範論理学の非哲学的主題から区別されるべきであった.規範倫理学の理論は,正邪(Right or Wrong)・善意・〈べき(Ought)〉と〈べきでない(Ought not)〉に関する理論であり,それらは,非言語的でそれゆえ非哲学的な主題だと考えられていた」というのが通説である(Gillbert 1977 = 1988: viii).

以上メタ理論の主題は,まさに「意味と認識」である.特に山口は『社会と意味』で,メタ社会学について,認識論をテーマにして対立的な見解を再構成する役割があることを示している.そこでは,対立した見解に対して理論社会学上の課題の解法プランを見出している(山口 1982: 138).したがってメタ福祉学の役割は,社会福祉学の学問上の交通整理だけではなく,繰り返しになるが意味と認識の提示からスタートし,正しさをめぐる概念地図を作成する概念経路を示すことが求められていると言えるだろう.

(2) 社会福祉の認識論

社会福祉の「意味と認識」をめぐる概念地図の作成と概念経路の探求に関して,注意しなければならないのは,「意味」と「認識」とが不可分に現れることである.また科学哲学の領域でも社会科学でもある程度の哲学上の標識的な影響を受けているので,メタ理論も同じように認識論の全容の追究は,多くの必要な論点も含めて保留されたままであると言えるだろう.

まず「意味と認識」をめぐる概念経路において,「意味」が結局「認識」の問題として同一視されることはすでに第1節(1)の「意味の意味」の箇所で述べたが,この根拠を的確に捉えた要約が次に示されている.「つまり人間の認識(=主観)は『真理』や『客観』を捉えることができるのか,という問いが,

『言語』は，『真理』を正しく表現することができるか，という問いに置き換えられているだけ」[9]なのである（竹田 2004: 160）．したがって意味と認識をめぐる概念経路は，社会福祉の「意味の意味」を探ることになる．

さて社会福祉学における意味と認識に関する先行研究について，まず社会福祉の「意味」としては，国語辞典から「福祉」という言葉の意味を引用する教科書的な説明と，憲法第25条第2項の「社会福祉」を援用して根拠としているものが少なくない．

社会福祉学では，言語の意味を「記号論」のような「体系」として読み取る研究は，90年代まであまり扱われなかった．「社会福祉の意味」を認識論として分節化した先行研究は，船曳が「意味の文脈依存性」と言う「言語論」を展開したことが挙げられるだろう（船曳 1993: 17-36）．船曳が提示した「意味」とは，言語が意味を担っている言語上の規則以外のものを示すことによって社会福祉の原理の体系化の構想に「意味の意味」（意味の文脈依存性）を持ち込んだのである．すなわち「意味の意味」とは，記号の意味（ルール）を超えた「世界の分節性，有意義な関連性」なのである（竹田 2004: 188）．

次に「認識」であるが，社会福祉学では，学問論と密着した社会事象を認識対象として検討がされてきた．社会福祉の認識論としての先行研究は，社会福祉学の固有の視点を明確に示した岡村重夫である（岡村・高田・船曳 1979: 10-52）．岡村は，認識論を「固有の視点」と捉えて，「社会福祉固有の視点」とは，「漠然たる生活問題の中から社会福祉問題すなわち社会福祉固有の対象領域を発見し，構成するための原理」とした（岡村 1983: 69）．

岡村の認識論は，対象把握の原理と同時に社会福祉援助の原理でもあるとしたことである．また「社会福祉学は純然たる認識を目的とした理論科学ではない」と「認識」を次のように確定する．つまり「『社会福祉固有の視点』は，前述のように固有の対象領域を認識するための基本的な立場である」と「立場」としてまず定義する．そして，対象領域を固有の問題として認識する理由を「それは問題を解決するために問題を認識するのであって，単なる認識のための認識ではないからである」という（岡村 1983: 69）．岡村が認識という言葉で示したのは，固有の対象領域を把握する視点（立場）の確定である．したがってそれは，科学論（学問論）の原理を統一（対象と方法）するメタ領域の

第3章 メタ福祉学の構想

「意味」(＝認識)の体系化であると言えるだろう．

さらに「意味」(＝認識)についての「体系化」それ自体が課題である．意味の体系化とは，概念地図として認識論の全体像を再構成することである．これが「意味の意味」である．

社会福祉の「意味の意味」として，深く踏み込んだ船曳は，次のように認識論を見ている．岡村理論をベースにした船曳は『社会福祉学の構想』で，「問い」を意識し，それを「意味」に結びつける．そして社会福祉の全体像をえるために，「見る」ということに即して，「概念的な道具を構成することが社会福祉学の目指すことだった」という（船曳 1993: 56）．そして「意味の核心」を捉えるためには，「視点」が必要であり，科学構想を提示することが重要であり，そこから社会福祉の原理の体系化することを示した．体系化を言及する上で，科学構想の二元論（認識論を船曳は，体系論と構造論に区分した）が意味と認識の核心として示されたのである．

われわれは，言葉（概念）から世界を認識するのであるが，このとき意味とは，客観的に精密に，言葉で世界を写し取ることは不可能であることが大きな問題であった．すなわち意味と言語の関連について「『言語』は，『真理』を正しく表現することができるか」という認識不可能性に突き当たった．しかし言語論（記号論）においても，学問論においても言語自体は世界分節の根拠であることに変わりはない．言語による世界分節は，意味につながっている．現代，このつながり，まさに意味連関が不明であることによって，社会福祉における認識論や言語論が発展しない．社会福祉学には，人間の世界を事実の世界としてだけではなく，関係の世界，すなわちたえず意味の世界に編みかえられている「関係」の世界として捉える理論構成が重要であろう（竹田 2004: 251）．

社会福祉の認識論は，「見られるものを『客観』，見る側を『主観』，受け取り方を『認識』と名づければ，主観と客観の一致によって認識が成立することになるが（中略），また，主観と客観とが一致している状態を『真理』と呼ぶと，この問いは，真理の存在証明の問題となり，西洋近代哲学認識論の根本問題となる」というように，社会福祉学には認識事実学も哲学的認識論も不可分に課題として与えられたことが見える（稲沢 2005: 239-40）．

3. 社会福祉学の認識論的転回

(1) ポストモダンという懐疑論

　社会福祉の認識論的転回は，デリダ（J. Derrida）やフーコー（M. Foucault）等の影響を受けて，ポストモダン・ソーシャルワーク実践理論から90年代に始まったものが象徴的である（木原2000: 58）．ポストモダン思想は，近代に向けられた批判と懐疑論である．さらにその核心は，認識論を批判的に，懐疑的に捉えることにおかれる．またそれは，例えばソシュールによって「意味」それ自体が，なぞのような性格をもっていることが明らかになったことで代表されるように「（言語の＝引用者注）〈意味〉の機制（メカニズム）は，言語のシムテムそれ自体をいくら眺めていても決してそこからはとり出すことができない」と言う試みである（竹田1993: 14）．要は，客観的なあるいは，精密な認識の不可能性ということに集約される．

　社会福祉学にとってポストモダンの「近代批判」は新鮮であった．それまでの社会福祉学では，客観的認識は可能かというような認識論の洗礼を受けたことがなかったので，これこそが本格的な学問論の回帰となった．つまりそれは，メタ福祉学から言うと，社会福祉の正しさへの概念経路が再度「その概念や経路」そのものの根源から批判されることでもあり，社会福祉学にとって，自己の学問論の本質（「意味と認識」）が問い直される契機となったのである（Pease & Fook 1999: 9-10）．つまりある意味でポストモダンがメタ福祉学とまったく同じような機能を社会福祉学に向けて配信し始めたものであると言えるだろう．

　今日，現代思想でも学問の原理論研究領域においても，また社会福祉の援助理論でも，客観的に正しいという根拠（根本的なパラダイム）を懐疑的に捉える潮流が到来している．それは例えば「社会構成主義的な援助論」の登場，施設運営での利用者主体論，クライエントへの援助方法の強権的でパターナリズム批判，児童福祉論の子どもの発見など大きな影響を与えている．また文献では具体的に，J. デリダの脱構築を応用した『クリティカル・ソーシャルワークの学び』（北川・松岡・村田2007）やストレングス視点などを取り入れた『社会福祉の援助観』（狭間2001）などのように，特に今日，社会福祉学では，

第3章　メタ福祉学の構想

ソーシャルワークの実践理論領域から出発した近代批判のキーワードが理論構成の中心となっている．

さて前述の典型的なポストモダンである「社会構成主義」は，すでに社会心理学や社会学の領域でも登場しているが（稲沢 2005: 242），社会福祉学の分野では，「社会構成主義に基づく，臨床上の介入方法がナラティブ・モデル（物語モデルとも言う）である」とした社会福祉の援助理論に 90 年代に登場した（木原 2000: 56）．したがって社会構成主義について，本稿のような批判的な検討はむしろ少数派であり，ストレングス視点，エンパワメントアプローチとともに社会福祉学への影響は拡大している．それは，これまでの社会福祉への「常識的な了解」への徹底的な批判であり，「全く新しい社会福祉の援助観」（挾間 2001: 22）のような積極的な観点が圧倒的である（Pease & Fook 1999: 10-1）．

それでは，社会構成主義の特徴から社会福祉の援助理論を検証するときのポイントは，デリダやフーコーへの評価と傾斜と同様に「反＝意識主義，反＝主観主義」が強く主張され，「主体の形而上学批判」（人間の意識は構造化されている，社会的構造に規定され拘束されている）であることである（竹田 2004: 221）．稲沢は，この特徴を整理して，〈1〉「人は現実をかならず何かとして受け取る」こと，〈2〉「意味付与」の多層性，〈3〉「社会とは，意味づけ方，すなわち，受け取り方の一定の枠組みのことであり，逆に，意味とは，社会的な約束事であるともいえる．そして，約束事とは，みんなでそのようなものとしてきめた，つまり，そのようなものに作り上げた（構成された）ものである．そのため，意味とは，社会的に構成されたものであるということになる」と指摘している（稲沢 2005: 228-30）．

結局のところ社会構成主義のアプローチで解決できる援助方法は何かによって試されるべきであるが，「構成主義援助論」では，従来の援助論への「批判」から始まることである（稲沢 2005: 235）．「正しい本当の理論などというものを振りかざして，結局，勝手な解釈を押し付けていただけではないか」（稲沢 2005: 235）．これがこの理論の批判の「核心」だろう．

さてここで社会構成主義をメタ福祉学の機能から，意味と認識の概念地図作成に立ち返って検討すると，以下のような整理が可能である．社会構成主義と

正しさの根拠を求めるメタ福祉学との関連として整理すると，まず社会福祉の事実認識の捉え方が違うということ，社会福祉の問題を受け止める力点が違うことが挙げられるだろう．さらに言うと，これまでの近代批判の典型である「客観的で精密な認識の不可能性である」，「真理はない」，「形而上学批判」などは，この主義においては着実に進んでいることになる．したがって社会構成主義を基本にしたナラティブ・モデルは，言語に拠って世界を受け止め，「現実」をつかみ取る試みが客観的にではなく，現実に問題とされる「問題化」のプロセスに力点がおかれていて，まさに「現実」の捉え方が異なるのである．

このように現実を言語の問題として受け止める方向は，1つは「意味の不可能性」に至る経路が明敏に示されることによって，より懐疑的なスタンスがもたらされるだろう．そしてそれは，限りない相対主義に至るだろう．2つは，現実は意図的にもたらされた「現実」であり，現実に対する見方の違いであるという懐疑的で相対的な概念経路をたどることになる．言語論で始まりながら，言語の所在が言説と言うものに入れ替わり，果てには，あるがままの現実とは違うものを追求するのである．

しかしメタ福祉学は，客観的でまさに「正しい本当の理論」の根拠を求めることが使命である．まさにここで，メタ福祉学とポストモダンのアプローチとが全く違う方向を指し示していることが確認されただろう．

(2) メタ福祉学のパースペクティブ

メタ福祉学は，認識の普遍性・客観性を求める概念地図のなかで，正しさの根拠への概念経路を示すことだけが使命であるが，同時にまた最終の概念経路（結論）への道（パースペクティブ）も示さなければならない．

今ここで「正しさへの根拠を求める道筋」は，社会構成主義を経て迷路へと突入した．このことを見極める必要があるだろう．これまで疑わなかったものを疑う，このことは社会福祉学にとって大きな認識論的転回であったが，すでに60年代以降，隣接科学では，このような近代的な認識論に対する批判について問題の核心を捉えて格闘し，またそれらを乗り超えて自らの課題を自覚したはずだ（柄谷1989: 12）．社会福祉学は，果たしてポストモダンを単純に受け止めて，「福祉のこころ，ノーマライゼーション，自己覚知」が歴史的，社

第3章　メタ福祉学の構想

会的にあるいは文化的に作り出されてきた「社会的な事実」という権力構造が背後にあるとする批判と結びつけるべきなのか．また，違う道筋があるのか．その意味では，「ポストモダンの申し子」(稲沢 2005: 240) である社会構成主義は，社会福祉学の概念地図に多くの示唆（功績）と混乱（制約）とを与えたと言えるだろう (Pease and Fook 1999: 1-19)．

メタ福祉学は，社会福祉学において普遍性や客観性を追求する方向も同時に示唆する役割をもっている．社会福祉学に限らず学問（特に認識論的な領域を担当する原理やメタ理論）が「客観的認識の不可能性」だけに終始し，ポストモダンと同じように「真理や普遍性や客観性」へ向かう概念経路の道筋を放棄するのであれば，それはメタ福祉学から見ると「学問」とは言えない．メタ福祉学は，「意味と認識」をテーマにして，さらに形而上学の思考形式から，確実なる概念経路のパースペクティブを示したい．

さて社会構成主義の示した認識問題の核心とは，「主観と客観とを別々のものとして立てておいて，後から両者を一致させようとするその問題の立て方自体がまちがっていたのではないかと主張し，さらには，真理があるはずだ，あるいは，真理がなければならないというモダンの思い込み自体がおかしいのだと批判する」ことである（稲沢 2005: 239-40）．しかし，メタ福祉学も社会構成主義も，社会福祉学が学問体系を構成するために，「認識論が前提であるという自覚」を促進する機能は同じである．だがメタ福祉学は，また知識の科学性＝実証（検証）可能性に向かう「原理の固有性の根拠」を追求する自覚も必要であるとする点で，社会構成主義の相対主義とはまったく方向が違う．社会構成主義は，科学の実証性と異なり，経験主義的なアプローチとは対立し，科学の客観性への疑義を提出する（稲沢 2005: 239-40）．

それでは，真理（正しさ）をめぐって，社会福祉学は社会構成主義の方向か，メタ福祉学の方向か，どちらの方向を選択するのかということになる．この典型が以下の学問論の対立構造に見ることができる．

すなわち学問論に共通する典型的な「真理＝権力」論として，稲沢は次のように展開している．「『本当の正しい絶対的な唯一の正解』のことを『真実』あるいは『真理』と呼ぶ．およそすべての学問とは，こうした真理を探究し，明らかにしていこうとする知的な営為であり，宗教は，それぞれに究極的な真実

や絶対的な真理といったものを提示している」と本稿のテーマと同じ客観性をめぐる概念地図の作成の核心を明確に述べている（稲沢 2005: 232）．

しかし社会構成主義は，「真理とは，絶対的な正解であり，それに対して反論したり否定したりすることができないのであって，場合によっては，自分以外の受け取り方の消滅に向けて，一種の強制力を実際に働かせるようなものなのである．そのため，人は，真理に対して自分なりの受け取り方や意味づけ方を従属させなければならない．逆に言えば，真理とは，人間に対して従属を強制する力，すなわち権力（power）の別名だということになる」という（稲沢 2005: 233）．

このように社会構成主義は，客観性や普遍性につながるものではなく，つねに言語で構築（構成）された世界が，その背景に「どういう権力関係のもとにあるのか」かつ「それはどういう政治的効果をもつのか」だけを「発見」することに力点が置かれている（西 2002: 307-9）．この要約と総括は，社会構成主義の限界に言及していると考えられる．

以上，社会構成主義というポストモダンは，社会福祉学への認識論の再登場を意味するものであり，それは学問論の再検討を促す結果となった．無論，この傾向にメタ福祉学は形而上学として，社会構成主義にはポストモダンであるということ以上の意味がないと見当をつける．この見当の先は，次のような展開が確認できるだろう．1つには，社会構成主義とは，ある意味学問論のなかだけでおきている不毛の議論であり，また逆にそれは，メタ福祉学の基本も同じく研究のための研究ということを示す諸刃の剣である．2つには，メタ福祉学のパースペクティブは，ポストモダンの相対主義の影響によって絶対的で客観的・普遍的な正しさへの概念経路を見失った局面を打開する使命がある．3つには，しかし学問とは「意味」の連関から構成される体系であり，学問の生命とは認識の基本を確認することである．

4. 認識論へのクリティーク

(1) 「問い」の形而上学

「問い」から出発した「意味と認識」をめぐる概念経路は，いよいよ最終地

点に向かうが，概念地図の枠組みを思弁的な系から学問論の系に移行していこう．そして社会福祉学のなかに原点（「問い」の形而上学＝根源的な「問い」）を取り戻すために，メタ福祉学から認識論の本質を見極める概念経路とを結びつける．メタ福祉学が社会福祉の「正しさの根拠」を求める場合，それは必然的に「問いと批判」とから始まるものである（徳永 1996: 34）．それが本稿の冒頭の「問い」の本質[10]であった．

社会福祉の「問い」は，その本質を見極めるというべきメタ福祉学の機能の必然から「福祉のこころ」や「ノーマライゼーション」や「自己覚知」への批判となった．それは，それら3つが通説の体裁を確保されているから正しい，教科書に記載があるから正しいという程度の低いレベルのものではない．その3つには，その学問的な根拠が示されていないという点への根源的で徹底的な批判[11]なのである．その点ではポストモダンと同じであるが，メタ福祉学は，その批判対象の根拠を問うことから始まる．

これら3つの問いは，改めて意味と認識の局面で捉え直すと，すべてが実証科学としては検証できない言説（仮説）である．いずれも共通して，科学的な普遍性や客観性がない．それは，認識論を根源的に追求する「哲学」と同じ，厳密で検証可能な自然科学ではない世界観，人間観を扱う領域である．上記の3つと同様に哲学や思想も（厳密には3つとも「問い」の次元が異なっているが，今はそのことを問わない）認識の対象そのものが異なる領域である．

さて，社会福祉の3つの問いや批判であるところの「意味」は，当然意味連関の構成体としての学問自身の課題を自覚し，どのような概念経路でもって社会福祉学の概念地図へと分節化していくのか．この課題を解消するメタ福祉学の認識論にかかわる概念経路をたどってみよう．まず3つの問いは，これから課題として議論されるが，それは，どれも実証（検証）不可能なもので，正しさの根拠となる「論証」が必要であることは先に述べた．

そして，学問的な論証の前提として，次のような整理が可能だろう．まず実験やデータによる科学と社会福祉学という学問が同一かどうか，経験科学か規範科学か，自然科学と人文社会科学との相違点，認識論では哲学と科学哲学の認識における客観と主観の立場の確定，実証可能な道筋へつながる客観性の根拠，言語（使用する用語）＝記号の確定と定義，非実証型の領域と実証型との

バランス，非実証型の原理への道筋の捉え方などが挙げられるだろう（Adorno 1956＝1995: 206-7）．しかし，本稿ではこれらのすべてを検討するのではなく，3つの問いが社会福祉学の課題（学問系の議論）に結びつく社会福祉の意味連関を整理するものである．

　社会福祉学は，例えばメタ社会学やメタ倫理学のように，学問としての意味や認識という接点を持った領域を分立してこなかった[12]．その理由は，それまでの社会福祉学が岡村重夫に代表されるように，その保有する知識の固有性について，意味と認識にかかわる純粋な認識論（認識のための認識）を追求するところを出発点とはしなかったからだろう．しかしメタ理論は，学問論としての「社会福祉学とは何か」という原理との関連で「社会福祉」の意味を問う地点まで遡る必要がある．要するに，ポストモダンが社会福祉学に登場するまでは，意味と認識は学問体系の確立の原理を問う場合に，体系化にむかう不可欠な概念構想ではなかったのである．

　しかし，船曳は『社会福祉学の構想』（船曳 1993）において新しい認識論を展開した．それは，原理的な意味で「問い，意味，言語」の関連を明らかにしたのである．そこでは社会福祉への問いを「それは本当は何なのか，なぜそのようなことが起こっているのか」と「何を（行為の形態），いかにすればよいか」という2種類に区分し，前者を「事実命題に形成される知識」，後者を「人の行為を指令なり示唆なりをする命題に形式化される知識」とした（船曳 1993: 37-8）．

　船曳は，ここで学問の生成に関する「条件」を「問い」にしている．つまり，問いの限定があるのである．メタ福祉学は，学問論（社会福祉学）をターゲットとしている．ここでの問いは次に示すとおり極めて形而上学的展開を見せる．1つは，「社会福祉の普遍的な全体像を訊ねているもの」である．2つは，「意味と認識」論である．それは，「常識とは別の確実で客観的な，そして説得力の予測力もある知識体系によって見る」と「『社会福祉』と呼称されるものについては，それを関連づけるべきもの，統一的に意味を与えるべきものが常識のなかで定まっていないため，正しくは何と関連づけて見たら善いかと言う」意味を2つに区分する（船曳 1993: 41）．3つは，実践への問いである．「自分（または自分たち）は何を，いかにしたらよいか（あるいはすべきか）」，「何を，

いかにすることがよりよい社会福祉になるのか」というなすべき行為についての問い（価値実践者としての問い）である（船曳 1993: 57）．

　船曳は課題として社会福祉学が「理論知か，実践知（倫理的，政治的実践のための）か，あるいは制作知（あらかじめ与えられた目標のための）かといった，いかなる性格の知識の体系を，どう形成しようとするのかという問い」を持っていると答えている（船曳 1993: 71）．

　反対に他の社会福祉学者は，社会福祉学という学問を直接世界観や社会観，人間観などを相関にして理念や根本原理から構想してきた．したがって社会福祉学が正しさの根拠を求める場合には，このような事実学に確実性は追求できない．まさにこのような実証できない領域に対し，メタ福祉学は，体系化の課題として常に「客観性や普遍性」を導入しなければならない使命がある．

　メタ福祉学は社会福祉学の原理的な課題に対して概念地図による解法を示すことによって，社会福祉学の学問としての固有性を明確にし，そこに至る道筋を示すことであり，それはメタ福祉学がもっている機能である．またメタ福祉学の機能の中心は，常に社会福祉の普遍的な可能性を開示して目標を作り出すような考えである（竹田 2004: 26）．

(2)　クリティークからオルタナティブへ

　メタ福祉学の機能は，クリティークという批評的，批判的機能と同時に，それだけではなく，オルタナティブも示す必要がある．まさに普遍性や客観性の追求について，オルタナティブであるところの概念経路を示さなければならない．

　ポストモダンによって認識論のアポリア（主観・客観問題）は，社会福祉学にとっても大きな課題となった．大きな収穫だったのは，これまでの社会福祉学での先行研究でそれほど重要なテーマでなかった言語，意味，認識などが根幹から問い直されたことであり，社会福祉学という学問論への意識が高まったことである．

　そして普遍性への概念経路は，概念地図の作成にかかわる整理に行き着く．前述の3つの問いに対して概念地図による解法を概念経路から示さなければならないだろう．

まず社会福祉の問いの「自己覚知」の「自己」は，ギデンズ（A. Giddens）に代表されるようにポストモダンの標的である（片桐 2004: 257）．ここでは，普遍性どころか「ポストモダン的な自己論」として「近代的自己観」が批判される（片桐 2004: 257）．さらに言うと相対主義の言説ではまさに「覚知される」べき「自己」とは何かである．また，船曳は違う文脈であるが，社会福祉の援助活動で「そこでいう『自己』とはどんな自己なのか限定がされてい」ないことを批判する（船曳 1993: 64）．要するに，この「自己」がどのような「自己」であり，その「自己」をどのように「覚知」することが，社会福祉の援助の方法にとって学問的にどのように有効で適正なのかを見極める概念経路が明確に論証されるべきである．

　すなわちメタ福祉学によれば，社会福祉にとって「ポストモダン」の中心となる標的は，それは，結局次の2つであるだろう．1つは懐疑主義（相対主義）と，もう1つは福祉イデオロギーに集約される．結論だけを示すと，相対主義である懐疑主義は，論証ではないところのレトリックやパラドックスに昇華されて意味を失うだろう．また福祉イデオロギーはカント主義を含めた認識論に置換され，学問論の本質の追求を回避しない方法を探ることと関連している[13]．とりわけ，本稿では，福祉イデオロギー（福祉のこころ，ノーマライゼーション）だけのアポリアを以下で検討し，懐疑主義（相対主義）のオルタナティブは別の機会に論じたい．

　さて本稿では，福祉イデオロギーについて，イデオロギー論全般（アドルノやK. マンハイムやアルチュセールなど）の先行研究を丹念に紹介してから学問論と結びつけて論じるべきところであるが，ここでは，実証主義的な検証でもって正しい答えがでないもので，反論や批判を絶対に受けつけない「意見」程度のものと規定する．実験による検証でもなく，データの分析によるものでもない「意見」は，正しさが実証不可能なものである．ところで同じ「意見」に近い「哲学や思想」は，「納得の蓋然性が徐々に上がり，また徐々に共通了解が広がっていくという構造が存在する」（竹田・山竹 2008: 19）のに対して，この福祉イデオロギーというアポリアは納得の蓋然性についての共通の了解が得られない場合もあるだろう．また，そもそも「理想的な社会福祉とは何か」とか「福祉のこころとは何か」は，メタフィジカルな問いである．誰もが納得

がいくような普遍的な答え[14]がないものである.

そして，このアポリアをめぐって，最終地点に至る概念経路は，形而上学が作り出す「概念地図による解法」へと向かうであろう．これは，「問い」が「学問の生成」に関する条件へとつながる解法（学問論）となるものである．

まず概念地図による解法は，社会福祉学にとっての学問成立の条件として福祉イデオロギーはどういう意味をもつのかという「問い」に置き換える作業にある．つまり，社会福祉という学問の知識はどのように構成され体系化されるのかという本質への問いに求められる．これをつきつめるとどうなるのか．それを徹底的に問い続けることなのである．そこでは，「解法の解法」も必要であろう．「問い」に差し戻すこと，すなわち，問いの「原点への回帰」が概念地図による解法となるだろう．正しさを求める概念経路は，もう一度「最初からやり直し」（徹底性への反省）を命ずるのである．厳密性や徹底性という原点に戻り，そこから始めるのである．そして福祉イデオロギーが共通課題として普遍性がないという原因がどこにあるのか，この意見が出現した経過（歴史）を遡って概念経路をもう一度確認することである．あらかじめ正しさへの概念経路を見失った「意見」は，学問ではないだろう．

おわりに

本稿は，いよいよ社会福祉の普遍性を結論（目標）にして，その学問論である概念地図と概念経路をめぐりながら，本当に真実（「正しい」と言う根拠）の地点にたどり着いたのであろうか．

普遍性の意味の重要性とは，「社会福祉の世界像は果たして理想なのか」や「社会福祉が捉える人間と社会のあり方の理想像は何か」という問いの置き方にある．こういう問題設定の「普遍性」（客観性）は，社会福祉学の学問論の関連性から見ても，あまりに広範すぎて共通理解が得られないだろう．

さらに普遍的な認識には限界がある，認識に客観性や普遍性がないという立場は，学問の原理的研究での学問自身のアイデンティティを喪失している．絶対的な真理も，客観的な法則性も，理想的な福祉社会も，実は同じ「普遍性」を求めた結果なのである．われわれの課題は，その「普遍性」を絶対視しない

ということであり，共通理解を求める道筋が示されているという条件を常に確保することにあるだろう．

メタ福祉学は，社会福祉の学問的体系自体を創作することはない．「はじめに」に述べたように「認識」などの可能性や限界，社会福祉学の認識論的な枠組み，学問論における認識論の可能性などに終始する．いつまでも学問としての枠組みに拘泥し，認識の基礎である普遍性を問い続けるのである．しかしながら普遍性への道筋は容易ではない．メタ福祉学の使命は，いつまでも普遍性への概念経路と概念地図を示すことにあるだろう．

注
1) 「メタ福祉学」とは，拙稿「メタ福祉学の構想」及び「メタ福祉学の構想Ⅱ」（関西福祉大学紀要第8号，第9号）でその輪郭の一部を示したが，「メタ社会学」（厚東 1997: 15-6）を参考にして，そこでは研究の枠組みを次のように構想した（上記紀要第8号）．
①性格，問題，方法，意義などに関する議論を使命とすること．
②既存の「社会福祉学」の中に他分野や他領域の学問や理論などの「成果を取り込むこと」が前提であり，この前提条件を深めていくことが重要なことであること．
③「統一的な答えを出そうとする野心的な試み」，「自明化された前提を覆そうとする」もの，「学の歩みを見事に先取りする」もの，「気宇壮大な試み」，「問題群を整理し直し，異なる形の（もの）を構築する」ものであること．
2) 例えば船曳が「社会福祉の意味」から原論（船曳 1993）を始めたのは，社会福祉学の生成に関する認識論として捉えているからであり，その「意味」とは次の2つが根幹である．1つは，「社会福祉の概念」という原論の位置づけである．2つは，正しさの根拠を何に求めるのかという社会福祉学を超えた議論である．
3) 竹田青嗣は，言語と意味の認識問題について「言語の多義性や規則の規定不可能性の問題自体，じつはなんら新しい問題ではありません．それは，近代哲学がずっと問題にしていた『認識問題』の"言語論的変奏形態"なのです」，またデリダやソシュール（言語の多義性）やクリプキ，ヴィトゲンシュタイン（規則の規定不可能性）も「同じ問題である」という言及（現代言語哲学批判）を中心としているという（竹田 2004: 160）．
4) 例えば西は，「心身二元論とも言われるが，物理学的な客観主義では，自由も価値もない．これらは主観（心）のなかで生じたものにすぎないという決定論的な物的秩序とみなされているものである」という（西 2002: 176-8）．また仲正は，「デカルトによる精神と物質の二分法や，カントにおける現象界と叡智界，あるいは認識可能な感性的対象と認識不可能な物自体の区別などのうちに，プラトン＝キリスト教的な二元論の残滓を見ることができる」という（仲正 2006: 85-6）．

5) この2つの観点は,実在論と観念論とを比較検討する場合に,次の指摘が明快である.「実在論は,人間が実際に見聞きした経験則を集めて,そこから世界の全体像を推論し,描き上げる.この思い描かれた世界像は,人間の経験則と大きく食い違わない限り,人間にとって有意味である.これに対して観念論は,実在論の描く仮説がしばしば経験則と食い違ったり,また諸説の対立が解消されないことをどう捉え直すか,というモチーフを本質としている」(竹田1993: 163-4).
6) 富永は,「自己言及性」を「メタ科学的考察」と呼び,「社会科学者が自己の専門研究のかたわら行う自己反省の試み」であるという(富永1993: 74).さらに,メタ社会学ではそれを「社会学的認識論は社会学的実践の外側にあってそれを規制する」ことであるという.
7) 「メタ法学」(論者命名)の守備範囲について長谷部は,「法的思考」の「ゆらぎ」であり,さらにポパーの批判的合理主義,クーンのパラダイム論,ファイヤーアーベントらの方法論的アナキズム,後期ヴィトゲンシュタインの言語哲学,現象学的解釈学の諸潮流,ポストモダン的脱構築,リチャード・ローティなどのネオプラグマティズム,システム理論,ハーバーマスの討議理論,ロールズやジョン・グレイなどを引き合いにしながら「様々な『ポスト形而上学的』知識論が対立競合している」と言う.まさに争点(論点)は学問論としての認識論を軸にしたメタ法学といえるであろう.さらに,憲法学の規範的メタ理論である『権力への懐疑―憲法学のメタ理論―』(長谷部1991)では,例えば樋口陽一の批判的峻別論(認識と評価)をめぐるメタフィジカルな議論がなされ,「メタ理論」の領域問題である(長谷部1991: 150).
8) 永井均によれば,「メタ倫理学」とは,規範倫理学との対比を前提にして,「直観主義とは何か,といえば,それは道徳の内容ではなく道徳的判断の本質についての一つの立場なのです.ですから,その道徳的判断がどういう内容のものであるかは,さしあたって無関係なのです.どういう内容の道徳的判断であれ,およそ道徳的な判断がなされるとき,そもそも何がなされているのか,ということが問われていることなのです」と述べている(永井2003: 169).道徳的な内容の議論ではなく,西洋倫理思想史をながめても,道徳的判断とは何かというような問題の建て方をメタ倫理学と呼び,これが続いてきた.ここでメタ倫理学の本質は,哲学史の認識論(常に観念論か実在論か,観念論のいう主観・客観問題を議論する立場)にたどり着く.
9) 竹田青嗣は,言語論的転回について「近代哲学から現代哲学,あるいは現代思想への移行への重要な特質は,その主題が『観念』から『言語』へと移動したという点に求められます」(竹田2004: 125)という.
10) 中野は,「科学(理論)とは,言葉を替えていえば,一定の事象に対する『問いの出し方と答えの出し方』に関する『約束事』である.難しく言えば,『認識論的な枠組』といってもよかろう」と,ここに1つのパラダイムをもった「通常科学」(normal science)が存在すると言う(中野1979: 182).また船曳は,『社会福祉学の構想』(1993)において,「なぜ疑問」という問いの原型を創設し,その答えを導くのが原理の核心(全体像,視点)であるとしながら,「問い」との関連を強調する(船

11) 例えば，根津敦は，「ノーマライゼーションの歴史的展開と批判」（社会福祉士第16号）において，「ノーマルであること」が根幹にあるこの思想を北米のポスト・ノーマライゼーションを紹介しながら，批判している．
12) 塩原は，社会学で「メタ社会学」の位置づけを社会学の理論研究のなかにあること，そして，「社会学に関する認識，社会学の方法に関わる次元，特に方的な革新を進めた議論を整理すること」という（塩原1997: v）．さらに「理論社会学」の著作を厚東は，4つに区別する．理論とは，「(1)社会の成り立ちやメカニズムに関するモデルの提示，(2)欧米産の学説の紹介，翻訳，批判的検討，(3)社会学が解決すべき課題の提示から始まり，進むべき道筋を指し示し，一定の視点から既存の社会学的知識を体系化するような『社会学に関する議論』，すなわち『メタ社会学』，また社会学講座や社会学事典編纂者や監修者も含まれる．(4)同時代の社会に何が起こり，歴史がどこからどこへ動きつつあるのかについて議論する」（厚東1997: 3）ことの以上である．
13) 竹田は，『意味とエロス』においてポストモダンの要約を2つの思想的パラダイムであるという．1つは，「懐疑主義」であり，「認識の形式化を意識的におし進め，それを論理的なパラドックスに追い込んで，むしろ積極的にその不可能性を証し立てるという方向」，もう1つは，「パラドックスではなく，『認識』の項に同一性をあて，『現実』の項に多様性（多数性）を当てて，その映しとりの不可能性を言うような方向」であるとしている（竹田1993: 15）．
14) 西は，この問いについて，「われわれはそれに対して答えがわからないのではなく，それは世界観，価値観を核とすることがらなので，そもそも客観的，決定的な答えを持たない」のであると言う（竹田・西2004: 118）．

参考文献

稲沢公一（2005）「第12章　構成主義・ナラティブ」久保紘章・副田あけみ編著『ソーシャルワークの実践モデル』川島書店，227-250頁．

今田高俊（1991）「科学するとは何か」今田高俊・友枝敏雄編『社会学の基礎』有斐閣，1-32頁．

岡村重夫（1983）『社会福祉原論』全社協．

岡村重夫・高田真治・船曳宏保（1979）『社会福祉の方法』勁草書房．

片桐雅隆（2006）「過去を担う自己と社会——物語とカテゴリーの社会学」富永健一編『理論社会学の可能性』新曜社，254-270頁．

柄谷行人（1989）『批評とポストモダン』福武文庫．

北川清一・松岡敦子・村田典子（2007）『演習形式によるクリティカル・ソーシャルワークの学び』中央法規出版．

木原活信（2000）「ナラティブ・モデルとソーシャルワーク」加茂陽編著『ソーシャルワーク理論を学ぶ人のために』世界思想社，53-84頁．

厚東洋輔（1997）「メタ社会学　解説」塩原勉・井上俊・厚東洋輔編『日本の社会学1 社会学理論』東京大学出版会，15-16頁．

塩原勉（1997）「はしがき」，塩原勉・井上俊・厚東洋輔編『日本の社会学1 社会学理論』東京大学出版会，iii-iv.
高澤武司（2005）『福祉パラダイムの危機と転換』中央法規出版.
竹田青嗣（1993）『自分を知るための哲学入門』ちくま文庫.
竹田青嗣（2004）『現象学は〈思考の原理〉である』ちくま新書.
竹田青嗣・西研（2004）『よみがえれ，哲学』日本放送出版協会.
竹田青嗣・山竹伸二（2008）『フロイト思想を読む』日本放送出版協会.
徳永洵（1996）『社会哲学の復権』講談社学術文庫.
徳安彰（2006）「社会システムの脱人間化と脱主観化」富永健一編『理論社会学の可能性』新曜社，74-112頁.
富永健一（1993）『現代の社会科学者　現代社会科学における実証主義と理念主義』講談社学術文庫.
富永健一（2004）『戦後日本の社会学　一つの同時代学史』東京大学出版会.
永井均（2003）『倫理とは何か―猫のアインジヒトの挑戦』産業図書.
中野秀一郎（1979）「第5章　現代社会学の動向」新睦人・中野秀一郎編『社会学のあゆみ』有斐閣新書，181-225頁.
仲正昌樹（2006）『「分かりやすさ」の罠――アイロニカルな批評宣言』筑摩書房.
西研（2002）『大人のための哲学授業』大和書房.
西勝忠男（1973）「意味と認識」『城西人文研究』創刊号，62-79頁.
根津敦（2009）「ノーマライゼーションの歴史的展開と批判」『社会福祉士』第16号，119-125頁.
挾間香代子（2001）『社会福祉の援助観』筒井書房.
長谷部恭男（1991）『権力への懐疑――憲法学のメタ理論』日本評論社.
廣松渉（1998）『新哲学入門』岩波新書.
船曳宏保（1993）『社会福祉学の構想』新評論.
丸岡利則（2005）「メタ福祉学の構想」『関西福祉大学紀要』第8号.
山口節郎（1982）「第四章解釈的パラダイムから解釈学的パラダイムへ」『社会と意味―メタ社会学的アプローチ』勁草書房133-174頁.

Adorno, Theodor W. (1956) Zur Metakritik der Erkenntnistheorie—Studien uber Husserl und die phanomenologischen Antinomien (= 1995, 古賀徹・細見和之訳『認識論のメタクリティーク』法政大学出版局)
Pease, Bob and Jan Fook (1999) *Postmodern critical theory and emanipatory social work practice, Transforming Social Work, postmodern critical perspectives*, Routledge.

第4章

ペスタロッチーの教育思想と「福祉」の原理
―教育と福祉の原理的融合を求めて―

光 田 尚 美

はじめに

　ヨーロッパ近代を代表する教育家ペスタロッチー（Johann Heinrich Pestalozzi, 1746-1827）は，生涯にわたって孤児や貧児の救済に尽力した児童福祉の実践者でもあった．彼の思想と実践はわが国の教育や児童福祉の開拓者らに大きな影響を与え，その精髄は今日もなお継承されている．

　岡山孤児院をはじめとする慈善事業を展開した石井十次（1865-1914）や巣鴨家庭学校を舞台に感化教育に尽力した留岡幸助（1864-1934）が，ペスタロッチーに学び，多大な影響を受けていたということはよく知られるところである．武田は，石井と留岡のペスタロッチー受容の特徴を，共通基盤としてのキリスト教的人間観とペスタロッチーに酷似した動機にもとづく彼らの実践のあり方に求めている（武田1967）．とりわけ石井の孤児教育には，ペスタロッチー教育思想の基本線と一致するものを見出せるとし，その背後に読書を通してのペスタロッチーとの出会いがあったことを指摘している．また藤井は，巣鴨家庭学校がペスタロッチー思想の実験校として創業されたことに注目し，留岡の評価において，ペスタロッチーとの関連性を度外視することはできないことを主張している（藤井2007）．

　さらに，ペスタロッチーの影響は保育の領域においても指摘されている．例えば，明治期から大正期にかけてわが国の保育を思想的に牽引し，今日の幼稚園教育の基礎を築いたとされる倉橋惣三（1882-1955）もまた，ペスタロッチー研究に没頭し，その影響を受けた人物と評されている．倉橋が提唱した児童保護論は，保護を必要とする子どもに限定されることなく，すべての子どもの生

活に保護と教育とを導入しようとした点において先駆性が認められる．狐塚によれば，こうした倉橋の児童保護の立場や原則には，ペスタロッチーの教育思想と実践を意識した展開が見られるというのである（狐塚2006）．

このような指摘や主張が散見されるにもかかわらず，これまでのペスタロッチー研究は，藤井が指摘しているように，学校教育からはみ出た領域での功績を正当に評価してこなかった感を否めない（藤井2007）．社会改革者，あるいは孤児の父としてのペスタロッチーは，メトーデ（Methode）の開発や学校教育の取り組みへの端緒か，あるいは通過点として位置づけられ，その価値を過小評価されてきたともいえる．ペスタロッチーは単なる教授法の改革者ではない．非人間的情況のなかで生きることを余儀なくされていた同時代の下層民衆の救済という福祉的課題を母体に，その課題解決の試みを教育として結晶化したという点こそ，彼に際立った功績であるということができるだろう．

そこで本章は，ペスタロッチーの教育思想と実践から，学校教育の領域にとどまることのない，さらに言えば，教育と児童福祉に共通する原理を抽出したいと考える．また，今日の子どもの育ちとそれを取り巻く関係や環境を再考していくうえで，かかる原理がどのような意味をもちうるのかについて評価していきたい．

1. ペスタロッチーに学ぶ意味と研究方法

児童福祉の開拓者らにおけるペスタロッチー受容を概観すると，力点の置き方は異なるものの，ペスタロッチーの教育実験，とりわけ孤児や貧児を集めての実践とそれにもとづいて提唱された教育の原理に学ぶという姿勢に共通するものを見出すことができる．

ペスタロッチーの教育思想や実践は，歴史的過程において教育の新しい基礎概念を導き，その理論の新たなレベルを開いたと評価される．彼によって定式化された問題解決の試みは，今日においてなお十分に興味深いものであるかもしれない．しかし，ペスタロッチーに学ぶことは，彼の主義や主張を無条件に，あるいは無批判に受容することではない．クラフキー（Klafki, W.）によれば，ペスタロッチーが導き出す解答は「別の経験や研究，思考過程から見れば，時

代の制約を受けたものであることが証明される」(Klafki = 2004: 5)．それゆえに，ペスタロッチーの問題設定をよりどころにしながらも，時代の制約における射程距離や限界を意識し，「現時点での諸条件に対する自立的な転移」(Klafki = 2004: 5)を図ることにこそ，ペスタロッチーから学ぶ意味があるというのである．

　クラフキーの研究関心に近いものとして，思想史的方法にもとづくペスタロッチー研究があげられる．ここでいう思想史的方法とは，歴史的状況規定要因と主体的要因との絡み合いのなかで形成される思想の全体像の解明を試みるものである．森川によれば，ペスタロッチーのように，時代の制約を受けつつもその枠組みのなかで把握することの困難な実存的な思想家にとっては，このような方法が有効であり，また妥当であるという（森川: 1993）．彼が時代の課題にいかに取り組み，どのように思索し行動したのかを理解することによって，時代の課題との対決のなかで主体的に形成された思想や具体化された実践の意味を評価できるというのである．

　このような研究のスタンスや方法を意識しつつ，以下，福祉にかかわる時代の課題に対してペスタロッチーがどのように向き合い，思索や活動を展開していったのかを，シュタンツ孤児院における教育実験と『リーンハルトとゲルトルート（Lienhard und Gertrud）』におけるキンダーハウス（Kinderhaus）構想とに着目し，明らかにしていきたい．

2．ペスタロッチーにおける「福祉」の原理

（1）ヘルヴェチアの社会保障政策とシュタンツ孤児院
1）シュタンツ孤児院の開設をめぐる外的状況
　ペスタロッチーと福祉とのかかわりを解明するうえで，児童福祉の開拓者らが学んだとされる彼の著作，『シュタンツ滞在について一友人に宛てた手紙（Ein Brief an einen Freund über seinen Aufenthalt in Stans, 1799）』が注目されよう．この著作（以下，『シュタンツだより』と略記）は，ペスタロッチーがシュタンツに開設された孤児院において試みた教育実験のドキュメントであるとともに，ペスタロッチーをして孤児の父といわしめた代表的な功績である．

第4章 ペスタロッチーの教育思想と「福祉」の原理　　　　69

　ペスタロッチーが孤児院の管理者としてシュタンツに招聘された経緯には，彼の祖国スイスの政治的変動とそれにかかわる革命運動の悲劇があった．そこでまず，シュタンツ孤児院の開設とペスタロッチー招聘をめぐる外的な状況に触れておきたい．

①ヘルヴェチア共和国政府の樹立とシュタンツにおける悲劇

　ペスタロッチーの生きた時代は，激動の歴史であった．なかでもヨーロッパを席巻していた市民革命は，彼の祖国スイスへも大きな影響を与えていた．隣国フランスで勃発した革命の余波を受け，スイスにおいても共和国政府の樹立を目指す革命が起こったのである．

　そして1798年3月，フランス軍の支援により「ヘルヴェチア共和国 (Helvetische Republik)」が布告されることとなった．伝統的な地方分権国家であるスイスにとって，それは外部からもたらされた異質な体制でもあった．しかしペスタロッチーは，旧態依然のスイスに新しい刺激が与えられることを期待し，政治的な広報活動[1] を通して共和国政府に積極的に奉仕したのである．

　その一方でペスタロッチーは，貧民救済政策にも積極的な関心を寄せていた．1798年10月，彼は貧民教育施設と産業学校設立の建白書を，共和国政府の文部大臣シュタップァー (Stapfer, A.) に送付している．その後，ペスタロッチーの意向はシュタップァーにより執政内閣に提出され，彼の構想にもとづく学校の開設が決定したのである．

　ところが，候補地も決まり，開設準備が本格的に始動していた折，ウンターヴァルデン[2] において共和国政府に抵抗する反乱が起こった．かの地は，ウーリやシュヴィーツと並んで盟約者団の中心を形成していた中央スイスの一員であり，伝統を重んじる保守的傾向の強い土地柄であった．そのため，共和国政府と統一憲法の制定に対する住民の抵抗はきわめて激しいものとなり，共和国政府はフランス軍の武力による鎮圧に及んだのである．

　フランス軍の攻撃によって，ニートヴァルデンとその主都シュタンツはとくに大きな被害を受けた．多数の死者や負傷者，そして数え切れないほどの戦災孤児たちが町にあふれかえったといわれている．そこでヘルヴェチア共和国政府は，シュタンツの地に戦災孤児収容のための孤児院[3] の設置を決定したのである．

シュタドラー（Stadler, P.）によると，孤児院設置の背景には次のような政治的思惑があったという．すなわち，共和国政府に抵抗するシュタンツの民衆を子ども時代から計画的に啓蒙するとともに，子どもの経済的自立を促進し，労働力として陶冶することである（Stadler 1993）．このような思惑から推察するところによれば，シュタンツ孤児院は，共和国政府が主要課題としていた社会保障政策の一環として，公的な社会福祉施設のモデルとなることが期待されていたようである．

②孤児たちが体現する時代の福祉的課題

孤児院の設置に続いて管理者の指名が検討された．ヘルヴェチア共和国政府がその候補として注目したのが，ペスタロッチーであった．彼は当時，すでに小説家として名を成していた．また，政治的広報活動を通して共和国政府や統一憲法の啓蒙にも尽力していた．著名な人物の抜擢による効果が期待されたことと，共和国政府の理解者であったこと，そして何よりも孤児や貧民への教育に多大なる関心を持っていたことなどが，ペスタロッチー招聘の事由であったとされている（Stadler 1993）．

一方，指名を受けたペスタロッチーは，それによって学校設立の計画は頓挫したものの，シュタンツに実験的確証を見出す機会を得たことから，期待に胸を膨らませ，かの地を訪れた．しかし，彼が直面したシュタンツ孤児院の状態は，想像以上に困難を極めるものであった．

ベッドや食物などの生活物資の不足もさることながら，孤児院に収容された5歳から15歳の約50人の子どもたちは，「放置されると誰でもそうならざるをえないような悲惨な状態」（Pestalozzi［P.S.W., Bd.13］1932: 4）であった．彼らのうちには，ぼろ服をまとい，ダニやシラミにたかられている者のほか，ひどい疥癬で，歩行困難な者もいた．またその一方で，これまでの生活のなかで甘やかされ，「要求がましく，貧しい家の子どもたちをぐるになって軽蔑する」（Pestalozzi［P.S.W., Bd.13］1932: 5）ような者もいた．クラフキーが「教育学的限界状況（pädagogische Grenzsituation）」（Klafki 1971: 48）と説明しているように，孤児院に収容された子どもたちはまさに，人間性の危機的状況にあったのである．

しかし，このような状況は必ずしもシュタンツに特異な例ではなかった．シ

第4章　ペスタロッチーの教育思想と「福祉」の原理　　　　　　　　71

ュタドラーによれば，それは当時のスイスの社会福祉や文教政策の立ち遅れを示す指標と見なされるべきであるという（Stadler 1993）．その限りにおいて，シュタンツにおけるペスタロッチーの取り組みは，彼自身の思索を検証する教育実験であると同時に，公的福祉の可能性と方途を示す試みであったといえる．

このような時代の課題との関連において，以下，シュタンツにおけるペスタロッチーの試みを考察し，評価していきたい．

2) シュタンツ孤児院におけるペスタロッチーの実践とその原理

シュタンツ孤児院に収容された子どもたちは，そのほとんどが戦災孤児となった貧児や浮浪児であった．あまりにも長く放置されていた彼らは，すでに「粗野（Rohheit）」や「野蛮（Verwilderung）」に慣らされており，ペスタロッチーが人間性の核を形成するものとみなしていた「愛着（Anhängigkeit）」や「信頼（Zutrauen）」からも遠ざけられていた．それゆえに，シュタンツにおけるペスタロッチーの実践は，まずもって子どもたちのうちに「道徳的な心の状態（sittliche Gemüthsstimmung）」を喚起し，人間性を再生させる試みとして展開されたのである．

①心を開くこと

ペスタロッチーは，シュタンツにおける実践から導かれた知見を次のように報告している．

「まず，あなたの子どもたちの心を開くようにしなさい．彼らの日々の欲求を満足させることによって，愛と好ましい行いを彼らの感情や経験や行為に近づけてやりなさい．そうすることによって，愛と好ましい行いとを彼らの心に基礎づけ，確かなものにしなさい」（Pestalozzi［P.S.W., Bd. 13］1932: 14）．

ペスタロッチーの最初の課題は，悲惨な状況のなかで心を硬直させ，根深い猜疑に支配されていた子どもたちの「心を開くこと（weitherzig zu machen）」であった．そこでペスタロッチーは，子どもたちの空腹を満たし，衣服や身の回りのものを清潔にするなど，快適な環境を整えることから始めたのである．ペスタロッチーによれば，こうして「環境のぬかるみ（Schlamme dieser Umgebungen）」から抜け出すことができた子どもたちは，硬直していた心を広く

して（weitherzig），外的世界の刺激を敏感に感受するとともに，自らの内的世界を豊かに表現できるようになるという．

②母親の目と父親の力

　ペスタロッチーは，しかし，子どもたちの生理的な欲求をただ満たしてやることだけが，「道徳的な心の状態」を喚起すると考えているのではない．子どもたちに内的な変化を生じさせるかかわりの質的な意味を問うている．ここにおいて彼は，シュタンツ孤児院における実践を規定する概念を導き出している．すなわち，「母親の目（Mutterauge）」，「父親の力（Vaterkraft）」，そしてその両者が機能することによって実現されうる「多面的配慮（allseitige Besorgung）」である．

　ペスタロッチーは次のように述べている．

　　「よき人間教育は，居間における母親の目が毎日毎時，子どもの精神状態のあらゆる変化をその目に，その唇や額において確実に読み取ることを求める」（Pestalozzi［P.S.W., Bd.13］1932: 7-8）

「母親の目」とは，おのずから感じられるといった受動的なかかわりではない．「読み取る（lesen）」という語句が暗示しているように，むしろ子どもたちの表情やしぐさから彼らの欲することがらを，自ら直接に見抜こうとする能動的なかかわりであると解せられる．そして「人間教育（Menschenerziehung）」は，子どもたちの欲求を満たすために，養育者たる母親が意図してそうあらんことを「求める（fordern）」のである．

　さらに続けて，ペスタロッチーは「父親の力」を，「家庭的関係のすべての範囲にわたってあまねく活気づける」（Pestalozzi［P.S.W., Bd.13］1932: 8）力と特徴づけている．家庭的関係を「活気づける（beleben）」とは，子どもたちを取り囲む事物や環境の有する意味を彼ら自身が把握できるように，さらに言えば，そうした事物や環境が自分自身との生き生きとした連関のなかで存在していることの意味を実感できるように，彼らの外的世界の秩序を提示してやることと解せられる．したがって「父親の力」とは，「母親の目」が子どもたちの「精神状態」，いわば内面に向けて働きかけることに対して，子どもたちを外的世界へと繋げてやるという機能を意味している．

　子どもたちの欲求を満たし，彼らの心を開かせる「母親の目」と，その開か

れた心のうちに外的世界の意味連関を生き生きと示してやる「父親の力」とが十全に機能することを，ペスタロッチーは「多面的配慮」と呼んでいる．この「多面的配慮」によってはじめて，子どもたちは「彼らの内的なものや正義，道徳的な心の状態を彼らの内面において活気づける」(Pestalozzi [P.S.W., Bd.13] 1932: 14) ことができるようになる．そしてそれが，子どもたちがいかなる「環境のぬかるみ」のなかでも，人間としての尊厳を失うことなく生きていくことの核となると考えられているのである．
③シュタンツ孤児院の実践に見る「福祉」の原理：居間の力
　「多面的配慮」によって「道徳的な心の状態」を喚起した子どもたちは，その状態を確かなものとしながら人間として自立すること，すなわち「道徳的な自立 (sittliche Selbständigkeit)」の段階へといたることが期待される．この「道徳的な自立」への歩みは，後に「基礎陶冶の理念 (Idee der Elementarbildung)」[4] として収斂されるペスタロッチーの教育論の萌芽と評価されている．しかし，シュタンツの子どもたちが時代の福祉的課題を体現していたことをかんがみると，彼らにとって何よりもまず保障されなければならなかった「多面的配慮」こそ，ペスタロッチーにとっての課題解決の糸口であったといえよう．
　「多面的配慮」の行き届いた理想的な人間形成空間は，ペスタロッチーにおいて，家族が集い憩う部屋である「居間 (Wohnstube)」の概念に象徴される．「居間の教育 (Erziehung der Wohnstuben)」ないし「居間の力 (Wohnstubenkraft)」は，ペスタロッチー教育思想を読み解く鍵概念とみなされているが，シュタンツ孤児院の実践に見られたように，それらは人間性を喪失しかけた子どもたちに人間としての尊厳を回復させ，「道徳的な自立」に向かって歩み出す土壌を与えるものとして機能している．こうした「居間の力」に対する確固たる信頼こそ，孤児たちの福祉と教育に尽くしたペスタロッチーの実践を支える原理であったのである．

(2) 『リーンハルトとゲルトルート』におけるキンダーハウス構想

　しかしながら，一方でペスタロッチーは，「居間の力」への楽観的な期待にのみ終始できない現実があることもまた見据えていた．彼の生きた18世紀のスイスは，まさに激動の時代であった．啓蒙主義の思想潮流，スイス革命，ヘ

ルヴェチア共和国の誕生はもとより，産業革命による民衆生活の変化のなかで，ペスタロッチーは新たな福祉的課題と対峙することとなる．それはいかなる課題であったのか．また，そこからどのような原理が導かれたのだろうか．その手がかりとなるのが，民衆小説『リーンハルトとゲルトルート』におけるキンダーハウス構想である．

1)『リーンハルトとゲルトルート』の評価

『リーンハルトとゲルトルート』は，日雇いの石工として働くリーンハルトの妻ゲルトルートをはじめ，領主，牧師，学校教師らが中心となって村落共同体を再生させていく過程を描いた小説形式の啓蒙書[5]である．物語の舞台となるボンナル村は，当時のスイスの地方村における困窮を如実にあらわしている．その再生ストーリーを描き出すことによって，ペスタロッチーは民衆1人ひとりの意識改革とともに，祖国スイスの発展の方途を提示しようとしたのである．

『リーンハルトとゲルトルート』はまた，ペスタロッチーがその生涯を通して二度の改訂を加えたという点において，特異な著作の1つでもある．物語は4部構成の形式をとっており，その初版第1部は1781年に出版された．次いで第2部が1783年に，第3部が1785年に，そして第4部が1787年に出版されて一応の完結を迎えている．しかしこの初版をより明解なものとするため，1790年から1792年にかけて，第2版が3部構成で出版された．さらにペスタロッチーは，全集の一部として本書を出版する際に，これに再度改訂を加えた．1816年から1825年にかけて，いわばペスタロッチーの最晩年の著作として，『リーンハルトとゲルトルート』の第3版（全4部）が出版されたのである．

このような事実からも明らかなように，ペスタロッチーが著作を遺した時期のすべてに，『リーンハルトとゲルトルート』の執筆と改訂が絡んでいる．したがって，『リーンハルトとゲルトルート』の変遷に注目することによって，ペスタロッチーの思想の発展や深化を読み解くことができると考えられる．時代の移り変わりのなかでその都度生起する課題に対し，ペスタロッチーはそれをいかにして自覚的に捉えたのか，また課題解決の方途をいかにして導き出したのか．『リーンハルトとゲルトルート』は，こうした問いへの解答を示してくれる貴重な史料であるといえる．

2) キンダーハウス構想の背景

　この『リーンハルトとゲルトルート』の物語にキンダーハウスと呼称される施設の設立構想が登場する．それは，保育に欠ける状況にある母親に代わって幼子を養育することを目的とした，現代でいうところの保育所にあたる施設であった．

　とりわけ乳幼児期の教育を「居間の力」，すなわち家庭教育に期待していたペスタロッチーにおいて，この構想は異質であるともいえる．しかもそれは，小説の全版を通して見られるものではなく，最晩年に発表された第3版においてのみ登場する．つまり1780～90年代にはペスタロッチーの構想になかったものが，世紀の転換を経てあらわれるのである．そこにはどのような事情があったのだろうか．

①工業化の進展に伴う家庭生活の変化

　18世紀末のスイスは工業化の進展を迎えていた．改革に対して比較的柔軟であったプロテスタントの都市と臣従農村を中心に，綿織物，絹織物，捺染や刺繍などの紡績業が隆盛となり，さらに時計や小型機械の製造も重要な地位を占めるようになっていった（Im Hof = 1997）．

　工業化の進展による産業構造の変化は，とりわけ農村における民衆の生活を解体させた．まず，工業人口の増加に伴う農業人口の減少は，土地にしっかりと根付いた従来の農村規範を形骸化した．また，低賃金で長時間にわたる工場労働が父親を家庭から引き離した．さらに賃金収入の不安定さは，女性や子どもをも工場労働へと駆り立てていった．ペスタロッチーが求めるところの，素朴ではあるがキリスト教的教育の行き届いた伝統的家庭は，おのずから解体の一途を辿らざるをえなくなったのである．

　ペスタロッチーによれば，かつての農村の子どもたちは，「馬小屋や脱穀場，森や田畑のなかに真の学校を持っており，学校がなくとも，彼ら自身なるべきものになることができるくらいの多くのことを行い，学ぶ機会があった」（Pestalozzi [P.S.W., Bd.3] 1928: 15）．家庭を中心とした生活それ自体が彼らを育んでいた．しかし，「木綿紡績工の子どもたち」（Pestalozzi [P.S.W., Bd.3] 1928: 15）は，あらゆる諸力を生き生きと働かせる子どもの生の本質とはかけ離れた，孤立した職業技術を機械的に繰り返すにすぎない．そこには，子ど

もを「道徳的な心の状態」へと導く「居間の力」をもはや期待することができない．ペスタロッチーにおいて，こうした事態は，とりわけ子どもの教育と福祉にとってきわめて深刻なものと受け止められたのである．

② 「世の女性」批判と自立的な母親像の模索

1800年代になると，ペスタロッチーの著作において母親批判ともいえる言及がしばしば見られるようになる．その代表的なものが，「世の女性と母親 (Weltweib und Mutter, 1803)」という論文であろう．ペスタロッチーはこの論文において，世間の流行に支配され，子どもの教育を自立的に行うことのできない母親を「現代の女性」あるいは「世の女性」として批判しているのである．

しかしこのような批判は，ペスタロッチーにのみ特徴づけられるものではない．ルソー（Rousseau, J.J.）の影響を受けた汎愛派[6]の教育家カンペ（Campe, J.H.）もまた，流行に支配され，娯楽に興じることに夢中となるあまりに我が子を放置してしまっている時代の母親を痛烈に批判している（Campe 1785）．カンペの論調は，こうした時代の女性の堕落を反面教師としつつ，母親たちが自覚的にその教育力を復権させるよう訴えるものであるが，その背景には，18世紀後半から19世紀にかけての社会変化が，母親を教育的責任の主体として自立させることを妨げているという共通の認識があるのではないだろうか．「世の女性」の問題は，いわば時代の課題であったのである．

したがって，「世の女性と母親」における母親批判は，母親の教育力に対する失望や当時の女性における母性喪失への糾弾というよりも，自立した母親の育成を困難としている社会のあり方への批判と解せられよう．鈴木が指摘しているように，そこには，「もはや母親に楽観的に期待をすることができない」という現状とともに，「近代的個人の独立の固守という原則」（鈴木 1992: 160）にもとづき，育児の権利と義務に加え，労働権も含めた女性の社会的権利を承認すべきというペスタロッチーの権利思想も絡み合っている．

このような意味において，キンダーハウス構想は，その１つの解答として導かれたものであるといえる．鈴木も指摘しているように，それは女性と子どもの福祉という視点から提示された統合理論（Synthese）として特徴づけることができるのである．以下，その点について検証したい．

3) キンダーハウス構想に見る女性と子どもの福祉

キンダーハウス構想とは，具体的には『リーンハルトとゲルトルート』に登場する教師グリュールフィ (Glülphi)[7] が見た夢の内容を指している．それは，グリュールフィの運営する学校の近くに，母親が労働に従事するために育児を困難とする家庭の未就学児を集め，必要な世話をするための施設を開くというものであった．

キンダーハウスでは，年長の少女たちが子どもたちの1日の世話にあたるのだが，彼女たちの役目はそれだけではない．グリュールフィの夢には，少女たちが子どもたちの成長の芽をとらえ，彼らの精神的，技術的，道徳的な陶冶に資するべくこれを利用しようと尽くしている姿が描き出される．その限りにおいてキンダーハウスは，単なる家庭保育の代替機能を有する施設にとどまらず，また施与的，救貧的な意味での児童施設とも一線を画するものであった．

①女性と子どもの実質的な権利保障としてのキンダーハウス

キンダーハウス構想の背景には，婦人労働の増加による育児放棄の問題とともに，婦人労働の承認によって促進される女性の権利主張という，相矛盾する社会の現実があった．しかしペスタロッチーは，子どもたちにとって，とりわけ乳幼児期の子どもたちにとっては，母親の情愛こそが最も強い影響力を有していると確信する．それゆえ，「居間の力」にもとづく子どもの教育への信頼は揺るぐものではなかった．

先にも述べたように，キンダーハウスはこうしたディレンマに対する1つの解答であった．それは一方で，子どもたちの成長・発達の権利を擁護することに寄与している．キンダーハウスでは，子どもたちが家庭において感受する発達への影響を，年長の少女たちがその母性的な養育によって保障する．なるほどそれは，「居間の力」の代替として特徴づけられよう．しかし，ペスタロッチーがキンダーハウスの必要を感じていた最下層の民衆にとって，その機能はより積極的な意味を有していたと考えられる．というのも，ペスタロッチーによれば「家庭の父母は自己の使命と子どもの教育とに関して，その境遇においてそれらを十分に果たすことができるような自立的精神を身につけている」(Pestalozzi [P.S.W., Bd.18] 1943: 55) ことが肝要とされ，そのためには経済的自立を成り立たせることが求められていたからである．つまり，生活の困窮

のため労働に従事しなければならない父母にとって，子どもの教育の遂行もさることながら，労働による経済的な自立もまた重視されていたのである．したがってキンダーハウスは，現実において実現が困難と思われる「居間の力」を純粋に発揮できる施設であるとともに，父母の，とりわけ母親の自立の促進に寄与する施設であったといえよう．

さらにキンダーハウスは，その構想において，女子教育に対するペスタロッチーの基本的な考え方も暗示している．キンダーハウスの一切を担う年長の少女たちもまた，見方を変えればキンダーハウスにおいて労働に従事していることとなる．彼女たちの仕事は子どもの養育であるが，育児の経験を有しているわけではない．それゆえに彼女たちは，職務を遂行するために，子どもの発達に即し，かつその発達を適切に支えていくことができるような方法を練習するのである．それはいわば，自立的な女性，自立的な母親となるための準備教育であるともいえる．

ペスタロッチーの理解によれば，女性の自立に寄与する教育は，ひとつの社会貢献として位置づけられている（光田 2007）．彼は女性の可能性を広く捉えていたが，その適性のひとつに子どもの養育を認めている．そして，女性がその適性を自立的に発揮できるようになれば，家庭における子女の養育にとどまらず，「あなたたちの周りにいる愛すべき子どもたち（貧児や孤児たち）を救うことができる」（Pestalozzi［P.S.W., Bd.21］1964: 83）と考えられていたのである．したがってキンダーハウスは，放置された子どもたちの発達権を保障するとともに，近代女性の自立を労働権，教育権の保障というかたちで実現する施設として，きわめて先駆的な意味を有していたといえよう．

②福祉共同体を創造する端緒としてのキンダーハウス

キンダーハウスは，子どもの権利保障という観点から，いわば「居間の力」を子どもの陶冶のために意図的，計画的に利用する施設として，家庭という私的環境における養育を実現するものであった．しかし裏を返せば，それは明らかに「親の養育義務の一部放棄のうえに成立」（鈴木 1992: 167）することとなる．その事実に，鈴木はペスタロッチーが直面せざるを得なかったさらなる現実の矛盾と，それを解決するための新たな可能性とを指摘している．

鈴木によれば，キンダーハウスの成立要件である親の養育義務の放棄は，国

家権力への子どもの権利の吸収を意味する．それゆえに，ペスタロッチーのキンダーハウスは，その本質において家庭の代替として個の独立を固守することが期待される反面，近代が求めた個の権利を国家へと吸収させてしまう危険性を孕んでいるというのである．鈴木が指摘しているように，こうした矛盾と，加えて家庭の養育が現実的に不可能であるという状態のなかで，ペスタロッチーは新しい社会のあり方，すなわち個を守りつつ，相互扶助へと個を結合する共同体の再編の可能性として，キンダーハウス構想の意義を捉え直す必要があったのではないだろうか（鈴木 1992）．

キンダーハウスは，それがあくまでも家庭の代替であるということから，とりわけ母親と子どもを中核とする家庭の情緒的関係を基盤とした施設として構想されている．子どもの陶冶に必要不可欠とされるこの情緒的関係を，ペスタロッチーは「居間の力」と呼ぶのだが，それは親子関係の成立という事実によって必然的に生じるものではない．「母親の目」が子どもの変化を「読み取る」という能動的なかかわりとして規定されているように，それは子どもを1個の人格として認め，その欲求を人間としての生の発露として尊重することによってはじめて成り立つ．「居間の力」によって結びつく両者の関係は，いわば個として自立しようとする子どもがはじめて経験する人格的な関係なのである．

ペスタロッチーは，こうした人格的な関係を支えるものを，「愛（Liebe）」の概念に求めている．「愛」とは，「道徳的な心の状態」から導かれる感情であり，道徳的な陶冶の基礎概念であるとともに，人間を人間たらしめる普遍の原理として語られている（光田 2005）．ペスタロッチーによれば，それはまた，個としての人間を確立し，自立した個人としての人間を結合させうる原理でもある．

それゆえにキンダーハウスは，「愛」を原理とする施設でなければならなかった．なるほどキンダーハウス構想は，当時のスイスが直面している現実のディレンマを内包していた．しかし，「愛」の原理で貫かれることによって，国家権力への吸収に帰せられえない，子どもの個としての自立を守りうる社会的な施設保育のモデルが示されたのである．それは同時に，女性と子どもの福祉への公的関与の新たな可能性，すなわち自立した個人が「愛」によって結ばれた福祉共同体を創造する端緒を示唆しているといえよう．

3. 結びにかえて：教育と福祉の原理的融合を求めて

　スイスの福祉と繁栄のために尽くそうとしたペスタロッチーの思想は，時代の福祉的課題と対峙するなかで芽生え，その克服の試みを経て深化していったといえる．しかし，その全段階を通して揺るぎなく，彼の思想と実践を貫いていたのは，シュプランガー（Spranger, E.）も指摘するように，「居間の力」への信頼であった（Spranger = 1977）．
　「居間の力」は，家庭という私事的環境のなかで展開される養育作用の内実を意味する．ペスタロッチーはこれを，子どもが人間として自立していくための礎とみなし，シュタンツにおける実践を「居間の力」のもとに組織しようと試みた．またキンダーハウス構想にいたっては，施設保育において「居間の力」を真に実現することこそが，女性及び子どもの権利の実質的な保障につながることを示すとともに，「居間の力」を貫く「愛」の原理に，子どもの個としての自立を守りうる新たな共同体の創出可能性を見出したのである．ペスタロッチーにおいて，「居間の力」に象徴されるところの人と人との人格的な結合のあり方と，そこに生じうる人間形成的作用こそ，子どもを，母親を，さらには祖国に生きる同胞を，人間としての自立へと導く力であり，祖国と同胞の発展が託されるべき原理であった．
　「居間の力」はまた，ペスタロッチーの構想する基礎陶冶の出発点にも位置づけられなければならなかった．基礎陶冶において彼が目指したものもまた，究極的には子どもたちの人間としての自立であった．しかしそれは，子どもたちの内からおのずと確立されるものであり，まったく外部から与えることはできない．1個の人として尊重され，かけがえのない存在として愛されるという経験のみが，人間としての自立の芽を生じさせるのである．それゆえにペスタロッチーは，学校教育を「居間の力」の基礎の上に確立すべきことを示し，さらにその方法論を「居間の力」の模倣に求めたのである．
　ペスタロッチーにおいて，教育と福祉とは，いわばその源流を同じくするものであった．シュタドラーが指摘するように，社会保障や文教政策の立ち遅れの見られた当時のスイスにおいて，女性や子どもの権利を守り，その自立を保

障するためには，教育と福祉は不分離のものとして，むしろ一体的な構造をなすものとして捉えられなければならなかったのである．

　今日においても，とりわけ子どもたちの教育を考える際には，福祉との結合という視点は看過できないだろう．子どもの福祉の実現が発達という子どもの権利の保障となり，子どもの人間的な自立への教育として実を結ぶ．やはりそこには，教育と福祉とを統一的に捉える共通の原理が存在するように思われる．

　ペスタロッチーの思想と実践において導かれた「居間の力」やそれを支える「愛」の原理は，両者を統一的に捉えうる視座を示している．それは時代の制約を超えて，今日なお検証する価値があるのではないだろうか．

　注
1)　政治的な広報活動とは，『ヘルヴェチア国民新聞（Das helvetische Volksblatt）』の編集活動を指している．『ヘルヴェチア国民新聞』は，文部大臣シュタップァーの発案で創刊された政府の週刊広報誌であり，その初代編集主任をペスタロッチーが務めた．発案の意図は，ヘルヴェチア共和国体制についての適切な情報提供によって，革命への誤謬や偏見を解消することであった．その紙面に掲載されたペスタロッチーの論考には，「我が祖国に告ぐ（An mein Vaterland, 1798）」や「目覚めよ国民！（Wach auf Volk!, 1798）」，「ヘルヴェチア国民に告ぐ（An Helvetiens Volk, 1798）」などがある．
2)　ウンターヴァルデンはスイス中央部に位置する．その東半分がニートヴァルデンである．もともとカトリック勢力の強い保守的な地域であり，ランゾゲマインデ（Landsgemeinde）と呼ばれる直接民主制に基づく自治を守っている土地柄である．
3)　シュタンツ孤児院は，1798年12月5日に，女子修道院の一部を改修するかたちで設立された．ペスタロッチーは1798年12月7日から1799年6月8日までの約半年間，孤児院の管理者としてかの地に滞在した．
4)　基礎陶冶はペスタロッチーの教育思想を理解するために重要な概念のひとつである．ペスタロッチーは，人間は本質的に平等であるという人権思想に立脚し，人として生まれた者はみなその自然の本性に即して諸力を調和的に発達させなければならないと考えていた．そうすることによってはじめて，人間としての自立，いわゆる「道徳的な自立」に達することができるのである．この理念を，彼は「基礎陶冶」と呼んだ．
5)　物語は，リーンハルトが悪代官フンメルの経営する居酒屋に借金を重ね，生活に困窮した妻ゲルトルートが，この窮状を領主アーナーに訴えようとするところから始まる．その訴えによって，アーナーは統治者として村落共同体の改革に乗り出すのだが，そこに牧師エルンストが村の精神的指導者の立場から，ゲルトルートが良き母親の立場から，領主の改革に協力していく．第3部，4部ではさらに木綿工場

主マイヤーが村民の経済的自立の観点から，退役軍人グリューフィ（第3版ではグリュールフィ）が学校教育の観点から，彼らの試みを支援していくようになる．小説という形態を通して，人間の堕落と救済という問いを政治，経済，宗教，教育などの幅広い視座から解き明かした作品である．
6）汎愛派（Philanthropen）は，18世紀ドイツで発生した教育者の一派である．ロックやルソーの教育思想に多大な影響を受け，それを教育実践に反映し，人類愛に基礎を置いた博愛主義を学校教育に導入することによって，その改革を試みた．
7）グリュールフィは『リーンハルトとゲルトルート』の登場人物の1人であり，ボンナル村の学校教師である．とりわけペスタロッチーの教育思想が鮮明に打ち出されているとされる第3部，4部において重要な役割を担っている．1793年，ペスタロッチーがプロイセンの文部行政官ニコロヴィウス（Nicolovius, G.H.L.）に宛てた書簡のなかで，グリュールフィの心境こそが自分のそれであることを書き記していることから，グリュールフィは物語におけるペスタロッチーの代弁者であるとみなされている．

参考文献

Buol, C. (1950) *Erziehung zur Demokratie in der schweizerischen Volksschule.* Zürich.

Campe, J.H. (1785) *An die Mütter, für welche dieser Aufsatz eigentlich bestimmt ist.* In: *Allgemeine Revision des gesamten Schul-und Erziehungswesens von einer Gesellschaft praktischer Erzieher*, hrsg. von Johann Heinrich Campe, Teile 1-16. Hamburg, Wolfenbüttel, Wien, Braunschweig 1785-1792. Mit einem Ergänzungsband von Ulrich Herrmann. Teil 2, Hamburg.

Gölich, M. (1996) *Bildung durch Liebe? Pestalozzis Suche nach dem Wesen des Menschen.* In: *Anthropologisches Denken in der Pädagogik 1750-1850*. hrsg. von Wulf, C. Weinheim S. 131 ff.

Horlacher, R. (2001) *Gemeinschaft und Gesellschaft: Das Verhältnis von Sozialphilosophie und Pädagogik bei Heinrich Pestalozzi.* In: *Pädagokische Rundschau*, 55. S. 21 ff. Frankfurt.

Im Hof, U. (1977) *Ancien Régime*. In: *Handbuch der Schweizer Geschichte*, Bd.2, S. 675 ff. Zürich.

Im Hof. U. (1996) *Stand und Themen der sozialen, rechtlichen und politischen Auseinandersetzung in der Schweiz um 1800*. In: *Pestalozzi—wirkungsgeschichtliche Aspekte, Dokumentationsband zum Pestalossi-Symposium 1996*. hrsg. Hager, F-P. und Tröhler, D. Bern; Stuttgart; Wien S. 21 ff.

Klafki, W. (1971) *Pestalozzi über seine Anstalt in Stans. Mit einer Interpretation von Wolfgang Klafki*. Weinheim und Basel.

Löwisch, D-J. (2002) *Johann Heinrich Pestalozzi. Meine Nachforschungen über den Gang der Natur in der Entwicklung des Menschengeschlechts*. Stuttgart.

Pestalozzi, J.H. (1927-1978) *Sämtliche Werke, Kritische Ausgabe*, hrsg. von Bu-

chenau, A., Spranger, E., Stettbacher, H., Berlin 1927-56, Zürich 1968-78.
Stadler, P. (1993) *Geschichtliche Biographie, Bd. 2, Von der Umwälzung zur Restauration. Ruhm und Rückschläge (1798-1827)*. Zürich.
Tobler, H.J. (1969) *Die Gestalt des Lehrers bei Pestalozzi*. Zürich.
Tschöpe-Scheffler, S. (1996) *Pestalozzi: Leben und Werk im Zeichen der Liebe; Versuchet die Liebe, die eire Pflicht ist!*; Berlin und Luchterhand.

狐塚和江（2005）「倉橋惣三のペスタロッチー理解—児童保護論をめぐって—」日本ペスタロッチー・フレーベル学会編『人間教育の探究』第18号，59-81頁．
嶋田啓一郎監修，秋山智久・高田真治編著（1999）『社会福祉の思想と人間観』ミネルヴァ書房．
鈴木由美子（1992）『ペスタロッチー教育学の研究』玉川大学出版部．
住谷馨・田中博一・山辺朗子編著（2003）『人間福祉の思想と実践』ミネルヴァ書房．
武田清子（1967）『土着と背教—伝統的エトスとプロテスタント』新教出版．
福田弘（2002）『人間性尊重教育の思想と実践—ペスタロッチ研究序説』明石書房．
藤井常文（2007）『留岡幸助とペスタロッチ—巣鴨家庭学校を舞台にした教育実験』三学出版．
光田尚美（2005）「ペスタロッチー教育思想における『愛』の概念とその教育実践学的意義に関する研究」兵庫教育大学大学院連合学位論文．
光田尚美（2007）「ペスタロッチーの女子教育に関する考察(1)—近代スイスの女子教育の理念とペスタロッチーの女子学校—」『関西福祉大学紀要』第10号，61-68頁．
森川直（1993）『ペスタロッチー教育思想の研究』福村出版．
森田安一編（1988）『スイス・ベネルクス史』山川出版．
E. シュプランガー，長尾十三二監訳（1977）『ドイツ教育史—就学義務制への歩み—』明治図書．
U. イム・ホーフ，森田安一監訳（1997）『スイスの歴史』刀水書房．
W. クラフキー，森川直訳（2004）『ペスタロッチーのシュタンツだより【改訂版】』東信堂．

第2部　実践の原理と原理にもとづく実践

第5章

地域福祉体系化への序説[1]
―学究諸家に学ぶ視座と確認―

谷 川 和 昭

はじめに

　それまで「地域の福祉」や「地域の福祉活動」ぐらいに捉えられていた「地域福祉」は1970年頃に学問として成立をみた．ただし，地域福祉の学問は進化してきたが，それは同時に分化の道を辿るものであり，十分にまだ体系化されるところまで来ていない．そこで本稿では，次のことを課題とする．

　1では，地域社会とコミュニティの位相に着目する．地域福祉を体系化しなければならない論拠として「現代社会と問題の所在」を明らかにし，地域福祉の舞台となる「地域社会」が目指すものを定立させ，コミュニティと「福祉コミュニティ」の差異について検討する．

　2では，地域福祉理念の思想的展開に着眼点を置く．地域福祉では「コミュニティケア」が基調となることを踏まえて，そこに欠くことのできない理念を「地域福祉理念のダイアグラム」として提示する．

　続く3と4では，地域福祉理論の多元性と体系化への接近を試みる．3では，学究諸家による地域福祉理論の史的変遷を辿り，その類型を確認する．4では，学究諸家による「地域福祉の体系」（＝構成要件）を分析し，筆者独自の「制度・政策・施策」と「実践・方法・理念」の2軸からなる「地域福祉要件」を提示し，それがこれまでにない有用性があることに言及する．

　本稿は今後，地域福祉の体系化なくして人々のクオリティ・オブ・ライフの維持向上はありえないと仮定し，以上の事柄につき検討することを目的とする．

1. 地域社会とコミュニティの位相

(1) 現代社会と問題の所在

「戦争は福祉の最大の敵である」といわれるように，日本は第2次世界大戦によって筆舌に尽くせない荒廃に打ちひしがれそうになった．しかし，国際関係の急変にも助けられ，かなり短期間のうちに戦前の経済水準にまで回復した．また日本は，高度経済成長期（1955-73年）にはアメリカに次ぐ世界第2位の経済大国へと躍進した．まさに「世界の軌跡」と呼ぶに値する成長であったと評価できる．

しかしながら，1980年代に入って以降，より明確になったといえるが，経済成長がもたらしたものは必ずしも良いことばかりではなかった．地域社会や家族の急激な変化である．過疎，過密，公害，核家族化などは経済的豊かさ，便利さや快適さを優先させてしまったことによる代償という外はない．物質的豊かさは精神的貧しさを誘発させるトリガー（引き金）となりえるので，必ずしも望ましいこととはいえないのである．

20世紀が残り僅かとなった1990年代にはバブル経済が崩壊した．バブル崩壊後の日本は，底知れない閉塞社会に落ち込むままの状態が続いた．新しいミレニアムを迎え，21世紀初頭の今も経済は低迷し続けている．そればかりか政治が混乱し，行政も弛緩し，社会全体の退廃の影が，好むと好まざるとにかかわらず，否応なしに私たちの目と耳に情報として流れてくる．

現代社会は情報に満ち溢れている．インターネットやテレビジョンを通じて，私たちは想像を絶する，信じがたく許せない事件が頻発している状況を目の辺りにする．このことでどれほどの情報を消化し，時間を浪費したことであろうか．

家族関係の悪化，幼児・障害者・高齢者の虐待・放任，育児放棄，家出，ストレス，うつ病，心中，離婚，薬物乱用，非行，犯罪，自己破産，ホームレス（路上生活者），フリーター，ニート（若年無業者），ワーキングプア（働く貧困層），ネットカフェ難民，自殺，孤独死，これらの事象は一向に収まる気配がない状況にある．これは利潤追求を第一義とする自由競争社会がもたらす歪

みである.

これに対して,何よりも求められるのは個々の人間の尊厳を尊重していくことである.

世の中の小さな子どもからお年寄りまで,性別や障害の有無を問わず,1日1日を心ゆくまで生きられる社会（居場所）が求められている．ささやかではあっても嬉し楽しく,心やすらげる生活を地域社会で送り,いつか訪れるであろう終末の時を迎えたいと望む．時代と社会は移り変わってゆくものであるが,大多数の人たちは心ある市民である．人間は家族や地域社会によって大切にされなければならない．地域福祉の体系化を目指す理由も実はそこにある．

(2) 地域福祉と地域社会

地域福祉の舞台となる地域社会とは何であるか．私たちは地域社会で生活しているが,地域生活に関しては次の4つの意見があることが一般に知られている（奥田 1983: 30-1）．では,その4つのうち自分の考えに最も近いものを1つ選ぶとすれば,私たちはどれを選ぶだろうか．

①この土地には,この土地なりの生活やしきたりがある以上,できるだけこれにしたがって,人々との和を大切にしたい．

②この土地にたまたま生活しているが,さして関心や愛着といったものはない．地元の熱心な人たちが,地域をよくしてくれるだろう．

③この土地に生活することになった以上,自分の生活上の不満や要求をできるだけ市政その他に反映していくのは,市民としての権利である．

④地域社会は自分の生活のよりどころであるから,住民がお互いにすすんで協力し,住みやすくするよう心がける．

上記の意見は奥田道大の作成によるものである．奥田によれば,①を選んだ人の地域は「地域共同体」モデルである．②を選んだ人は「伝統型アノミー」モデル,③は「個我モデル」,そして④が「コミュニティ」モデルと呼ばれる地域社会である（図1）．

地域社会は家族と同様,人間にとって大切であり不可欠なものである．奥田は,横軸に人間としての価値,縦軸に行動様式を敷いて交差させ,上記の4つのモデルを導き出した．

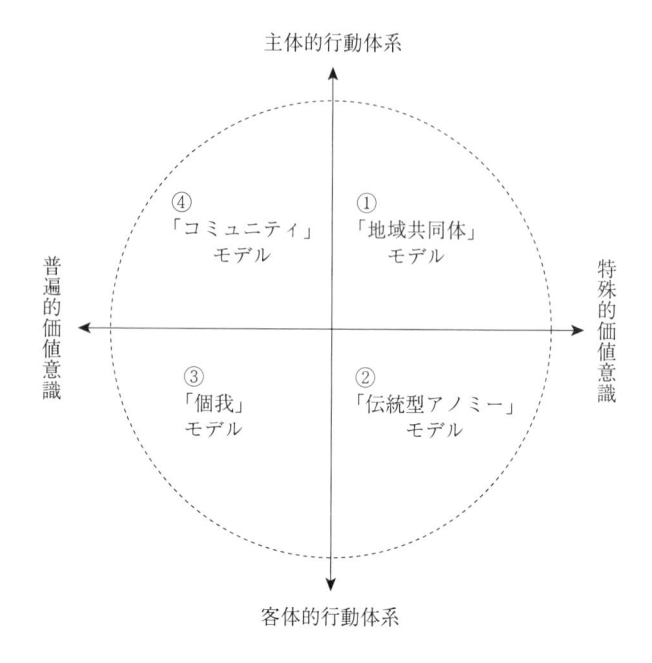

```
                主体的行動体系
                     ↑
          ┌──────────┼──────────┐
          │    ④     │    ①     │
普遍的     │「コミュニティ」│「地域共同体」│    特殊的
価値    ←─│  モデル   │  モデル   │─→  価値
意識      ├──────────┼──────────┤    意識
          │    ③     │    ②     │
          │ 「個我」  │「伝統型アノミー」│
          │  モデル   │  モデル   │
          └──────────┼──────────┘
                     ↓
                客体的行動体系
```

出所）奥田（1983）28頁．

図1　地域社会の分析枠組み

　もう少し説明を加えると，自分が住む地域も他人が住む地域もその両方が大切であると考えるのが普遍的価値意識であるが，反対に自分の住む地域さえよければよいと考えるのが特殊的価値意識である．一方，地域に住む人たちが自ら行動を起こせるのが主体的行動であるが，反対に地域に住む人たちが自ら行動することができず，行動する人たちの対象（客体）となってしまっているのが客体的行動である．

　このように考えてみると，私たちにとって最も望ましくない地域社会は「伝統型アノミー」モデルであり（アノミーとは無秩序な状態を指す），最も理想的な地域社会は「コミュニティ」モデルということになる．したがって，地域福祉にとって求められる望ましい地域社会は「コミュニティ」モデルということになる．では，コミュニティとはいったい何であろうか．

（3） コミュニティと福祉コミュニティ

コミュニティという言葉は，社会学の専門用語として確立されてきた．『コミュニティ』を主著とするマッキーバー（MacIver, R.M.）のコミュニティ（基礎的社会）とアソシエーション（派生的集団）や，テンニース（Tönnies, F.）のゲマインシャフト（共同社会）とゲゼルシャフト（利益社会）の区分などが社会学では有名である．しかし，コミュニティはいまや馴染みのある言葉として一般市民の間でも広く使われており，社会福祉分野でもこの言葉を含んだ活動や研究が多く実施されている．

ところが，これほど多く用いられているコミュニティという言葉の意味について，誰にでも理解できるように平易に説明された文献は意外に少ない．

最もわかりやすいコミュニティの定義は，筆者の知る限り，おそらく倉田和四生の規定である（倉田 1999: 138-9）．ここでは倉田の概念規定に準拠して，コミュニティとは①一定の地域に，②居住する住民が，③相互に交流した結果，④共同感情が芽生え，⑤その地域社会が抱え持つ課題を意識し，⑥解決に向かって協働してゆく地域社会を意味するものとしておく．要するに，地域住民がふれあい，そこから地域への関心が高まり，地域が直面している諸課題が自覚され，その解決に努めているとするならば，それがコミュニティというわけである．

このコミュニティの規定では，①から④までが「一般的なコミュニティ」（地域コミュニティともいう）を指す．そして，それに対して⑤と⑥が加わったものは具体的実践的な課題を追求するコミュニティを指す．これは地域コミュニティの存在を前提とした，解決を要する課題に応じて個別に形成されるものである．たとえば，課題が防犯であるとするなら「防犯コミュニティ」となり，健康だとすれば「健康コミュニティ」，福祉であれば「福祉コミュニティ」ということになる．

抱えもつ諸課題は地域によって濃淡があり，また，それに対する住民の認識の仕方にも違いがある．それは地域コミュニティ（一般コミュニティ）における多様なコミュニティの共存であり，福祉コミュニティはその中の1つに数えられることを意味する．

なお，「福祉コミュニティ」（Welfare Community）という用語を日本で最初

に用いたのは岡村重夫であり1970年代にまで遡る．「福祉コミュニティの形成」は，地域福祉における中心的目標に掲げられる（鈴木 2000: 6）．また，今日的な「福祉コミュニティ論」については井上英晴の優れた業績があるが（井上 2003)[2]，ここではこれ以上立ち入らないこととし，次に地域福祉理念について見ていく．

2. 地域福祉理念の思想的展開

(1) 地域福祉とコミュニティケア

福祉コミュニティの実現に向けて欠くことのできない重要な概念の1つは，イギリスで生まれた「コミュニティケア」である．コミュニティケアとは，住み慣れた地域において必要なサービスやサポートをできるだけ利活用しながら暮らすことができるようにするための政策ないし実践のことである．地域福祉の思想的展開については，この概念を抜きにして語ることはできない[3]．発祥の地イギリスでは1950年代に入ってから本格的に確立した．そして日本には1960年代後半に紹介された．

コミュニティケアについて日本ではじめて公的に言及したのは東京都社会福祉審議会であった．その報告は1969年「東京都におけるコミュニティ・ケアの進展について」にまとめられた．また1971年の中央社会福祉審議会の答申「コミュニティ形成と社会福祉」でも基本的考え方が示され，概念としては社会福祉における広い意味での方法・技術の1つに位置づけられた．今日では，ほとんどの先進諸国における共通の基調となっている[4]．

ところで，1973年出版のイギリスのベイリー（Bayley, M.）の著作『知的障害とコミュニティケア』から，渡邉洋一は適切な訳語でコミュニティケアの段階を説明している（渡邉 2000: 7, 112, 154）．

第1段階は care at home out of the community（在宅放置の状態），第2段階は care out of the community（在宅放置か入所施設隔離の状態），第3段階は care in the community in institution（入所施設中心の隔離の状態），第4段階は care in the community（公的な入所・在宅福祉の整備中心の状態），第5段階は care by the community（地域社会を巻き込んで公私が参画した状

態）である．

　こうした捉え方は，日本の地域福祉の発展段階を把握するのにも参考になる．ベイリーのコミュニティケアの段階を日本に照合させれば，戦後から1990年頃までの期間は第1・第2・第3段階にあたると考えられる．これはケア・アウト・オブ・ザ・コミュニティの時代として括ることができる．また，1990年代のおよそ10年間は第4段階を指しているのではないかと考えられる．ケア・イン・ザ・コミュニティの時代と括ることができるのではないか．とすると，2000年代以降は第5段階という未来に向かう新たな段階であり，日本はケア・バイ・ザ・コミュニティの時代に突入しているということができる．

　それでは，ケア・バイ・ザ・コミュニティの時代に求められる地域福祉の理念とは何であるかを次に検討する．

(2)　地域福祉の思想と理念

　思想—理論—学説の3段階設定を行うと，地域福祉はまだ思想の段階にあり，理論が誕生する前夜という認識がなされていた時代があった（牧里1989: 186）．しかし，今日の段階でみると，学説の段階に入りかけているといってよいのではなかろうか．

　地域福祉の思想は，筆者なりに概念規定してみるならば[5]，地域福祉にまつわる現実の出来事（状況・経験・認識）を地域で生活する立場から感じ考え（態度・姿勢・対応），地域で行う福祉や地域が行う福祉はどうあるべきか（理念・方法・手段）をまとめた考え方の体系であるということができる．

　つまり，筆者は，地域福祉の思想を，地域福祉問題の状況・経験・認識に対しての態度・姿勢・対応から生み出される方法・手段・理念の総体と捉える．

　地域福祉の思想は単一ではなく，いくつかの思想で複合している．たとえば，永岡正己は，地域福祉に含まれる思想の内容として，①コミュニティと共同性，②コミュニティケア，脱施設化，③セツルメントと人格交流の思想，④ボランタリズムと主体性，⑤共生，多様性，ノーマライゼーション，⑥自治，参加，生活者の思想，⑦開発と計画の思想の7点を挙げ，整理しまとめている（永岡2006: 34-5）[6]．これらは地域福祉の思潮であり，思想的基盤といえるものである．

本項では，上記の⑤からノーマライゼーション[7]を，地域福祉が目指さねばならない基本理念として取り上げてみたい[8]．

ここで，中野伸彦が「障害者や高齢者を含むすべての住民が文字通り"あたりまえ"な要望を"あたりまえ"に満たしていくことのできる"あたりまえ"な地域づくりが標榜されている」（中野 2001: 233-4）と指摘していることに注目したい．

ここでいう「"あたりまえ"な地域づくり」は福祉コミュニティづくり（＝地域福祉）に他ならないと思われるがどうであろうか．

中野の説明に従うと，「ノーマライゼーションは，住民Bの置かれている状態や環境（地域B）を改善していくことで，全体として地域Cを"あたりまえ"の状態にしていくこと．このため，住民Bの暮らしの実情に対する現状認識が出発点となる」（中野 2001: 233）．

地域福祉が目標とするところであり，そのスタートラインでもあることを確認しておきたい（図2）．

理不尽な理由で，辛く，悲しい思いをしている人がないように，誰もがありのままにその人らしく地域で暮らせるように，地域福祉では福祉コミュニティの創造が求められる．上記の現状認識を起点として地域福祉のための地域福祉計画が策定され，地域福祉活動が強化されることで，福祉コミュニティの創造

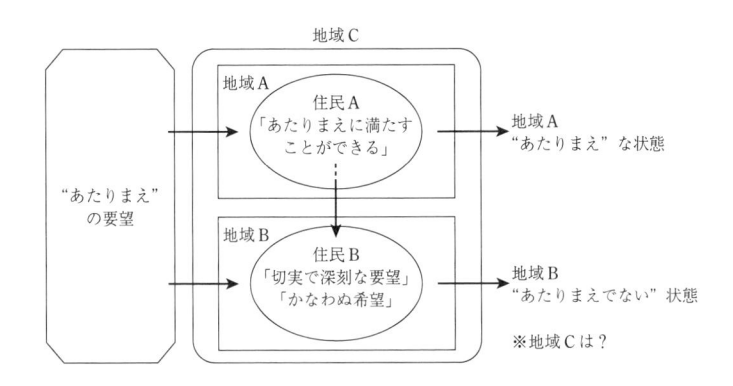

出所）中野（2001）33頁より一部筆者改変．

図2　"あたりまえ"な地域とは

はより現実のものになってくるのではないか.

(3) 地域福祉理念のダイアグラム

地域福祉理念は，先述したノーマライゼーションを筆頭に，ソーシャル・インクルージョン，エンパワーメント，パーティシペーション，クオリティ・オブ・ライフといった理念も普遍的に定着が図られなければならない．筆者は，この5つの構成理念を認識図で捉えることが可能であると考えており，この原因・結果のモデル図を「地域福祉理念のダイアグラム」(矢印の線で位置関係を図示したもの) と名付けてみたい (図3) (谷川 2005: 11).

障害をもっていても地域の中でその人らしい普通の生活が送れるのだという考え方，これがノーマライゼーションである．しかし，そのような社会が実現するためには障害のある人の活動や生活全般で，不便となっている障壁を除去していくバリアフリー (物理的, 制度的, 文化・情報面, 意識上の障壁の除去)，あるいは障害のある人を特別に対象とするのではなく，すべての人に使いやすい製品, 環境, 情報を目指すユニバーサルデザインの考え方が前提条件となる．たとえば，電動車いすを用いる人もそうでない人も，段差のある道よりも滑らかなスロープになっている方が移動しやすい.

その意味では，ノーマライゼーションとバリアフリー，ユニバーサルデザインはセットで考えることの方が自然である．障害のある人はそうして初めて地

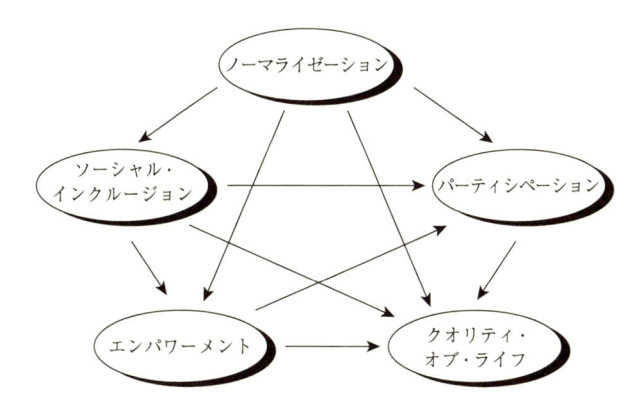

図3 地域福祉理念のダイアグラム

域社会の他の住民と同じ土俵に立ち，仲間に入ることができ（ソーシャル・インクルージョン），本来の姿（力）が取り戻せて（エンパワーメント），社会参加が可能となり（パーティシペーション），人生全体の満足感・幸福感（クオリティ・オブ・ライフ）を得られるというわけである．

このように人が人として地域の中であたりまえな人生を送ることができるようにするための根本的な考え方が地域福祉の理念であることを確認してみたが，こうした理念の実体化こそが現実の地域福祉に求められているのである．そしてそれは，あたりまえな人生を誰もが送れるための人づくりと地域づくりに集約されると言ってよい．

3. 地域福祉理論の変遷と類型

地域福祉の理論（地域福祉論）とは何であろうか．筆者なりにそれを定義づけるならば，①地域福祉の事象について理解可能な知識のこと（＝説明）で，②地域福祉の政策や実践に役立つもの（＝発展）かどうか検証でき，③地域福祉を志向する研究者による学説を含むもの（＝見解）である，というようにまとめることができる．つまり，地域福祉理論は，地域福祉を一般化・普遍化するように説明できる，地域福祉を適切に発展させることが可能な，地域福祉に対する見方の基礎となるものである．

学問としての地域福祉が産声を上げたのは1970年頃で，定礎者は岡村重夫である．その代表的著作に『地域福祉研究』（柴田書店，1970年）と『地域福祉論』（光生館，1974年）がある．ただし，岡村を皮切りに本格的に論議されるようになった地域福祉概念はやや難解なものが目立っている（京極 2002: 164-5）．

地域福祉とは何かということについて，京極高宣は，アメリカのリンカーン（Lincoln, A.）大統領の有名な民主政治の定義をもじって，「地域福祉というのは『地域住民の，地域住民による，地域住民のための福祉』」と表現する（京極 1998: 118）．一方で，和気康太が，この問いかけは「最初の問いであると同時に，ある意味で最後の問いともなっている」と指摘する（和気 2002: 4）．

今日までに研究者，実践家の間で共有できる地域福祉理論のパラダイムは見

第5章　地域福祉体系化への序説

出されていない．実際のところ，「同じ現実に対して異なった立場が築かれ，それらが相対立しており，これらの間に架橋する試みも空しい」（渡辺 1988: 97）とさえ思われている節もある．研究者が敷衍する地域福祉の概念・定義はほとんど百花繚乱の様相を呈しているのである．

村田隆一によると，「これまで地域福祉の概念形成をめぐり複数の地域福祉論が提起されている．……既存の地域福祉理論による概念がどのように類型化されているのか……．よく知られているのは牧里毎治の類型化の試案であり，他に鈴木五郎，京極高宣などの試みがある」（村田 1995: 3）として牧里の類型化を手がかりに代表的な概念を考察している．具体的なリストの提示は差し控えるが，近年では，こういった手順と方法で考察した後，地域福祉の新しい概念を提示して再定義も行うといった著書や論文が数多く見て取れる．

しかしながら，地域福祉論の端緒といえるのは1970年代，理論的体系化に先鞭をつけた岡村重夫の学説であることは言うに及ばない．かつて全国社会福祉協議会の要職にあった永田幹夫の見解にしたがえば，「その後多くの研究者や実務者により論議され，検証が進められたが，……大枠では岡村理論をこえるものは現在なお，見いだしえない」と評価できるのである（永田 2000: 5）[9]．

ここでは，牧里毎治による地域福祉理論の分類である「構造的概念」と「機能的概念」の学説を確認しておく（牧里 1984; 1986）．これは，岡村重夫の学説も含む1980年代までの地域福祉理論の諸説における「構造と機能」という観点からその論点が整理されたものである（表1）．

地域福祉の構造的概念によるアプローチ（構造的アプローチ）は，地域福祉の本質を「政策」（地域政策）に置き，地域社会を規定する経済的・社会的条件と住民の主体的な認識を通して生活問題を明確化し，政策と制度の関係の見直しをはかることを目指す．この理論は，さらに制度・政策論的アプローチ（地域福祉を，政府・自治体の制度・政策と捉える見方）と運動論的アプローチ（地域福祉を，国家独占資本主義段階における政府・自治体がとる社会問題対策と捉える見方）の2つがある．代表的論者は，前者が右田紀久恵と井岡勉，後者が真田是と久富善之である．

一方で，地域福祉の機能的概念によるアプローチ（機能的アプローチ）は，地域福祉の本質を「サービス」（供給システム）に置き，地域における社会的

表1 地域福祉理論への

	特徴	利点と欠点
構造的概念	(1) 地域福祉を国家独占資本主義段階の国・地方自治体がとる社会問題対策の1つである地域政策と規定する． (2) 地域福祉は資本主義社会が生み出す貧困問題を中核とした，生活問題を対象にする． (3) 地域福祉は最低生活保障を基本にして，生活水準の向上を底辺から支える公的施策である． (4) 地域福祉政策の内容は住民運動などの社会運動によって決定される． (5) 公的責任を基本とするため，受益者負担は軽減されるべきであり，無料を原則とする．	〈利点〉 (1) 階級・階層性を媒介にして地域福祉をとらえることが可能である． 〈欠点〉 (1) 地域福祉を貧困などの対策に解消させてしまうため，機能的固有性が鮮明でなくなる． (2) 前提条件の普遍的政策の整備などに重点がおかれているため，狭義の地域福祉が広義の地域福祉をどのように補完・代替するのかが明確ではない．
機能的概念	(1) 地域福祉を一定の地域社会における社会的ニーズを充足するサービス供給システムと規定する． (2) 地域福祉の対象は，社会的ニーズによって限定され，経済的諸階層による対象の限定はなされない． (3) 地域福祉は，ニーズと資源の需要・供給システムが作動しなくなるところから登場する． (4) 運動的性格は脱落する傾向がある． (5) 受益者負担には，比較的柔軟な態度をとる．	〈利点〉 (1) 地域福祉の体系を具体的に把握でき，しかも地域福祉固有の性質も把握できるので，その固有性を機能的に説明できる． 〈欠点〉 (1) 現実の地域社会の階級的利害対立を捨象してしまうために，抽象的な地域福祉の理念に止まってしまう．

出所）和気（2002）14-15頁より一部筆者改変．

ニーズを充足するための具体的なサービス体系を確立し，当該地域での解決をはかることを目指す．この理論は，さらに主体論的アプローチ（地域福祉を，福祉サービスを受ける住民・要援護者の立場からの展開と捉える見方）と資源論的アプローチ（地域福祉を，福祉サービスを提供す立場からのシステムの構想と捉える見方）の2つがある．代表的論者は，前者が岡村重夫，後者が三浦

アプローチの類型

	主な論者とその理論構成・内容
(1) 制度政策論的接近	(1) 右田紀久恵＝包括的概念であり，運動論的・機能的要素も含む． ・地域福祉の構成要件 　(1) 所得保障などの生活関連公共施策と地方自治にかかわる諸制度 　(2) 在宅福祉サービス 　(3) 地域福祉サービスの地域組織化，地域福祉計画などを含む 　　　①基本的要件，②個別的要件，③運営要件 (2) 井岡　勉 ・地域福祉施策の内容 　(1) 補完的社会保険，(2) 公的扶助，(3) 福祉施設・サービス
(2) 運動論的接近	(1) 真田　是＝運動的要素を重視し，地域福祉の構成を広義にとらえる． ・広義：(1) 産業政策で経済基盤を強めて住民生活の基礎を発展させる 　　　　(2) 生活の社会的・共同的な再生産の遅れや歪みなどを正す 　　　　(3) 住民の自主的な参加（＝運動）を基本とする ・狭義：(2) を中心に「生活の共同的維持・再生産の地域的システム」と考える (2) 久富善之 　＝(1) 地域産業・雇用政策，(2) 生活環境施策，(3) コミュニティケアの形成過程
(1) 主体論的接近	(1) 岡村重夫＝住民の主体的で組織的な問題解決の過程を重視する． ・地域福祉の概念 　(1) コミュニティケア：在宅ケアと施設ケアの両方を含む 　(2) 予防的社会福祉：住宅，教育，雇用などの普遍的施策への個別的・総合的連結を主たる機能とする． 　(3) 地域組織化：(1)と(2)を前提条件として関連機関に働きかける 　　　①一般的地域組織化活動，②福祉組織化活動
(2) 資源論的接近	(1) 三浦文夫・永田幹夫 　＝在宅福祉の体系化・理論的根拠づけの過程で，地域福祉論に拡大・発展した概念 　(1) 在宅福祉サービス，(2) 環境改善サービス，(3) 組織活動

文夫と永田幹夫である．

　今日まで地域福祉の推進に影響を与えてきた地域福祉理論は数多い．しかし，前項に挙げた牧里毎治の2つのアプローチに基づく地域福祉理論の諸説も1990年代以降は地域福祉の政策と実践に際しての有効性を問うたとき，ややかげりが見えてきていると牧里自身がその胸の内を明かしている（牧里2000：

5）．

　実際，90年代の福祉改革，地方分権化，供給システムの多元化によってポスト構造・機能アプローチが求められるようになり，今日では三浦文夫に代表される「在宅福祉型地域福祉論」（三浦 1993）から右田紀久恵に代表される「自治型地域福祉論」（右田 1993; 2005）や大橋謙策に代表される「参加型地域福祉論」（大橋 1995; 1999）が形成されてきている．また牧里も，住民参加や市民参加を可能とする主体形成を強調した「住民自治型地域福祉」（自己組織型の地域福祉）（牧里 2000: 6, 11-2）を展開しており，さらに古川孝順のように「地域福祉型・地域自治型社会福祉」（古川 2004: 252）といった立場もある．

　以上の学説の中から，右田の自治型地域福祉論を端的にみておくと，「地域福祉は地域社会における住民の生活の場に着目し，生活の形成過程で住民の福祉への目を開き，地域における計画や運営への参加を通して，地域を基礎とする福祉と主体力の形成，さらに，あらたな共同社会を創造してゆく，1つの分野である」（右田 1993: 7-8）とされる．そして，地域福祉は旧い「公共」の概念を，新しい「公共」に転換させるという，きわめて重要な役割を担っているという（右田 1993: 10）．

　簡単にではあるが，今日の理論は従来までとは一味違ってきており，立論も多岐にわたることを確認した．しかし，今後は，これらの諸理論の共存共栄による「共生型地域福祉論」としての確立が期待されるところであり，"新たな公共"の構築が大切と考える．

4．地域福祉要件の分析と新たな体系化

（1）　学究諸家の地域福祉要件

　地域福祉を構成する要件が何であるかについては，多種多様な議論があり，論者の立場，考え方によって異なる．地域福祉理論には多元性が認められが，本項では既に表1に示したものを除き，改めて代表的と思われる典型的な要件を時系列的に確認してみる．また，ここに紹介するもの以外にも地域福祉の内容を斬新な切り口で展開しているものがあることは重々承知しているが，ここでは基本的に「要件」ないしは「構成要件」という表現を用いているものに限

定した．

1) 鈴木五郎（1981年）

1980年に至るまでの主要な地域福祉理論からその構成要件の析出を試みた鈴木は，①地域で福祉サービスを整備・統合化する（A. 在宅福祉サービス，B. 地域福祉計画），②地域で住民福祉活動を組織化する（C. 要援護者・ボランティア・地区住民参加の地域組織化活動，D. 福祉教育・情報提供サービス）という2本の柱（①②）と4つの項目（A～D）で捉えている（鈴木1981: 33-6）．

また，その後，こうした分類整理の視点なり枠組みが必ずしも明確でないとして，牧里毎治が，構造的アプローチと機能的アプローチとに二分化したが，これらに関する概要については前節において述べたとおりである．

2) 京極高宣（1990年）

「サービス体系，基盤整備，方法の体系」を示した京極は，①啓蒙活動（A. 福祉教育，B. ボランティア振興），②在宅福祉（A. 予防的福祉増進活動，B. 在宅ケアサービス，C. 施設利用サービス），③住民参加・組織化（A. 組織化，B. 資金造成活動，C. 地域福祉計画化），④環境整備を挙げている（京極1990a: 7, 1990b: 287）．

3) 牧里毎治（1995年）

住民側の視点からサービス体系と供給システムからなる融合体として，牧里は，①「地域ケア・サービス」としての在宅サービス，②予防的社会福祉，環境改善としての「アクセス・サービス」，③住民の主体形成をはかる「組織化活動」，④地域福祉の「推進活動」を地域福祉の体系と捉えている（牧里1995: 102）．

4) 岡本栄一（2003年）

「地域福祉論の4つの志向軸」を整理したなかから，岡本は，①福祉コミュニティの形成，②福祉サービスの地域的展開，③地方自治体を中心とする福祉

サービスの推進，④住民参加，住民の主体形成の4つの統合として地域福祉を構成している（岡本 2007: 20）[10]．

5）大橋謙策（2005年）

「地域福祉という新しい社会福祉の考え方とサービスシステム」の成立の観点から，大橋は，①在宅福祉サービスの整備，②在宅福祉サービスと保健・医療・その他関連するサービスを有機的に，総合的に展開できるサービスシステムの構築，③近隣住民の社会福祉への関心と理解を深め，ソーシャルサポートネットワークを展開できる福祉コミュニティづくり，④在宅が可能になるような住宅保障と社会交流サービスの保障，⑤ユニバーサルデザインによる都市環境の整備など生活環境の整備の5点を直接的要件としている（大橋 2005: 6, 24）．

（2）地域福祉体系化の展望

地域福祉の構成要件は，どのような要素を内容としているか，その代表的典型例を先に確認した．見られるようにやはり地域福祉学説の多元性というものがあることは否定できない状況にある．

ところで筆者は，地域福祉は現実の問題点から出発することが大切と考えている（DHSS 1978: 48）．そして地域福祉現場において様々な情報を実践的・総合的にキャッチしているのはコミュニティワーカー（市区町村社会福祉協議会などの専門職員）であることに着目する．つまり，地域福祉は彼／彼女らの認識から語っていくということも大切と考えている．それはコミュニティワーカーが個人または全体の立場としてもどのように地域福祉を認識し，実践するかによって地域社会の様相は随分変わっていくものと推察されるからである．

しかしながら，これまでの研究では，現実の問題点から出発して理論構築してきているのは確かであると考えられるが，コミュニティワーカー全体の意識（認識）から地域福祉理論を探求し構築してみようという視点については欠落していた．だが，筆者がコミュニティワーカーを対象として調査研究を行ったところ，示唆に富む地域福祉の構成要件が見出された（表2，図4）．

その構成内容は，大きく「制度・政策・施策」と「実践・方法・理念」の2

表2 地域福祉の構成要件

I. 地域福祉の原理・原則
ネットワーク
住民参加
地域特性に合わせた福祉施策
社会資源の有効な活用
公民協働
利用者主体
地域の福祉サービス利用者のニーズ把握
総合相談体制の確保

II. 新旧社会政策との調整
社協がたてる地域福祉活動計画との調整
福祉関係3計画(老人保健福祉計画,障害者基本計画,エンゼルプラン)との調整
福祉のまちづくり計画・条例の策定促進
防災計画との調整
住民参加の福祉のまちづくりへの支援
福祉人材の育成
他分野の生活関連計画との調整
新しいサービスへの投資(融資・基金の活用,助成など)

III. 予防的社会福祉の増進
福祉増進・予防活動の促進
シニアスポーツ,運動
健康診査,学習,栄養,生活改善等
地域リハビリテーション
寝たきりゼロ運動
生きがい,社会参加活動

IV. 地域社会サービスの整備
保健・医療施設の整備
福祉施設の整備
福祉,保健,医療サービスの整備
在宅医療・訪問看護サービス等の整備
在宅福祉サービスの整備

V. 地域のコミュニケーション
地域活動拠点施設の整備,自主的利用
コミュニティワーカーの配置
ボランティアセンターの整備
住民参加の福祉活動の支援
福祉教育
情報提供サービス

VI. 福祉のネットワーキング
福祉サービス提供者間のネットワークの確立
ケアマネジメントシステムの確保
ケアマネジメント
サービス機関のネットワーク化
事業者等の新規参入促進(NPO等への事業委託,助成など)
福祉NPO団体やボランティアへの支援
社会福祉に関する活動への住民の参加の促進

VII. 地域福祉圏域の設定
住民のコミュニティ活動にかかわる圏域の設定
福祉と保健・医療サービスにかかわる総合的な行政圏域の設定
サービス圏域等の設定とサービス基盤の整備

VIII. 福祉サービス利用への支援
福祉サービスの苦情対応の整備
福祉サービスの利用援助(地域福祉権利擁護事業)の整備
第三者評価への支援
民生委員や地域住民等による福祉サービス利用者への相談活動の整備

IX. 社会福祉の空間づくり
高齢者・障害者住宅の整備
福祉のまちづくり(建築物・道路等)
公共交通・移動環境の整備

X. 地域における福祉の方向性
理念・方針
地域の個別性の尊重

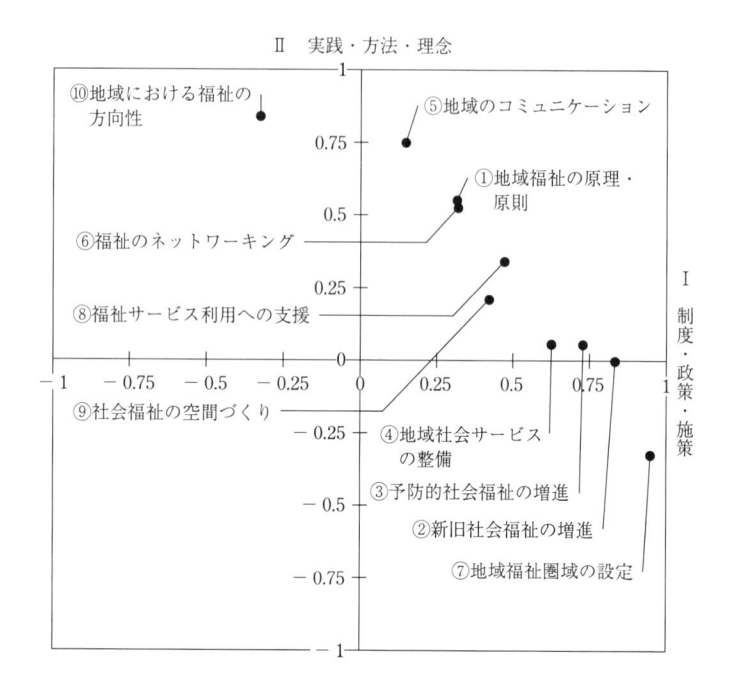

図4 地域福祉の構成要件による二次因子分析における因子負荷量のプロット

つの次元で捉えることが可能であり，また，①地域福祉の原理・原則，②新旧社会政策との調整，③予防的社会福祉の増進，④地域社会サービスの整備，⑤地域のコミュニケーション，⑥福祉のネットワーキング，⑦地域福祉圏域の設定，⑧福祉サービス利用への支援，⑨社会福祉の空間づくり，⑩地域における福祉の方向性，といった要件でまとめることができる（谷川 2007: 24-5）．

時代や社会の要請に応じて地域福祉の概念が発展することは免れないだろうが，地域福祉が成立するか否かは，今日的には少なくともこうした構成要件が出そろうことが求められる．

また，これらの要件の中でも，⑩地域における福祉の方向性（「理念・方針」と「地域の個別性の尊重」の2つの項目で構成される）については，これに相当しうるものが岡村重夫，右田紀久恵といった旧来の代表的な先行研究からは見出すことができなかった．このことは意外な盲点だったかもしれない．

いずれにせよ，地域福祉の要件を欠いては，地域社会における住民の期待に応えられず，今後とも地域福祉を創造する努力が欠かせない．要件が不足していたり，歪められることがあるとすれば，地域福祉理論は現実社会にとっては迂遠なものとなってしまうからである．

望ましい地域社会の展望を可能とする地域福祉の体系化が望まれており，それは研究者に課せられた責務であることを確認しておきたい．

おわりに

本章では，地域福祉の学問がまだ十分に体系化なされていないこと，そしてその体系化が地域社会の人々のクオリティ・オブ・ライフの維持向上の鍵になるということをある程度示すことができたのではないかと思われる．本稿で論じてきたことを改めて要約的に結論づけると以下の4点のようになる．

第1は，個々の人間の尊厳の尊重を実現する役割が地域福祉にはあるということ，そしてそのためには地域福祉の舞台となる地域社会のコミュニティ化，また福祉コミュニティのコミュニティ化が求められるということである．

第2は，どこでだれと暮らしているかにかかわりなく，地域福祉は人々があたりまえな人生が送れることを目指さねばならないということである．またその指標には，ノーマライゼーション，ソーシャル・インクルージョン，エンパワーメント，パーティシペーション，クオリティ・オブ・ライフの5つの理念からなる「地域福祉理念のダイアグラム」が有効と考えられる．

第3は，多岐にわたるが多くの学究諸家による地域福祉諸理論の共存共栄としての「共生型地域福祉論」を確立していく方向性も考えられるということである．

そして第4は，「地域福祉の体系」（構成要件）について，既知のものはそれぞれに評価されているが，現職のコミュニティワーカーへの意識調査による科学的検証を経ないで公表されている．しかし，本論で紹介した，コミュニティワーカーの全体認識による「制度・政策・施策」と「実践・方法・理念」の2軸からなる「地域福祉の構成要件」は，これからの地域福祉の体系化の1つの足掛かりになると思われる．「地域における福祉の方向性」も見定めておかね

ばならない．

注
1) 本稿は，谷川和昭（2005; 2008）の２本の論考をベースに加除修正したものであることを付言しておく．
2) 井上（2003）は，15の諸説を総合して，福祉コミュニティとは何であるかについて検討した．問題は福祉コミュニティの水準を地域コミュニティ総体からみた場合に，現段階においてはどれほどの水準に達しているかということである．このことを考える時，福祉コミュニティは残念ながら開発・形成途上の段階にあり，これからの取り組みが大切といえる．
3) そうした意味では，「地域福祉の核となるのは，ボランタリズムの思想である」（阿部1997: 85）と阿部志郎が述べているように，ボランタリズムについても欠くことができない要素の１つといえる．ただし，ここで取り上げない理由は，ボランタリズムは，社会的問題への取り組みを，<u>問題によっては国や地方自治体が直接行うより，自発的な意志をもつ民間非営利の各種団体や地域住民が行うほうが適切と考える思想であるためである</u>（下線，筆者）．これは無報酬で時間や労力を提供するボランティア活動の根源ともなる思想である．
4) 当初，コミュニティケアは「施設ケアを在宅ケアに置き換える」ことを基本目標としていたが，今日でもこの目標は引き継がれている．しかし，「施設ケアも在宅ケアも必要だ」という考え方が主張されるようになって，今日の時点では，「施設ケアも在宅ケアも変わらなければならない」し，「施設をいかに通常の住宅に近づけるか」という認識が関係者の間で共有されつつある．また，今後の将来像として，コミュニティケアが目指すべき新しい段階は，①施設の住宅化，②施設ケアなみの在宅ケア，③コミュニティの中での「施設の住宅化」と「施設なみの在宅ケア」であり，その実現が期待されている（平岡2002: 48-9）．
5) この概念規定は，中村剛による「福祉思想の生成には，経験→態度(対応)→結果としての思想といった３つの過程がある」という考え方からヒントを得た（中村2004: 131-2）．
6) なお，旧版の地域福祉事典では，阿部志郎が，①コミュニティケア，②施設中心主義の福祉体系への反省，③ノーマライゼーション，④住民参加，⑥新しい地域社会の形成の５点でまとめている（阿部1997: 29-39）．
7) ノーマライゼーションは一般に，デンマークのバンク-ミケルセン（Bank-Mikkelsen, N.E.）が生みの親，スウェーデンのニィリエ（Nirje, B.）が育ての親とされている．また，ノーマライゼーションは彼らに加えてアメリカのヴォルフェンスベルガー（Wolfensberger, W.）も含めた３人の思想をめぐって展開してきたとされる．しかし，1981年の国際障害者年を国際的にも広く関係者の間に浸透したこの原理の端緒が，実は1946年のスウェーデン社会庁報告書に求められることはあまり知られていないようである．河東田博によれば，「1946年のスウェーデン社会庁報告書の中で具体的にこの原理が取り上げられ，検討されていたことが判明したが，長

8) 地域福祉概念は社会福祉概念に通じるものがある．地域福祉概念はまだ新しく，法律・規定の実施に追われている現状にある．しかし，その基本的な人間観や指導理念がまったく不要であるということはできない．地域福祉の基底にある人間観であり，人間性豊かな社会観に関する思想である福祉理念について確かめておく必要がある．
9) なお，現実の社会体制のもとでの地域を総体としてとらえていない，また制度・政策とどのように関連するのか位置づけが明確でない，といった指摘もある（井岡 1980: 269-70）．
10) なお，地域福祉要件は第2版（2003年）から記載されているもので初版（2001年）にはない．
11) イギリスのウィンナー報告（DHSS 1978: 48）でも，「サービスの出発点は患者／クライエントであり，行政上の境界や組織上の必要であるよりは患者／クライエントのニードである」と明言している．

文献

阿部志郎（1997）「地域福祉の思想」日本地域福祉学会編『地域福祉事典』中央法規出版，28-33頁．
井上英晴（2003）『福祉コミュニティ論』小林出版．
井岡勉（1980）「地域福祉論の課題」嶋田啓一郎編『社会福祉の思想と理論』ミネルヴァ書房，257-282頁．
岡本栄一（2007）「地域福祉の考え方の発展」福祉士養成講座編集委員会編『地域福祉論（第4版）』中央法規出版，10-20頁．
大橋謙策（1995）『地域福祉論』放送大学教育振興会．
大橋謙策（1999）『地域福祉』放送大学教育振興会．
大橋謙策（2005）「地域福祉の歴史的展開と考え方」『新版・社会福祉学習双書』編集委員会編『地域福祉論』全国社会福祉協議会，1-39頁．
奥田道大（1983）『都市コミュニティの理論』東京大学出版会．
河東田博（2005）「新説1946年ノーマライゼーションの原理」『立教大学コミュニティ福祉学部紀要』第7号，1-15頁．
京極高宣（1990a）「地域福祉理論の系譜と構成」『地域福祉活動研究』第7号，兵庫県社会福祉協議会，3-8頁．
京極高宣（1990b）『現代福祉学の構図』中央法規出版．
京極高宣（1998）『改訂 社会福祉学とは何か』全国社会福祉協議会．
京極高宣（2002）『福祉社会を築く』中央法規出版．
倉田和四生（1999）『防災福祉コミュニティ―地域福祉と自主防災の統合』ミネルヴァ書房．
鈴木五郎（1981）『増補 地域福祉の展開と方法』史創社．
鈴木五郎（2000）「地域福祉とは何か」鈴木五郎・山田秀昭編『新・社会福祉学習双書 第10巻 地域福祉論（改訂3版）』全国社会福祉協議会，1-14頁．

谷川和昭（2005）「地域福祉の体系」井村圭壯・谷川和昭編『地域福祉分析論』学文社，1-19頁．

谷川和昭（2007）「地域福祉に対するコミュニティワーカーの意識構造」『厚生の指標』第54巻第1号，17-25頁．

谷川和昭（2008）「地域福祉の思想と理論」井村圭壯・豊田正利編『地域福祉の原理と方法』学文社，9-24頁．

永岡正己（2006）「地域福祉の思想」日本地域福祉学会編『新版地域福祉事典』中央法規出版，34-35頁．

永田幹夫（2000）『改訂二版 地域福祉論』全国社会福祉協議会．

中野伸彦（2001）『福祉の輪郭と思想―対人援助のパースペクティブ』創言社．

中村剛（2004）『人間福祉の基礎研究』永田文昌堂．

平岡公一（2002）「コミュニティケア」平岡公一・平野隆之・副田あけみ編『社会福祉キーワード（補訂版）』有斐閣，48-49頁．

古川孝順（2004）『社会福祉学の方法』有斐閣．

牧里毎治（1984）「地域福祉の概念(1)(2)」阿部志郎・右田紀久恵・永田幹夫・三浦文夫編『地域福祉教室』有斐閣，60-68頁．

牧里毎治（1986）「地域福祉の概念構成」右田紀久恵・高田真治編『地域福祉講座1 社会福祉の新しい道』中央法規出版，148-168頁．

牧里毎治（1995）「地域福祉の構成」牧里毎治・野口定久・河合克義『地域福祉』有斐閣，99-116頁．

牧里毎治（1989）「地域福祉の思想と素描」大塚達雄・阿部志郎・秋山智久編『社会福祉実践の思想』ミネルヴァ書房，185-201頁．

牧里毎治（2000）「地域福祉の思想と概念」牧里毎治編『地域福祉論―住民自治型地域福祉の確立をめざして』川島書店，1-16頁．

三浦文夫（1993）「現代地域福祉の意義と課題」大坂譲治・三浦文夫監修，渡部剛士・北川清一編『高齢化社会と社会福祉』中央法規出版，3-23頁．

右田紀久恵編（1993）『自治型地域福祉論の展開』法律文化社．

右田紀久恵（2005）『自治型地域福祉の理論』ミネルヴァ書房．

村田隆一（1995）『地域福祉の構想』筒井書房．

和気康太（2002）「地域福祉論の到達点」栃本一三郎編『地域福祉の広がり』ぎょうせい，3-23頁．

渡辺益男（1988）「『地域福祉論』に関する批判的考察」『東京学芸大学紀要第3部門』第40号，65-106頁．

渡邉洋一（2000）『コミュニティケア研究―知的障害をめぐるコミュニティケアからコミュニティ・ソーシャルワークの展望』相川書房．

DHSS (1978) *Collaboration in Community Care: a Discussion Document*（*Winner Report*）, London, HMSO.

第6章
ソーシャルワークにおける自己決定問題

岩間文雄

はじめに

　実践において，クライエントの自己決定を重視しないと表明するソーシャルワーカーはいない．専門職養成課程で用いられるテキストでは，おしなべて重視すべき価値，実践上の重要原則としてかなりの頻度で自己決定を中心的価値として強調している．現場に出てからも，現任者を対象としたスーパービジョンや事例検討において，しばしば自己決定が焦点として取り上げられるなど，ソーシャルワーク実践の本質を反映した重要原則である．しかし，この奥深く重層的構造を持つ概念は，実際の援助場面において遵守しようとする時，ワーカーに戸惑いや矛盾を感じさせる．ソーシャルワーカーが冷静・客観的に自分のクライエントの関わりを振り返って精査するほど，それを守ることが容易でないことを実感する難題であるといえるだろう．なぜなら，自己決定問題を追及していくことは，決して「完全には」克服できない専門職としてのパターナリズムを抱えつつ，同時にクライエントとの対等性を強調しクライエント主体の援助活動に価値を見出そうとする矛盾，いわば「ソーシャルワークの抱える構造的な問題」へとつながっているからである．本論では，この問題に迫ってみたい．

　また，専門職援助者にとって，クライエントの自己決定を最初から不可侵の聖典として取り扱うのではなく，この概念を柔軟に，多面的に捉えることが重要なのではないかと考える．それにより，実践者の直面する困惑や苦悩を軽減するための小さな手がかりを提供できないだろうか．

1. 問題の所在

人は日々の生活において，常に多様なレベルで選択をしながら行動している．どこに住み，どのような人間関係を築き，何を消費するかといった事例について考えてみるだけでも，数え切れない選択肢に向き合って判断を下し，自分の生活を組み立てている．日本国憲法に明記される幸福追求権，その一形態としての自己決定権を日常あえて意識することはせずとも，多くの場面で当然の権利として行使しているといえる．この「自己決定」は，社会福祉分野における専門的援助活動，ソーシャルワーク実践において，ことさら重要な実践原則として大きな意味を持つ．人が直面する社会生活上の問題解決を支えることを使命とし，自己実現のプロセスを何より重要と考えるソーシャルワーカーが，クライエントの社会福祉の増進に寄与するサービス提供の過程において「自己決定が重要である」とする価値観を堅持することは，自然なことである．

だがクライエントの自己決定というテーマは，その概念を追求していくと倫理的な齟齬や矛盾に直面する，とても「難しい問題」を含んでいる．ソーシャルワーカーは，固有の価値・知識・技術を有する社会福祉専門職である．自身が援助実践を展開する領域については誰よりも熟知し，論理的・科学的な分析に基づいた判断を下せる力量を備えており，援助やサービス提供にあたっては権限を持ち，結果に責任を負う．知識を持つ者，専門的な判断の下せる者とサービスの受益者，問題を抱えた当事者との間は，どうしても対等でない関係となり，厳密な意味で対等性を保つためには意識的な努力によるアンバランスな関係の克服が必要となる．ここに，いわゆるパターナリズムの問題が潜んでいる．ソーシャルワークの「クライエントの自己決定を重視しようとする志向」と，元来専門職という制度の構造に組み込まれているパターナリズムとが食い違い，実践者に葛藤をもたらすことになる．こうした，専門職による自己決定支援に含まれる矛盾の問題を，より深く検討してみる必要がある．

また，ソーシャルワーカーが自己決定に付随するジレンマについて意識し，この概念をきちんと整理・位置づけすることをしないで実践場面に適用しようとすれば，ソーシャルワーカー，クライエント双方に苦悩をもたらすことにも

なりかねない．例えば，ワーカーが深い検証なしに実践場面において自己決定を無分別に強調することは，援助者にとって柔軟性に欠けた息苦しい，脅迫的な自己犠牲の奉仕に向かわせることにつながる．逆にクライエントにとっては，自己決定の名目で担いきれない選択の自己責任を押し付けられ，ニーズを満たす最良の判断を下せず，権利擁護と保護を受けられないリスクさえあるといえる．誤った概念の適用による実践での混乱を，いかに回避するのかが大きな問題である．

2. 専門職とパターナリズム

自己決定に関する重要な論点として，パターナリズムの問題を避けて通ることはできない．一般的に，パターナリズムとは，父親が子どもに対して保護義務を負い干渉し保護するように，教師や医療・福祉の専門職がそのサービス利用者を保護し，暖かな温情に基づいて処遇することをいう．日本においては，歴史的に社会福祉分野における救貧的・保護的考えが強く（高山 2000: 130），近年利用者の主体性や権利擁護が強調されるようになってきた現場での潮流がある一方，施設などでは根強く残っているとされる．

パターナリズムは，専門的知識にとって容易に消し去ることができない特性であるといえる．パターナリズムを生み出す専門職とサービス利用者との関係での非対等性は，専門職による援助活動ではない，ボランティアや地域共同体における日常生活での相互援助，当事者活動等と対比するとき，その独特の構造を鮮明に描写することができる．リースマンの著書，*Redefining Self-Help* では，専門職の援助モデルと当事者による相互援助モデルを対比している（Riessman 1995: 35-7）．

リースマンによれば，セルフヘルプ運動に象徴される相互援助モデルにおいては，支えあう人々は対等であり，特別な資格を有さず，自発的に無償で支え合うのに対し，専門職は教育・訓練を受けることで育成され，特定分野について専門的知識を持ち，仕事として人を援助し，その枠組の中でパワーを持つ存在として定義される．この表に示された専門職モデルとは，医療専門職他多様な分野のものを含む一般的専門職の典型的特徴として描写されたものであるた

表1　専門職モデルと相互援助モデルの対比

専門職モデル	相互援助モデル
1. 専門職が問題について一番知っている．（利用者が）自分で解決しようとしないことが賢明だ．	1. 個々人が，何を必要としているか最も良く知っている．
2. 訓練，教育，資格を重視．	2. 参加に特別な資格は要らない．
3. 関係においては，専門職がパワーの源．	3. パワーはグループメンバーに分散されている．
4. 援助は商品である．	4. 支えあいは自発的に無償で提供される．
5. 援助は専門職による仕事とみなされる．	5. 援助は人としての責任である．

出所）Riessman and Carroll（1995: 35-7）の表の一部を，筆者が編集・要約し作成．

め，利用者主体やパートナーシップを強調する現代のソーシャルワークには完全に合致しない部分もあるとは思うが，それでも基本的な構図として，専門職であるソーシャルワーカーとクライエントの関係の本質を示している．ソーシャルワークにおいても，「援助する者」と「援助される者」は分離されており，援助提供の枠組みを維持し，どこまでの選択肢をクライエントに提供できるか決定する権限を持っているのは援助者側である．パターナリズムは，ソーシャルワーク実践にも深く染み込んでいる．ソーシャルワークは，クライエントの自立・自己決定を尊重し，強みを引き出し，本人による権利行使を重視し，問題解決過程への積極的参加を促すことで，その主体性を尊重する価値を基盤として持つ．しかし，同時に専門職として，職業として援助実践を担い，所属機関・社会・クライエントに対して援助サービスの有効性と結果への責任を明確にする義務を負うため，実践においてクライエントの自己決定を無制限に，無条件で支持することは難しい．やはり，「社会の目標達成の手段（instrument）たるサービス組織やその代理人（agent）たるソーシャルワーク専門職はサービス供給に何らかの統制支配（コントロール）を加えるだけでなく，クライエントにも一定程度の統制支配を加えることを余儀なくされる」（小尾 1999: 62）ものである．ソーシャルワーカーは，自分自身が専門職として構築するソーシャルワークの枠組においてクライエントと対面し，その存在や援助のあり方を規定する裁量権を持つ．

　また，ソーシャルワーカーはプロの職業人としてサービス提供の結果に責任があり，説明責任を求められる立場であることから，クライエントに対して客

観的・科学的なアセスメントを実施し，厳正中立な立場からクライエントに関わる．そして，援助内容についてクライエントの意向に沿わない場合でも一定の制限を加える場面が生じることも避けがたい．「善行と公正の道徳原則は，ある条件下ではクライエントの自己決定（自律性の尊重）に優先することも十分ありうる」（小尾 1999: 72）のである．クライエントの自己決定を支えその過程に寄り添おうとすることと，客観的に見てクライエントに不利益にならないより良い結果を導く責任を引き受けること，この2点による板ばさみが，ソーシャルワーカーに苦悩をもたらす「自己決定問題」の根源の1つといえるだろう．

3. 先行研究のレビュー

(1) 2種類の捉え方

ソーシャルワークにおいて，クライエントの保護的・温情的な統制支配という要素を払拭しきれないという事実に，葛藤，矛盾を感じるソーシャルワーカーは少なくないのではないか．この問題を考えていくにあたって，前提となる「自己決定」という概念を整理する中で，もう少し掘り下げて考えていく必要があろう．

児島は，自己決定には2つの流れがあると指摘する．①ケースワークの原則としていわれる「自己決定」と，②自立生活運動にいう自己決定である．前者はバイステックの7つの原則に代表される専門職による援助活動の過程で，クライエントと接する上で重視される原則であり，後者は1970年代に活発化した当事者による権利擁護と社会変革運動の鍵概念として重視されたものである（児島 2001: 331-4）．

①については，あくまでもソーシャルワークの枠組の中で描き出される「クライエントの」自己決定であり，援助実践を導く唯一絶対の指針というものにはなりえない．ソーシャルワークが援助実践についての経験を体系的に蓄積・分析していく中で獲得した援助を望ましく効果的にするための原則である．つまりは，援助者にとっての1つの指針という位置づけである．

②については，当事者の人間としての権利要求を表現したものであり，障害

の有無に関係なく，人権の一部として守られるべきものである．人は当然自分の人生をコントロールし，その主人公となる権利を有する．障害を理由にその権利行使を妨げられるのは不当として，社会が権利を保障すべきだという当事者からの主張は，ソーシャルワークの枠組みにおいて規定されるものではない．

　こうしてみると，同じ自己決定という言葉を用いつつ，その言葉が包含する範囲は随分変わるように思える．それは，誰がその言葉を言うか，誰がその概念が大切であると考えるかという根本的な立場の違いからくる差異ではないだろうか．当事者の求めるものは，日々一般的に社会において人々が格別意識することなく行使する自己決定の権利を自分たちも手にしたい，当然の「自分の」権利を外部から制限されることなく行使したいという要求である．それに対し，ソーシャルワークでいう自己決定の原則は，援助の対象者である「クライエントの」権利を専門職が職業的援助活動の中で尊重しようということである．結局，後者は専門的援助活動の範疇において語られ，意味を持つ原則である．ソーシャルワーカーが「クライエントの自己決定」という時，自己決定の主体者を「クライエント」と規定している前提があるために，既に専門職による援助活動の枠組で承認されうる範囲に限定した自己決定を想定としていると理解できる．

　もちろん，両者が全く別の事象を指しているというわけではない．ソーシャルワーカーが言うところのクライエントとは，当事者運動の参加者や相互援助に取り組むセルフヘルパーと無関係な別人というわけではない．自己決定権を行使する場面も，サービスの利用，余暇メニュー，住居や職業の選択といった生活に関わる同じ問題を対象としているのだが，許容される範囲を異にするといえる．当事者が「自己決定」という時，危険を冒して自分の欲求を追及することや専門職による介入を拒否すること等まで含めて主張するのに対し，ソーシャルワーカーが「自己決定」という時は，サービスメニューの選択や焦点となる問題を解決するための援助方針を確定する際に本人の意向をそれに反映させるという基本原則を想定しており，そうした手順よりも優先されるもの（例えば生命の維持や安全の確保，客観的に判断される不利益をこうむるリスクの回避等）があれば，その追求を犠牲にしてまで自己決定の原則を徹底することはしないだろう．両者はほとんどの部分で重なるが，捉え方は微妙に食い違い，

完全に一致することはないといえる．

(2) 自己決定に影響を与える要素

そうしてみると，ソーシャルワークにおける自己決定は，無条件・無制限に追求できるものではない．環境要因やその人固有の状況によって，その権利を十分行使できることもあれば，制限を受けることもある．自己決定の限界について考えていく上で，大瀧による自己決定に影響を与える要因についての考察は興味深い．それによると，自己決定はA. 決定事項の性質及びそれに関する情報の質と量（選択の意味の重要性，比較しうる選択肢，判断に資する情報の量と質），B. 当事者の持つ個別性・特殊性（自己決定能力，自己決定へのモティベーションの有無），C. 当事者の個別的環境要因（家族等，人的なネットワークの影響），D. 広範囲の社会的要因（文化・社会的影響，資源の限界），E. 時間的要因（決定を下す期限），F. ソーシャルワーカー等専門職による支援と介入（専門職の判断と当事者の選択の一致）といった要素に影響を受けるものである（大瀧 2001: 6-13）とされる．こうして見ると，自己決定をしていくプロセスはいかに多くのハードルを乗り越えなければ達成し得ないものであり，さまざまな要因の影響によって制限されるものであることが明確化される．このモデルに沿って具体例を考えてみよう．まず自己決定に際し，クライエントは，決定を迫られている事項に対して想定される選択肢を把握し，選択を補助する十分な情報を持っていなければならない．そして，自分でそのことについて決定したいという動機付けを持ち，実際に決断する能力を持っていなければならない．その決断を，家族や友人が支持するか，あるいは支持しなくても主張し通すだけの意志を持ち，その選択が文化的に許容され，選択を可能とする資源の裏づけがあり，選択のために許された時間の中で決断を下し，ソーシャルワーカーによる客観的で科学的なアセスメントによって制限する必要はないという見解を得る．そうしたプロセスを経ることで，ようやく自己決定を達成できる．ここにたどり着くまでの道のりでは，クライエント，援助者双方にかなりの努力が要求されることだろう．

とりわけ，能力的な制約の多いクライエントを，資源の限られた状況でサポートしている専門職にとっては，これは容易なことではあるまい．小林は，知

的障害者の施設現場における自己決定について考察する中で，その実現過程を「判断→表示→実現」という段階に分けて説明している（小林 2000: 30）．まず，当事者がなんらかの判断の主体とされ，判断すべき情報を得て，判断する能力があることが出発点となる．この段階で考えられる阻害要因は，本人側に存在する「判断ができない状態」等となる．次の段階として，意思表示がされ，その意志を周囲が汲み取ることができる必要がある．ここでは，本人が意思表示を躊躇する場合もあるが，そもそも意思表示をする機会や表現手段がなく，判断に必要とされる十分な時間を得ることができないことで阻害される可能性がある．そして，表示された意思が周囲に伝わり，その実現の支援が検討されるにあたっての阻害要因として，単純に「環境の不備から実現できない」という場合（例えば，人的資源がないため，当事者が希望する外出を実現できない）もあれば，「職員など他者が価値判断を加えて実現しない方が良いとしてしまう」（例えば，そんな希望をかなえても意味がない，危ないからやめておいた方が良いとして対応しない）もある．このように，表示→実現という段階において生じる阻害要因は主に環境面で生じる．集団を維持する必要があり，時間的に制限があり，社会的規範の範囲で運営され，危険を回避するという「施設」という環境の特徴から来る制約は，時に知的障害者の自己決定にとって大きな阻害要因となる（小林 2000: 30-7）．人的・物的資源の限られる施設においてや，強い差別や偏見にさらされる問題を抱えている人，情緒的知的能力に制限がある人を対象とする場合，当事者の家族が協力的でない場合など，諸レベルで多くの制約や阻害要因があるケースでは，特に自己決定を支えることの困難さが際立つ．

　こうした分析を踏まえてクライエントの自己決定を考えていく時，自己決定とは単に本人が A を選ぶか B を選ぶかという単純なものではなく，人が置かれた状況や周囲の人の影響，サポートの有無といった環境条件によって大きく左右されるものであることは疑いようがない．自己決定は複雑な要素が絡む概念であり，クライエントの自己決定を達成するには，施設職員やソーシャルワーカーは多様な影響要因に目を配り，多くの労力を注いで努力しなければならない根気強い取り組みが求められるテーマである．

4. 自己決定の歪んだ捉え方から生じる問題

　結局，クライエントの自己決定とは，周囲の人間がそれをどうとらえて接するかによって大きく変化するといえる．自己決定は，「人と人との関係性と共同性を生きること」（小林 2000: 42）であるという捉え方は，この原則の本質を示している．先に触れたように，環境要因が自己決定を左右する影響力を持つということは明白であり，施設現場やソーシャルワークの実践現場という環境においては，ソーシャルワーカーや施設職員といった専門職は，特に大きな影響力を持っている環境要因であることを忘れてはならない．施設でのケア提供場面やソーシャルワークの面接場面といった状況で，大きな影響力を持つ「クライエントの環境」としてのソーシャルワーカーが，自己決定をどのように解釈して援助プロセスを組み立てるかによって，クライエントが手に入れることができる選択肢の幅は伸縮することになる．そうした観点から，自己決定について援助者がバランスの取れた合理的理解が，双方の利益を極大化しうるといえる．逆に言えば，援助者の自己決定に関するバランスを欠いた極端な捉え方は，援助者を自己決定の阻害要因としてしまう可能性がある．では，問題が生じる自己決定の歪んだ解釈とは，どのようなパターンに分かれるのか整理してみたい．

（1）パターナリズムを肥大化させ，自己決定を支える努力を放棄する場合
　自己決定の達成には多くの条件が整い，本人も援助者も努力しなければ達成は困難であるという事実を拡大解釈し，援助者が「だから自己決定など追求しても無駄である」という否定的・非建設的な姿勢をとる口実にされる危険性が常に存在する．特に，当事者の自己決定能力について周囲が疑いの目を向ける状況では，時に意識的に，多くの場合無意識のうちに専門職のパターナリズムが増大する余地が拡大される．例えば知的障害者分野で本人の判断力の欠如を理由に，周囲が安全の確保と保護を最優先にする日常業務の中で，本当は本人が選択をしても何の問題もない些細な事柄まで，援助者がよかれと思って指示・指導し自己満足して気がつかないといった状況もあろう．

稲沢は,「パターナリズムの問題とは,『本人のため』であるということを誰の目にも明らかなようには説明できないことであり,しかも,そこに権威がからんで『本人のため』といいながら,程度はさまざまにせよ『周囲の人の利益』を考慮したり,優先させたりしている場合が少なくないことなのである」(稲沢 2000: 15) と指摘している. 当然, クライエントの状況や能力によっては, 本当に本人の利益を守るため, 援助者の客観的な導きが必要な場合はある. しかし, 利用者との対話を億劫に感じ, サポートのための負担を軽減したいという援助者の慢心を覆う隠れ蓑としてパターナリズムが用いられる場合, クライエントが獲得してしかるべき正当な自己決定の機会は, 不当に抑圧されることになる. パターナリズムの肥大化は, 専門職が環境整備を怠り, 十分な時間をかけてクライエントの自己決定に真摯に向き合う姿勢の放棄を許すだけでなく, そうした手抜きをクライエントのためにしているという思い込みさえ生むことがある.

(2)　思考を停止し, 自己決定を無批判に信奉する場合

　クライエントの個別の状況や環境面での制約を考慮せず, 自己決定がどこまで可能なのか適切な現実的検討を経ないで信仰する姿勢もまた, 問題を生じる. 何をおいても自己決定こそが大切なのだという,「自己決定至上主義」(児島 2001: 334) は, クライエントにとってはあらゆる場面で自己決定を強いることにつながる. それが, 例え援助者側の理想を追求する思想に立脚してなされる場合でも, 判断能力を超えた事柄に関して選択を迫られるのはクライエントにとって苦痛であり, 自分の利便を最大化する選択を逃すケースさえある.

　ソーシャルワーカーにとっても, 当事者が権利として主張する自己決定を十分達成できない時, あるいは援助活動の中でさまざまな理由から制限を加えなければならない時, 自己決定支援を至上命題とする価値観は, それが十分できなかった時自分たちの存在価値を脅かす. 自己決定を巡る過度の葛藤を抱えながら日常の援助活動に臨むことは, バーンアウトのリスクを高めることになる.

　稲沢は, 援助者が自己決定を「手段」としてではなく「目的」としてとらえることの弊害を, こうした極端な解釈の根源とする (稲沢 2000: 18). それによれば,「事例検討などで上がってくる現場の援助者の葛藤や苦悩は, ほとん

どの場合，自己決定を手段ではなく目的として捉えることに起因している．良心的な援助者ほど，自己決定を尊重しなければいけないという気持ちから，いつしか自己決定の背後にあるはずの本人の利益を見失って，自己決定を目的としてしまっている．あるいは目的と手段を混同している」(稲沢 2000: 18)のであり，自己決定の目的としての追求は援助者を袋小路に誘い込むことにつながるとする．

例え自己決定の手順を踏めなくても，権利擁護や教育的指導が価値ある実践である場面は多くある．パターナリズムの追放自体が自己目的化すれば，クライエントとの関わりに必ず歪みを生じるだろう．

(3) 過度に自己責任を強調する場合

自己決定至上主義とも関連するが，援助者が自己決定を最優先して追及する姿勢の副産物として生じる弊害として，自己責任の過剰な強調がある．元々，一般的に自己決定には決断を下した本人が選択結果に責任を負うこととする「自己責任」がついて回る．一般社会において，自分が選んだ選択肢のもたらすもの，打ち立てた行動方針に従って起こる結果は，その決定の主体者に帰属することについて異を唱える人はいない．自己決定には自己責任をともなうという考えは，広く是認されている考えである．

しかし，前述の自己決定至上主義に基づいて援助者により当事者に自己決定が強制される場合，その結果を自己責任として当事者に全て負わせることには重大な問題がある．児島は，「自己決定を認めよ」という希求は，それが奪われてきた当事者による切実な承認要求である一方，援助者側に取り入れられたとき，援助の枠組に組み込まれ，なにはともあれ自己決定を最優先で追求する「自己決定至上主義」に陥り，歪められていく中で「自己決定＝自己責任」が強調されていく危険性をはらんでいると警鐘を鳴らす（児島 2001: 337）．例えば，ソーシャルワーカーによる不十分なアセスメントと不適切な援助計画と，援助の実施機関の事情に属する乏しい社会資源，周囲の無理解によるソーシャルサポートの欠如等により，実効性ある選択肢を用意できない状況の中で強いた自己決定の結果を，全てクライエントの自己責任にする不誠実な態度を生じさせるリスクがある．本当に検討されるべきは援助者側の努力と責任感の欠如

である場合でさえ，自己決定さえされていれば適切な援助実践であるという自己満足がそうした問題点を覆い隠し，不利益をクライエントに押し付けることにもなりかねない．

古い著作であるが，セルフヘルプグループの活動の先駆的研究として知られる Gartner と Riessman の著作（= 1985: 22-3）では，自助と相互援助があまりに強調されれば，適切な専門職サービスを開発しないことを正当化するという問題を生じることや，専門職にとって魅力的でないケースを自助グループに押し付けるリスクがあるという危険性が懸念されていた．70年代のアメリカですでになされていたこうした指摘は，構図として「専門職による」自己決定・自己責任の強調の場合に重ねることができる．自助・相互援助活動の意義の強調も，自己決定権の希求も，当事者である本人達が主張する分には健全である．しかし，強力な力を持つ周辺の専門職が同じ主張を「クライエントのために」と位置づけて主張するとき，そこに当事者以外の誰かにとって都合のよい欺瞞が潜んでいないか，非常に注意深く検証してみる必要がある．

5. 自己決定を巡るソーシャルワークの問題

ソーシャルワークがクライエントの自己決定にこだわり，実践過程においてその意味を問い直し続けて行くことは，ソーシャルワークの抱える構造上の問題に直面することにもなる．

(1) ソーシャルワークの主体者は誰かという問題

ソーシャルワークは社会正義や人権，自己実現の尊重といった価値を担い，援助活動をそうした価値を具体化する行動と位置づける．価値の追求は，プロセスや援助手順の隅々までそうした理念を反映させることを必要とする．例えば，クライエントを指導し教え導くことで自己実現を「達成させる」という方策には無理があり，論理的に矛盾している．やはり，クライエントが主体的に援助プロセスに参加し，力をつけながら問題を処理していく状況こそがソーシャルワークの目指す目的と合致するものであり，それを抜きにはソーシャルワーク自体が成立し得ないといえるだろう．

第6章　ソーシャルワークにおける自己決定問題　　　　121

　例えば，医療分野の専門職であれば，そこまで「クライエントが主役」のプロセスにこだわらなくても専門職としての存在意義を問われることはない．治療が効果をあげれば，その治癒過程に患者本人の主体的参加を欠いていても致命的な問題ではないといえよう．しかし，人の豊かな生活を支えることを目的として掲げるソーシャルワークに，当の本人が不在であるなら，ソーシャルワーク実践は魂を欠くことになる．
　ここに，1つの疑問が生じる．ソーシャルワークとは，「ソーシャルワーカーがすること」ではないのか．クライエントが自分で選択し，主体的に問題解決に取り組めば取り組むほど，その場面においてワーカーによる主体者としての立場は希薄になる．クライエントにコントロールされることなく，ワーカーがコントロールすることなく，協働で活動を形成することが，どこまで可能なのか．よく検討してみる必要があろう．

(2)　どこまで自己決定を支えるのかという問題

　完全に自己決定能力を備えた，福祉サービスにも精通した当事者にとって，「自分のことを自分で決める」などということは当たり前のことであり，専門職に保障してもらうことでもない．自分たちは自分の障害や生活問題については最もよく知りぬいたプロであり，専門職による客観的な判断や専門知識に根ざしたマネージメントなどは「大きなお世話」という声も聞こえてこよう．専門職のサービスを使うか使わないか，援助者‐被援助者の枠組みにのるかのらないかは，そもそも自分たちが決めることと一蹴することだろう．
　しかし，そうした自分たちの権利に関する意識の高い，主張できる当事者が居る一方で，判断力や社会資源に関する知識を持ち合わせず，自己決定能力が十分でなく，自分や社会にとって不利益な選択をしてしまうリスクを抱える人々が，社会福祉サービスやソーシャルワークを必要としている人の中にたくさん存在しているという事実がある．それが，ソーシャルワーカーにことさら自己決定の重要さを意識させる．
　すでに触れたように，自己決定を支えるということは実に多様な要素に気を配り，時間を割き，援助者の努力によって達成可能かどうかという問題である．自己決定を遵守しようとする時，他の諸原則との間に倫理的衝突を生むことも

あるし，クライエントの能力からしてそもそも難しいという場合もある．援助者の努力が，不完全な結果に終わることや葛藤を生じる可能性があることを前提で，それでもこの難題に取り組もうとするのは，当事者が要求する権利としての自己決定と比較して不完全であっても，クライエントが「『近代的主体としてのありようすら許されない』状況よりははるかにまし」（児島 2001: 341）であることは明白であるからだ．自己決定への取り組みが難題に満ちているからといって，ソーシャルワーカーがこの原則にこだわり続けるのは，「自己決定とは，強制された閉鎖空間を対話によって変容させていくための出発点であり，手段なのである．そして，誰かが権利として自己決定を行い，それを聞き取る耳がなければ，閉鎖空間は密かに増殖し続けることになる」（稲沢 2000: 23）ということを知っているからである．達成することが難しいからと，その努力を放棄してしまえば，クライエントはまず間違いなく最低限の権利も守られず，理不尽な権利の剥奪と制限が蔓延する裏寒い状況に追いやられることになるからある．小尾は「哲学は道徳的問題に合理的で体系的な方法論を用意してくれるだろうが，意思決定にたいして自動的な解答や明確な手順をあたえてはくれない．ソーシャルワーク専門職が実践のなかで培ってきた実践的な知恵と健全な専門職業的判断が，クライエントの自己決定になくてはならない」（1999: 73）と述べている．難しい状況の中でも，バランスの取れた熟練の専門的判断が求められる．そうした意味で，実践において自己決定というテーマに取り組み続けるということは，ソーシャルワーカーとしての成熟度を試される問題ともいえる．どこまでの範囲で自己決定を支え，どの領域からアドボカシーや代弁活動を主体的に担うのか，その境界線は曖昧で，さじ加減は現場の専門職の熟達に委ねられていることが，実践者の迷いと葛藤の日々を生じさせている．

(3) 「パターナリズムの克服」は，容易でないという問題

ソーシャルワークの重視する価値や，主体者であるクライエントに寄り添うという関係性を理想とすることから考えれば，完全に払拭することは出来ないにしろ，パターナリズムを極限まで克服するための努力が必要であろう．医学モデルに依拠する伝統的なケースワークの枠組の時代ならば，そこまでの努力

は必要ないかもしれない．しかし今日主流となった，ライフモデルに依拠するソーシャルワークの枠組みでは，ソーシャルワーカー・クライエント関係にパターナリズムを色濃く反映させることには違和感が生じる．ストレングス視点の強調，エンパワメントの重要性が強調されるなか，ソーシャルワーカーは近年，ますますクライエントとの対等性，パートナーシップ重視を強調するようになった．こうした実践モデルの転換は，一面でソーシャルワーカー・クライエントとの関係性の転換を目指し，ソーシャルワーカーがパターナリズムを追放する絶え間ない努力を続けているようにも見える．自己決定を問い直すという行為は，ソーシャルワーカーに「クライエントとの関係は対等か？」「知識や権限を独占してはいないか？」「クライエントが力を行使できるような関わりを心がけているか？」と，問い直し続けることでもある．結局のところ，パターナリズムを克服しようとする努力は，御伽噺にあるような「虹の袂を見出そうとする行為」なのかもしれない．ソーシャルワーカーは高度な専門性を獲得しようとする専門職である以上，パターナリズムから完全に逃れられる事はできない．しかし，ソーシャルワークの枠組みは，それを実行する者にパターナリズム克服のための絶え間ない努力を強いている．これにより，内包する矛盾した2つの性質の間で葛藤する宿命をソーシャルワークは担っているようにも思える．

おわりに

自己決定は，援助者の関わりや社会環境によって大きく影響を受ける．本人の能力もあるが，環境面で多くの制約がある場合，生活に関するごく些細な事柄を決定する場合でも支障をきたすことがある．援助者をはじめとする周囲の人々の努力，社会資源の開発やクライエントの環境整備といった取り組みがなければ，自己決定の機会は限られよう．そうした環境の及ぼす影響力に考えをめぐらす場合，現代社会の大きな変化を意識せざるを得ない．グローバリゼーションによる地域社会や労働環境の変化，国の財政逼迫を受けた政策展開余地の縮小，経済的格差の拡大等である．大きな力を持たない人，問題を抱え苦しんでいる人，社会福祉サービスに支えられる必要のある人達は，いま日本で，

自分自身の能力の限界とは無関係の次元における社会的変化の影響により，自己決定・自己選択できる余地を削り取られていないだろうか．社会制度から担いきれない自己責任の負担を強いられ，不利益をこうむってはいないだろうか，懸念が残る．これまで活用できた社会資源がなくなり，利用するためのコストが高くなり，それまで認められていた選択が社会の変化によって否定されるような状況に直面した時，ソーシャルワーカーはどう対処すべきだろうか．環境条件から達成が難しいと諦めるのでもなく，無制限にクライエントの選択を追求してバーンアウトするまで神経をすり減らすのでもなく，バランスの取れた本人・環境への働きかけが求められることになろう．社会，制度の変化やソーシャルワーク実践の現場におきた変化が，クライエントの自己決定を支えようとする専門職の実践をとりまく環境にどのような変化を与えつつあるのか注視していく必要がある．

文献

稲沢公一（2000）「「自己決定」をめぐる問題状況―決定空間の変容に向けて―」『福祉科学とコミュニティー』創刊号，15-24頁．

大瀧敦子（2001）「「自己決定」支援のための実践モデル―医療ソーシャルワークの特性を踏まえて―」『明治学院大学明治学院論叢社会学・社会福祉学研究』110号，1-17頁．

小尾義則（1999）「クライエントの自己決定とソーシャルワーク専門職」『梅花女子大学文学部紀要』33号，61-96頁．

児島亜紀子（2001）「社会福祉における「自己決定」―その問題性をめぐる若干の考察」『社会問題研究』51号，331-342頁．

小林博（2000）「知的障害者の自己決定―その根源と実践―」『権利としての自己決定　そのしくみと支援』エンパワメント研究所，21-42頁．

高山直樹（2000）「自己決定とエンパワメント」『権利としての自己決定　そのしくみと支援』エンパワメント研究所，129-148頁．

Gartner, Alan and Frank Riessman (1977) "Self-help in the Human Services" Jossey-Bass Inc. (= 1985, 久保紘章監訳『セルフ・ヘルプ・グループの理論と実際』川島書店).

Riessman, Frank and David Carroll (1995) "Redefining Self-Help" Jossey-Bass Publishers.

第7章

高齢者介護家族のストレス分析
―家族システム論的見地から―

一 瀬 貴 子

はじめに

　介護保険法が施行された2000年4月以降も，新聞やメディアで，高齢者の介護が原因と考えられる痛ましい心中事件が多数報道されている．筆者は，朝日新聞記事データベースを用いて，2003年から2007年までの5年間に報道された介護心中事件を検索し，心中事件に至った背景を探った．朝日新聞で報じられた介護心中事件は，2003年（14件），2004年（10件），2005年（15件），2006年（29件），2007年（32件）の計100件である．

　介護心中事件100件のうち，男性（68件）が加害者となるケースが多く，加害者と被害者の続柄は，①夫が妻を殺害（41件），②息子が実母を殺害（22件）したケースが多かった．夫が妻を殺害した41件について，加害者である夫の年齢は，70歳代（16人）と80歳代（15人）が75.6%を占めており，殺害に至った動機は，①介護疲れ（17件），②将来悲観（9件），③介護者である夫自身の病苦（6件），④被害者である妻からの殺害依頼（3件）などであった．居住形態は，①老夫婦のみ世帯（14件），②子ども家族と同居しているが，夫が主介護者（7件）であるケースが多い．経済状況は，無職か年金のみの生活であるため経済苦を抱えている事例（7件）が多かった．周囲に対して支援を要請する姿勢は消極的で，近隣住民や親族が援助を申し出ても，「親族や他人に迷惑をかけたくない」「自分が最後まで妻の面倒を看る」「介護が生き甲斐なので任せたくない」と，かたくなにそれを拒んでいたケースが多かった．

　これらの事例に対しては，ケアマネジャーや社会福祉協議会や福祉事務所のケアワーカーなどが家族の介護状況を把握し，デイサービスや訪問介護などの

公的サービス部門からの支援も行われていたが，職種間の情報共有や連携が十分になされず，介護者へのアプローチが不十分であったようである．

一瀬（2001a）は，老老介護や男性による在宅介護は，破綻状態に追い込まれる可能性が高いことを早くから指摘していたが，介護保険法が施行された後も，何故，このような痛ましい事件はなくならないのであろうか[1]．家族介護者が必要とする支援は何であろうか．

高齢者介護を担う家族介護者のストレスに関する既存研究は，認知ストレス理論（Lazarus and Folkman = 1994）を基盤とし，家族介護者の否定的な認知的評価（介護負担感など）に影響を及ぼすストレッサーや資源や対処（コーピング）の解明に，力点が置かれてきた（一瀬1999; 中谷1992; 新名ら1991, 1992; 松岡1993, 1994; 翠川1993; 和気1995, 1999）．

Lazarusらによると（Lazarus and Folkman = 1994: 22），心理的ストレスとは，人間の原動力（resources）に負担をかけたり，資源を超えたり，幸福を脅かしたりするものとして個人が評価する，人間と環境の特定の関係をさす．人々に心理的ストレスを生じさせるものとして，人間と環境の関係を媒介する「認知的評価」と「対処」という2つの過程がある．認知的評価とは，人間と環境との間の特定の相互関係，または一連の相互作用が，何故，そしてどの程度ストレスフルであるかを決定する評価の過程である．対処とは，個人がストレスフルであると評価する人間—環境から起こる要求と，そこから生じる感情を個人が処理していく過程である．Lazarusらの認知ストレス理論では，個人の心理的ストレスに焦点が当てられている．

家族介護者のストレスに関する既存研究（一瀬1999; 中谷1992; 新名ら1991, 1992; 松岡1993, 1994; 翠川1993; 和気1995, 1999）を概観すると，次のような特徴がみられる．家族介護者の負担感に影響を及ぼすストレッサーは，認知症の程度，認知症に伴う鬱や妄想や幻覚など精神的症状の発現，徘徊や睡眠障害や攻撃的行動などのBPSDや尿便失禁の発現，夜間介護の必要度，監視の必要度，BADL（食事・座位自立度）の低下とアルツハイマー型認知症に伴うBPSDが重なる要介護度3の状態などである．家族介護者の介護負担感に影響を及ぼす資源は，介護者の健康状態や日常的就業の有無，介護動機の程度，経済状態，家族や親族や近隣の身近な人からの情緒的サポート（同情・慰

め・共感・励まし・適切な評価）と手段的サポート（人的・金銭的・物的援助）などである．家族介護者の介護負担感に影響を及ぼす対処（コーピング）は，回避・情動型コーピングなどである．

また，高齢者を介護する家族の中で生じやすい家族間暴力が，高齢者虐待である．Browne and Herbert（= 2004: 19-33）は，子どもやきょうだい，配偶者や高齢者などの様々な家族成員の間で発生する家族間暴力を，積極的暴力（身体的・心理的・性的・経済的な文脈における虐待行為）と消極的暴力（被害者への関心の欠如や，被害者との怒りを喚起し，そのようなかかわりを回避する行為）に二分し，積極的暴力を虐待（身体的虐待・性的虐待・心理的虐待・情緒的虐待・物質的虐待），消極的暴力をネグレクト（故意のネグレクト・無意識的なネグレクト）と定義している．

わが国の家庭内高齢者虐待に関する研究は，基盤となる理論が不明瞭なまま実態調査が行われているものが多く，家族間暴力のなかでもっとも研究されていない分野の1つである．既存研究（伊藤・葉田ら 2004; 加藤・近藤ら 2004; 神山・岸ら 1999; 厚生労働省医療経済機構調査検討委員会 2004; 佐々木・高崎 1997; 田中 2000; 津村 2004）では，家庭内高齢者虐待の発生要因として，要介護高齢者の個人的要因（性格特性，認知症に伴う行動障害や尿便失禁の発現）や家族介護者の個人的要因（性格特性，精神的障害，経済的困窮，コーピング）に焦点を当てたものが多く，家族介護者の負担感を軽減する支援として，ショートステイやデイサービスなどの代替サービスの利用を促進することなどが提唱されてきた．

しかし，介護保険制度の導入により，居宅介護サービスの量や質が充実したにもかかわらず，介護心中事件や家庭内高齢者虐待が著しく減少する様子はない．高齢者に対する家族間暴力が生じるプロセスや社会福祉専門職の介入技法に関する学術的アプローチにも，課題があるのではないか．第1に，家族介護者のパラドキシカルな心理に関する研究がなされていないのではないか．第2に，家族介護者個人の心理的ストレスの解明に力点が置かれており，要介護高齢者や家族介護者の生活の基盤となる家族システムの構造や機能，サブシステム間の力動に着目する家族システム論的アプローチに基づく研究がなされていないのではないか．

この2点の問題意識に基づき，本章の目的を次のように設定した．1点目は，男性介護者のストレスおよび家庭内高齢者虐待の発生原因について，家族システム論的アプローチに基づく分析を試みること，2点目は，高齢者に対する家族間暴力を緩衝するために，家族システム論的アプローチに基づく介入技法の必要性について言及することである．

1. 家族間暴力の発生プロセスに関する理論

本節では，「家族間暴力が何故生じるのか」という命題に関する既存研究で用いられた理論モデルを概観したい．家族間暴力の原因を，虐待者の個人的要因に求めるモデルから，虐待者や被虐待者をとりまく環境との複雑な相互作用の影響を考慮しようとするモデルへと変化してきた．

社会学的アプローチとして，Gelles（1979）は，家族は社会でもっとも暴力を生じやすい社会制度であると主張している．その理由として，①家族は接触時間が長いため，家族成員間の葛藤を引き起こしやすい，②家族成員の年齢や性別が異なるため，争いが生じやすい，③家族内には，出産・育児・介護などのイベントによる変化が生じ，家族成員のストレスは他の家族成員にも伝わりやすい，④私的な空間であり，プライバシーが高いなどの特徴を指摘し，家族が本質的に暴力を発生しやすい機能を持っていると述べている．社会的交換／統制理論（Gelles 1983; Phillips 1986）では，家族成員は，他の家族成員と資源やエネルギーを交換しているが，家族成員相互の家族内役割の遂行期待度と役割遂行度が合致しているときは，家庭内の均衡や秩序は保たれている．しかし，ある家族成員の役割遂行度が他の家族成員の役割遂行期待度に追いつかなくなった場合に，家庭内の均衡が崩れ，状況を暴力でコントロールする動きが生じるとする．社会的学習理論（Bandura 1977）では，他者への攻撃性は，加害者の原家族での学習した結果と考える．幼少時代に親が暴力で問題解決を図ろうとする様子を観察し，扶養者としての攻撃的な役割モデルと暴力的行動を学習するという認知的プロセスを重視する．

個人と環境の相互作用からストレスを理解する理論モデルもある（Furde 1989; Hollin 1993）．家族を取り巻く環境ストレッサーが長引くほど，

状況に対する虐待者個人の認知的評価は、脅威的なものとなる。そして、環境的ストレッサーと社会に対する期待にギャップが生じると、加害者は、欲求不満や大きな怒りを抱える。そして、加害者の忍耐の閾値が低いと、自分より弱者の立場にある人間に対する暴力が発生するのである。虐待者個人の環境ストレッサーに対する認知的評価が、加害者の攻撃的行為に結びつくことが注目されている。これらの理論モデルは、家族間暴力の原因を、加害者のパーソナリティ特性や認知的評価や対処スキルに求めており、加害者個人へのアプローチを考察していく上で、大変有効なものである。

次に、家族間暴力は、加害者の個人的適応のみならず、家族の機能的適応力によって生じるとする『ストレッサーへの二段階適応モデル』がある。井上（2005: 92-4）によると、第一段階の個人的適応では、ストレッサーに対する個人的対処能力や個人のパーソナリティ特性（衝動コントロール力・適度な自尊環境・他者への共感性など）によってストレッサーに対処するが、もし、個人的適応の段階でストレッサーに対処できなかった場合は、第2段階の家族機能的適応の段階に持ち越され、家族の機能のあり方によってストレッサーの影響が決まる。井上（2005: 93）は、「虐待問題は、加害者の個人的特性によって宿命的に発生するとは考えず、たとえそのような個人が家族内に存在しても、家族システムのあり方やその外部環境との関わり方によって、虐待の発生は抑制しうるというのが、このモデルの核心である」と述べている。

家族機能的適応のあり方を考える上で有効な理論は、家族システム論（井上 2007: 36-54; Chibucos 2005: 279-81; Broderick 1990）である。その主な特徴を挙げる。①家族は、親子関係や夫婦関係や兄弟関係などのサブシステムからなり、サブシステムは相互作用しあう。②家族は、開放システムである。家族システムは外部との間に相互作用を行う境界を持っており、資源やエネルギーの交換を行うことにより様相を変化させ、平衡状態を保っている。③家族には、円環的・循環的因果律が成立する。フィードバックには、ポジティブ・フィードバックとネガティブ・フィードバックがある。ポジティブ・フィードバックとは、家族成員が行為を繰り返し、強化していく効果を持つ。例えば、ある家族成員の行動に対して、他の家族成員が賞賛した場合、その行動は繰り返され、さらには、家族内の役割分担に変化が生じることにもつながる。一方、ネガテ

ィブ・フィードバックとは，家族成員が行為を繰り返したり，強化していくことを低める効果を持つ．健全な家族システムでは，ポジティブ・フィードバックとネガティブ・フィードバックを有効に組み合わせながら，システムの安定性と均衡を保つ．④家族システム内では，反復される相互作用のパターンがある．そのパターンには，家族成員が同じような主張を繰り返すような競合型の関係パターン（対称型）と，家族成員が互いに他の家族成員の行動を補い合うような支配－服従，保護－依存関係パターン（相補型）がある．健全な家族システムでは，対称型と相補型の相互作用パターンが流動的に変化する．

筆者は，高齢者介護が家族にもたらすストレスや家庭内高齢者虐待について，井上（2005: 92-4）が提唱している『ストレッサーへの二段階適応モデル』を参照し，介護者個人のパーソナリティ特性のみならず，家族システムの構造や機能にも着目して，その原因と介入方法を考察する．

2. 要介護高齢者をめぐる家族間暴力：家族システム論的見地から

本節では，井上（2005: 92-4）の『ストレッサーへの二段階適応モデル』の有効性の検証をする．

一瀬（2001b; 2001c; 2002; 2004a; 2004b）は，2000年10月〜12月に，認知症を患う配偶者を在宅介護している60歳以上の介護者を対象とした質問紙調査を行った．有効回答数は346名（男性175名・女性171名）である．ここでは，男性介護者に焦点を当て，調査結果を紹介する．

介護役割遂行に対する認知的評価として「介護負担感」を把握したところ，「この先，自分たちがどのような状態になるのか分からない（82.2％）」「この先，妻の認知症状の変化への対処方法が分からない（77.1％）」などの負担感を抱いていた．また，ストレス反応として，バーンアウトの第1段階の症状である「情緒的消耗感」を把握したところ，「介護でいらいらすることがある（71.1％）」「介護でくたくたになった感じがする（60.9％）」と感じていた．次に，周囲に対する支援要請度を把握したところ，子どもや親戚に対しては「介護の補助や代替をよく頼む（19.9％）」「辛い時に愚痴をよく聞いてもらう（6.5％）」「相談によくのってもらう（20.0％）」という状況であり，近隣や友人

に対しては「介護の補助や代替をよく頼む（1.8%）」「つらいときに愚痴をよく聞いてもらう（2.3%）」「相談によくのってもらう（4.8%）」という状況であった．高齢な男性介護者の7割が負担感や情緒的消耗感を抱いているにもかかわらず，身内や近隣や友人に対してサポートを求める姿勢が消極的であった．

しかし，男性介護者は，在宅介護破綻寸前の状況にある一方で，介護役割遂行を生き甲斐とする傾向が高いことも分かった．「介護役割を遂行している現在の生き甲斐」について文章完成法で問うたところ，「介護」という回答は，女性（42.1%）よりも男性（63.0%）のほうが多く（表1），介護期間が10年以上と長期にわたるほど，女性（40.7%）よりも男性（75.8%）のほうが多かった．

さらに，介護役割遂行に対する「生き甲斐感」が，介護役割遂行に対する認知的評価である「介護負担感」や，ストレス反応である「情緒的消耗感」や，「子どもや親戚や近隣や友人に手段的・情緒的サポートを求める姿勢」に与える影響について検討するため，パス解析を行った．その結果，介護役割遂行に対する「生き甲斐感」は，「介護負担感」や「子どもや親戚や近隣や友人に手段的・情緒的サポートを求める姿勢」や「情緒的消耗感」に対して負の規定力を示すことが明らかとなった．これらの研究結果から，高齢な男性介護者は，認知症を患う妻の介護に生き甲斐感を強く抱いているために，ストレスの認知や反応が抑制され，さらに，周囲にサポートを依頼する姿勢を抑制され，その結果，孤立的介護状況に自らを追い込む傾向があるといえる．介護者の介護役割遂行への認知的評価やストレス対処スキル，保持資源の有無などの個人的適応のあり方は，介護というライフイベントが与える影響に個人差を生み出すのである．

次に，高齢者虐待が発生している家族システムの，家族機能的適応能力について述べる．一瀬（2006; 2007a; 2007b）は2005年8月に，介護保険制度施行後5年間で家庭内高齢者虐待を扱った援助職から得た58事例をもとに，家庭内高齢者虐待の発生頻度に影響を与える要因について検討した．高齢者の精神的・身体的症状および高齢者や虐待する養護者のパーソナリティ特性のほかに，家族内凝集性や家族内ストレス対処戦略が，虐待の発生頻度に与える影響についても検討した．

表1　文章完成法による回答

(表中の数字は「度数」,カッコ内は％)

刺激項目	回答センテンスのカテゴリー	男性	女性
①介護を始める以前の私の生き甲斐は… (過去の人生への意味づけ)	仕事	48 (33.1)	22 (17.5)
	趣味	23 (15.9)	32 (25.4)
	夫婦でともに過ごすこと	28 (19.3)	14 (11.1)
	のんびり過ごすこと	19 (13.1)	17 (13.5)
	特になし・考えられない	9 (6.2)	8 (6.3)
	子供やその家族との交流	3 (2.1)	16 (12.7)
	地域への奉仕・交流	5 (3.4)	3 (2.4)
	自分自身の健康を保つこと	3 (2.1)	4 (3.2)
	その他	7 (4.8)	10 (7.9)
	有効回答数	145 (100.0)	126 (100.0)
②今現在の私の生き甲斐は… (現在の人生への意味づけ)	介護	87 (63.0)	51 (42.1)
	趣味・気分転換	13 (9.4)	20 (16.5)
	特になし	22 (15.9)	11 (18.2)
	子供家族とのふれあい	5 (3.6)	6 (5.0)
	自分自身の健康管理	2 (1.4)	9 (7.4)
	1日を無事に乗り切る事	2 (1.4)	5 (4.1)
	介護を通して成長する事	2 (1.4)	2 (1.7)
	その他	5 (3.6)	6 (5.0)
	有効回答数	138 (100.0)	121 (100.0)
③介護は私にとって… (介護への意味づけ)	義務・使命・宿命・運命	106 (76.3)	100 (73.0)
	生き甲斐	14 (10.2)	10 (7.2)
	負担・苦痛	10 (7.2)	12 (8.8)
	配偶者として当然のこと	11 (7.9)	6 (4.4)
	苦しみと楽しみが混じる	2 (1.4)	4 (2.9)
	その他	0 (.0)	1 (.7)
	有効回答数	139 (100.0)	137 (100.0)
④何よりも今,私がしたいのは… (最高欲求)	自由や趣味時間がほしい	43 (30.1)	57 (45.6)
	休息・睡眠時間がほしい	16 (11.2)	20 (16.0)
	介護	33 (23.1)	15 (12.0)
	特になし・諦め	21 (14.7)	12 (9.6)
	自分自身の健康維持	9 (6.3)	6 (4.8)
	夫婦で静かに暮らしたい	7 (4.9)	2 (1.6)
	仕事・経済安定	7 (4.9)	1 (.8)
	その他	5 (3.5)	8 (6.4)
	有効回答数	143 (100.0)	125 (100.0)

「家族内凝集性」については，金 (2003:15) を参照して作成した12項目の測定尺度を因子分析にかけた．その結果，第1因子として「家族内融和」因子が，第2因子として「家族内対立」因子が抽出された（表2）．「家族内ストレス対処戦略」については，稲葉・高橋ら (1986) を参照して作成した11項目の測定尺度を因子分析にかけた．その結果，第1因子として「外部資源の導入」因子，

表2 家族内凝集性の因子分析結果

質問項目	因子負荷量	
	F1	F2
家族は互いに助け合っていた	.768	.083
家族は互いに意思を確認していた	.804	.355
家族は一体感があった	.707	.064
家族は一緒に過ごす時間を重視していた	.629	.355
家族は互いに励ましあっている	.812	.271
家族は互いの意見を調整していた	.806	.261
家族は互いに気を使っていた	.616	.287
家族は互いに批難しあうことが多かった	.087	.797
家族は互いに皮肉が多かった	.168	.831
家族内に怒ると暴力を振るう人がいた	.310	.508
家族は口げんかが多かった	.288	.644
家族の凝集性は低かった	.193	.679
因子寄与率	45.8	12.7
累積因子寄与率（%）	45.8	58.5

主因子法，バリマックス回転後の因子負荷量と寄与率
F1の信頼係数 $\alpha=.909$　F2の信頼係数 $\alpha=.842$

第2因子として「虐待者の感情表出に対する支持」因子，第3因子として「家族内役割変更・修正」因子が抽出された（表3）．

分析手法は次のとおりである．因子分析の結果抽出された各因子と虐待発生頻度との相関係数を算出した．その後，虐待発生頻度と相関がみられた因子を独立変数，虐待発生頻度を従属変数とした重回帰分析を行った．まず，相関分析により虐待発生頻度と正の相関がみられたのは，①「被虐待高齢者の精神的・身体的機能の低下」因子，②「虐待する養護者の犠牲者意識」，③家族凝集性の「家族内対立」因子であった．負の相関がみられたのは，④家族内ストレス対処戦略の「虐待する養護者の感情表出に対する支持」因子であった．要介護高齢者や虐待する養護者のパーソナリティ特性や虐待する養護者の介護ストレスは，虐待発生頻度と有意な相関関係を示さなかった．

虐待発生頻度を従属変数とした重回帰分析の結果，「高齢者の精神的・身体的機能の低下」因子，「家族内対立」因子，「虐待する養護者の感情表出に対する支持」因子が，「虐待発生頻度」に対して有意な規定力を示した（表4）．「虐待する養護者の犠牲者意識」は，相関分析では「虐待発生頻度」と高い相

表3 家族内ストレス対処戦略の因子分析結果

質問項目	因子負荷量		
	F1	F2	F3
親戚・近所・友人などに助言や援助を求めていた	.801	.302	.035
家族の会や経験者などから情報を収集していた	.671	.199	−.053
気軽に相談できる専門職を見つけていた	.553	−.025	.105
家族が主介護者を助けるために自立していた	.438	.291	.253
状況に応じて家族の日課のやり方を変えていた	.507	.203	.393
状況に応じてリーダーがかわることがあった	.133	.154	.815
状況に応じて役割の遂行者等を柔軟意変えていた	.052	.280	.786
(虐待者の) 話や愚痴を聞いて話を共感していた	.114	.759	.370
事があった時, (虐待者の) 味方をして支持していた	.188	.901	.242
(虐待者が) 自由時間を持てるように協力した	.602	.611	.191
(虐待者が) 長時間の外出できるように協力した	.574	.660	.080
因子寄与率 (%)	44.5	12.2	7.11
累積因子寄与率 (%)	44.5	56.7	64.8

主因子法, バリマックス回転後の因子負荷量と寄与率
F1の信頼係数 α =.744　F2の信頼係数 α =.844　F3の信頼係数 α =.825

表4 虐待発生頻度を従属変数とした重回帰分析

独立変数	標準化係数
高齢者の精神的・身体的症状の低下	.588***
虐待者の犠牲者意識	−.083
家族内凝集性 (家族内対立)	.582***
家族内ストレス対処 (感情表出)	−.478*
重相関係数 (R)	.815
決定係数 (R^2)	.665***

***$p<.001$　**$p<.005$　*$p<.01$

関関係があったにもかかわらず，重回帰分析では有意な規定力を示さなかった．

つまり，気力・体力・意思疎通力の低下や認知症による問題行動や精神症状の表出など「高齢者の精神的・身体的機能の低下」があるほど，虐待発生頻度は増加する．虐待する養護者の介護ストレスや犠牲者意識は虐待発生頻度に影響を及ぼさず，家族内対立があったり，虐待する養護者以外の家族成員が虐待する養護者に対する情緒的・手段的サポートを行わないなどの家族機能的適応能力の低さが，虐待発生頻度を増加させるのである．この結果は，井上 (2005: 92-4) の『ストレッサーへの二段階適応モデル』の有効性を支持するも

のといえる．

3. 介護心中事件の家族システム論的視座に基づく分析

本節では，新聞で報じられた介護心中事件の背景を，家族システム論的視座から分析する．

> **K市の母子無理心中**（2006年7月21日朝日新聞朝刊から抜粋）＊地名・被告の氏名は伏せて引用した
> 　男性は，K市の河川敷で2月1日朝，母の了解を得て首を絞めて殺害したとして承諾殺人などの罪に問われている．自らも包丁で首を切って自殺しようとしたが，死に切れなかった．男性は約10年前から母と2人暮らし．5年ほど前から昼夜逆転の生活になった母に付き添い，ほとんど寝ずに勤め先の工場へ向かうこともあった．徘徊して警察に保護された母を何度か迎えに行くこともあった．昨年7月には休職せざるを得なくなり，9月に退職．介護と両立できる仕事を探したが見つからなかった．12月に雇用保険が切れると，母の年金だけでは食事にも事欠き，心中を考えるようになったという．男性は地元の福祉事務所に3度足を運び，生活保護の相談をした．しかし，「働いてください」などといわれ，受けられなかった．担当したケアマネジャーも保護課に「本当に生活保護は受けられないのか」と問い合わせたが，答えてもらえなかったという．同課の担当者は「個人情報のため教えられない．相談者には最低限のアドバイスをしている」と語る．男性の介護は献身的だった．「疲れはしたが嫌ではなかった．むしろ楽しかった」と話した．親類に借金したり，特別養護老人ホームへ入所させたりするなど，他人には頼らなかった．「人に迷惑をかけたくない」「返せない金は借りたくない」と繰り返した．
> （2006年7月21日朝日新聞夕刊から抜粋）
> 　男性は「人に迷惑をかけてはいけないと厳しく育てられた」と繰り返した．「一度リストラにあった時に，親類にお金を借りた．うれしかったが，つらくもあった．人にものを頼むのはつらい」とも語った．

　男性は，ケアマネジャーや福祉事務所の職員に相談を持ちかけていた．専門職が本事例を把握していたにもかかわらず，何故，男性は，母親との心中という道を選ばざるを得なかったのか．

　本事例は，NHKのクローズアップ現代でも取り上げられた．大阪市立大学の津村智恵子教授は，介護者や要介護高齢者を見守る社会システムや制度の問

題点として，①個人情報保護を重視する縦割り行政であるゆえ，各関係部署に属する福祉専門職の情報共有や連携が困難である，②ケアプランが要介護高齢者の状態を中心にしたものであり，介護家族の状況を見据えたケアプランの立案が不十分である，③介護保険制度では，要介護度が重度になるほど，利用者の自己負担が高くなるため，生活保護受給世帯以外の経済的困難を抱える介護家族では，サービス利用を増加するのが困難であることを挙げている．

　ここでは，本事例の背景について，家族システム論的視座からの分析を試みたい．第1に，介護者と要介護高齢者間に密着した共生関係があり，介護者が介護役割遂行を通じて得る生き甲斐感が過剰であるゆえに，近隣住民などに助けを求めることが出来ず，閉鎖的環境に陥ったのではないかと推察する．密着した共生関係がある場合，介護者は高齢者の世話をすることで満足感を得て，自己の存在意義を確認する．高齢者にとっても，介護者が常にそばにいてくれることは，安心感を得ることにつながる．介護者と要介護高齢者が共生関係にある場合，第三者の介入を許さず，閉鎖システムの中だけで問題解決を完結させようとしやすい．また，共生関係にある二者間のコミュニケーションパターンは相補型に偏る傾向があるため，支配関係が築かれやすい．本事例でも，心中を申し出る男性に対して，母親は抵抗を示すことが出来なかったようである．

　介護者と要介護高齢者の共生関係の形成には，原家族における家族関係が影響していることも多い．介護者の原家族が，夫婦関係の遮断・母子密着・父子疎遠の状態にあった場合，母親と息子間に明確な境界が形成されず，息子の成長とともに母子密着が深まる．そのような状況で育った息子の依存要求と自立要求はアンバランスであるため，息子は，自立の邪魔をする母親の存在を疎く思う一方で，自分の依存要求を葛藤なく満たしてくれる母親は，心地よい存在であり続ける．

　それゆえ，母親が要介護状態になって勢力関係が逆転すると，自分に依存する母親への関心を高め，要介護高齢者との生活に縛られるのである．この依存関係は，状況が悪化するほど強化され，イネーブラー関係が定着する．イネーブラー関係が定着した状態では，要介護高齢者を介護者から引き離すことで状況を安定さそうとしても，かえって介護者を不安定な状況にさせるというシーソー現象が生じるのである．

第 7 章　高齢者介護家族のストレス分析

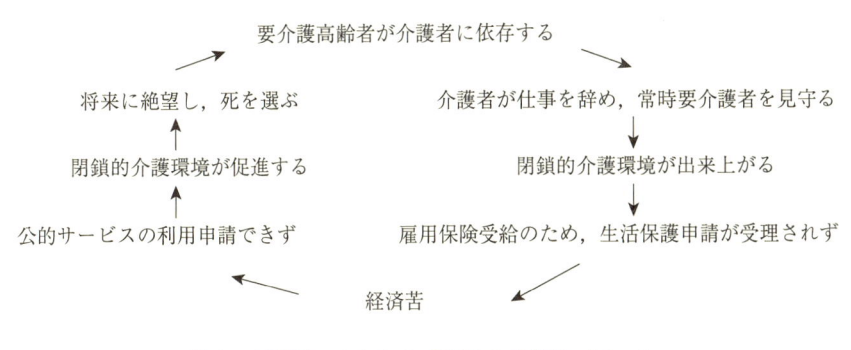

```
           要介護高齢者が介護者に依存する
         ↗                            ↘
将来に絶望し，死を選ぶ              介護者が仕事を辞め，常時要介護者を見守る
   ↑                                      ↓
閉鎖的介護環境が促進する           閉鎖的介護環境が出来上がる
   ↑                                      ↓
公的サービスの利用申請できず      雇用保険受給のため，生活保護申請が受理されず
         ↖           経済苦           ↙
```

図1　本事例にみられる「問題の偽解決パターン」

　第2に，介護者の問題解決対処方法がかえって問題を長引かせているという「問題の偽解決パターン」（図1）が存在していたと推察する．本事例の場合，要介護高齢者の依存要求を満たそうとして，介護者が仕事を辞めるという対処をとったことが，循環的に，閉鎖的介護環境を作り上げている．

　本事例の場合，社会福祉専門職は，「介護者は健康面でも就労可能な状況であるため，（母親をショートステイやデイサービスなどに預けて）就労するべきである」というメタ・メッセージを男性に対して送っている．しかし，男性は，原家族で重視されてきた「他者に迷惑をかけてはならない．自分が引き受けた役割は自分が果たさなければならない」という価値観を持っている．社会福祉専門職側と介護者側のメタ・メッセージのずれが，介護者を追い詰める危険性もある．それゆえ，社会福祉専門職は，介護者の状況を，家族システム論的視座から分析することも必要なのである．

4.　要介護高齢者をめぐる家族間暴力に対するアプローチ

　本節では，「何故，介護心中事件や要介護者に対する家族間暴力はなくならないのか，家族介護者に対して必要な支援は何か」という本章の問題提起に対する，筆者の見解について言及する．さらに，筆者が実施した『家庭内高齢者虐待発生事例に対する社会福祉士のソーシャルワーク実践スキルの活用頻度に関する研究』の分析結果（一瀬 2007c）を踏まえながら，要介護高齢者をめぐ

る家族間暴力に対するアプローチ手法に関する今後の展望について述べる．

第1に，家族介護者に対する支援については，「家族介護者のストレスを緩衝するために，代替サービスの利用を進めるべき」という単純な論理に基づくアプローチではなく，図2のように分類した上で考えなければならないと強調したい．①に分類される家族介護者は，介護によるストレスを明確に認知している．それゆえ，認知ストレス理論（Lazarus and Folkman = 1994）を基盤とし，家族介護者個人の否定的な認知的評価に影響を及ぼすストレッサーを軽減したり，情緒的・手段的サポートを増大させたり，介護者個人の対処スキル

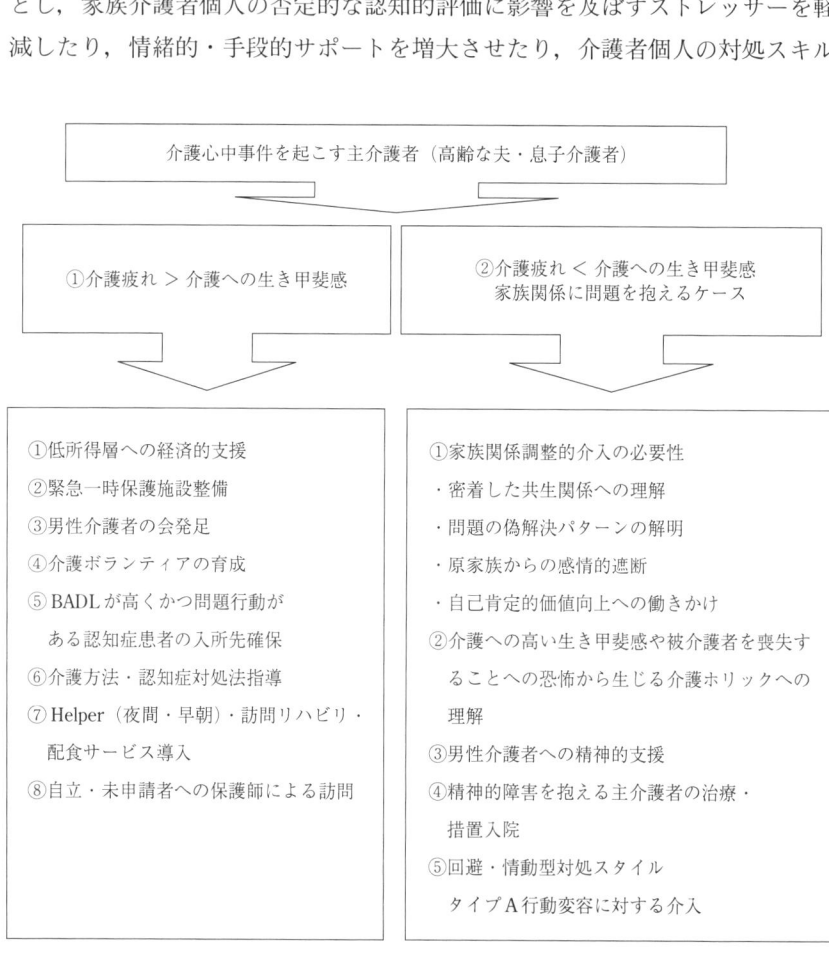

```
                介護心中事件を起こす主介護者（高齢な夫・息子介護者）

    ①介護疲れ ＞ 介護への生き甲斐感         ②介護疲れ ＜ 介護への生き甲斐感
                                              家族関係に問題を抱えるケース
```

①低所得層への経済的支援	①家族関係調整的介入の必要性
②緊急一時保護施設整備	・密着した共生関係への理解
③男性介護者の会発足	・問題の偽解決パターンの解明
④介護ボランティアの育成	・原家族からの感情的遮断
⑤BADLが高くかつ問題行動がある認知症患者の入所先確保	・自己肯定的価値向上への働きかけ
⑥介護方法・認知症対処法指導	②介護への高い生き甲斐感や被介護者を喪失することへの恐怖から生じる介護ホリックへの理解
⑦Helper（夜間・早朝）・訪問リハビリ・配食サービス導入	③男性介護者への精神的支援
⑧自立・未申請者への保護師による訪問	④精神的障害を抱える主介護者の治療・措置入院
	⑤回避・情動型対処スタイル　タイプA行動変容に対する介入

図2　何故，介護心中事件はなくならないのか，家族介護者に対して必要な支援は何か？

の改善を図るのが，効果的なアプローチと考える．一方，②に分類される家族介護者のパラドキシカルな心理を理解するためには，原家族における生育歴が，家族介護者の現在の価値観や行動に与える影響を理解するのに有効な，ボーエンの家族システム論（Kerr and Bowen = 2002）を基盤とするアプローチが必要であると考える．

第2に，要介護高齢者に対する家族間暴力への介入には，虐待者個人に対するアプローチと並行して，家族システム論的視座に基づいたアプローチが必要であることを強調したい．第2節で紹介した一瀬（2006; 2007a; 2007b）の研究結果は，井上（2005: 92-4）の『ストレッサーへの二段階適応モデル』の有効性を支持するものであった．それでは，家族システムの構造や機能の変容を図るのに効果的なソーシャルワーク実践スキルとは，具体的にいかなるものか．

一瀬（2007c）は，家庭内高齢者虐待発生事例に対する社会福祉士のソーシャルワーク実践スキル活用頻度と，介入後の家族システムの構造や機能の改善度との相関分析を行った．社会福祉士が活用したソーシャルワーク実践スキルの因子分析結果を，表5に示している．

表5に示しているソーシャルワーク実践スキル（5因子）と，家族システムの変容18項目の相関分析を行ったところ，社会福祉士が「虐待者と信頼関係を築くスキル（F1）」や「ケースマネジメントスキル（F2）」を活用する頻度が高いほど，①虐待する養護者の精神的・身体的負担感や，②虐待する養護者の虐待自覚度や押し付け介護方針の改善との相関が高いことが分かった．つまり，養護者がこれまで行ってきた介護を賞賛しながら心に寄り添うようにジョイニングしたり，虐待する養護者が自分の問題偽解決パターンに気づくように促したり，虐待を繰り返さないための目標を養護者自身に設定させるというエンパワメントアプローチは，養護者の介護の仕方や虐待行為への認知的評価の変容に効果的であることが確認されたといえる．

また，社会福祉士が，家族成員間のコミュニケーションパターンの矛盾増幅ループを減らす方法を提示するなどの「家族システム内交流パターン変容スキル（F4）」や家族の問題解決対処スキルの向上を図るなどの「家族の問題解決対処戦略を高めるスキル（F5）」を活用する頻度が高いほど，家族システム内の硬直化した役割配分状況や，高齢者虐待が発生していることへの家族成員の

表5　社会福祉士のソーシャルワーク実践スキルの因子分析結果

項　目	F1	F2	F3	F4	F5
虐待者に対して情緒的サポートをした	.841	.199	.178	.123	.160
虐待者との信頼関係を築くために共感を示した	.824	.319	.213	.115	.113
虐待者に自信を持ってもらうため，過去の成功体験を指摘した	.776	.203	.089	.257	.110
虐待者の長所や資源の状況をアセスメントした	.766	.321	.148	.229	.156
虐待者の埋もれた感情の表出を助けるためにやさしく質問を深めた	.760	.334	.272	.012	.215
虐待者を理解していることを伝えるため，相手の感情を反映した	.740	.326	.210	.088	.284
虐待者が抱える問題を具体的な言葉で表現した	.608	.301	.114	.261	.387
虐待者があるがままに受け入れられていると感じられるようにした	.570	.150	.548	.217	−.239
虐待者の不健康な行動パターンを減らす方法をともに考えた	.547	.315	.262	.118	.366
(やらねばならない作業を効果的にやり遂げる方法を提案した)	.481	.320	.371	.162	−.239
(自分の問題行動を処理する方法を虐待者に伝えた)	.454	.335	.453	.187	.262
他施設・機関のサービスを具体的に紹介した	.217	.760	.091	.114	.122
虐待者とともに援助の目標を定めた	.329	.709	.051	.297	.045
虐待者や家族が新たな問題発生を予測できるように手助けした	.333	.649	.051	.235	.366
虐待者とストレスを解消する方法をともに考えた	.489	.625	.163	.133	−.002
虐待発生の繰り返しを防ぐ方法を虐待者に提案した	.366	.624	.290	−.005	.138
虐待者と他の家族成員との関係が，現在の問題に与える影響を考えた	.183	.623	.154	.170	.233
虐待者がうまく決断できるよう手助けした	.498	.562	.298	.204	−.143
他の施設・機関とのネットワーク作りをした	.197	.503	.466	.006	.072
新たに学んだ問題解決技法を家族が生活場面で練習できるようにした	.124	.120	.780	.304	.161
新たに学んだ問題解決技法を虐待者が生活場面で練習できるようにした	.245	.199	.777	.211	.128
他者とコミュニケーションするときのコツを虐待者と考えた	.254	.146	.760	.304	.161
(虐待者が自分の考えを他人に伝える方法を示した)	.318	.202	.493	.273	.350
家族の不健康なコミュニケーションを減らす方法を考えた	.088	.225	.266	.836	.128
虐待者が家族の機能不全な行動に巻き込まれないような方法を伝えた	.318	.201	.091	.773	.132
他者とコミュニケーションするときのコツを家族とともに考えた	.003	.082	.415	.706	.304
虐待者以外の家族が感情を他人に効果的に伝える方法を伝えた	.220	.012	.522	.540	.275
(虐待者の不健康な行動パターンを減らす方法を考えた)	.376	.374	.336	.477	.060
(虐待者の言動が自分の問題に悪影響を及ぼしているとの理解を助けた)	.388	.361	.345	.469	.092
自分の問題行動を処理する方法を家族に伝えた	.240	.083	.130	.323	.681
虐待者の家族が過去の問題解決への取りくみから学ぶことを手助けした	.090	.339	.440	.402	.558
(虐待者の定位家族の価値観が与える影響を虐待者と考えた)	.219	.255	.438	.244	.466
因子寄与率（％）	21.5%	14.8%	13.9%	11.6%	7.7%
累積因子寄与率（％）	21.5%	36.3%	50.2%	61.8%	69.4%

主因子法，バリマックス回転後の因子負荷量と寄与率
F1の信頼係数 α=.943　F2の信頼係数 α=.899　F3の信頼係数 α=.862　F4の信頼係数 α=.867
F5の信頼係数 α=.685

認知的評価の改善につながっていることが明らかとなった．以上の調査結果より，虐待をする養護者のみならず，家族成員の相互作用パターンや問題対処戦略の変容を図ったり，家族内役割配分状況を改善を図るなど，家族システム論的視座に基づいたアプローチは，要介護高齢者に対する家族間暴力を軽減させる効果が期待できるといえる．

わが国では，要介護高齢者に対する家族間暴力を軽減させるためのソーシャルワーク実践スキルは，まだ体系化されていない．本稿で筆者が主張してきた家族システム論的視座に基づくアプローチが，要介護高齢者をめぐる家族間暴力に効果的なアプローチ手法の1つとして研究者や医療・福祉専門職に着目され，その専門的なアプローチ手法の習得のための研修プログラムが構築されていくことを願ってやまない．

注

1) 神奈川県川崎市宮前区野川地区で介護者サポートや介護情報誌を発刊して要介護者や介護者を支援する任意団体「すずの会」の代表者である鈴木恵子氏は，『介護殺人—司法福祉の点から（クレス出版）』の著者である加藤悦子氏の研究結果を引用しながら，介護殺人事件の背景と課題を次のように分析している（『月刊介護保険』No. 149, 2008年7月, 44-47頁）．「平成16年の国民生活基礎調査によると，要介護者と同居している主な介護者は，女性が74.9％，男性が25.1％と圧倒的に女性が多い．しかし，加藤氏が分析した平成10年～平成19年までに生じた介護殺人事件の加害者は，実の息子が34.6％，夫が34.3％を占め，圧倒的に男性である場合が多い．男性は，近親者の介護を献身的に行う人が多いが，家事が苦手だったり，地域社会とは疎遠だったりするし，ビジネスライクが身についすぎているので，差し伸べられた手もどう握り返したらよいのか分からないようである．また，要介護者の悪化する病状を目の当たりにした時に絶望感を抱くことが多いようである．加害者のこのような心理を鑑みると，介護者へのサポートとしては，①介護者が要介護者の症状をありのまま受容して問題自体と共存できるように援助するという発想への転換，②介護者の身体的・精神的サポートをする医療職の配備の充実や医療職の技術向上，③「すずの会」のように介護者のかすかなSOSをキャッチしてともに精神的に支えあう地域見守り団体や，地域の自治体や地域包括支援センターや社協や民生委員などとの連携をするなどの，地域福祉ネットワークの充実とその実効性の確保が必要である．」

引用文献・参考文献

伊藤敬雄・葉田道雄・舘野周ほか（2004）「介護ストレス以外の高齢者虐待の原因—

ADLが自立していた4症例報告からの検討」『臨床精神医学』33巻12号，1617-1622頁．
一瀬貴子（1999）「痴呆症高齢者の在宅介護者のストレスに対する資源の軽減効果」『家族関係学』18号，27-37頁．
一瀬貴子（2001）「高齢者の心中事件に潜む介護問題―心中事件に関する新聞記事の分析から―」『家族研究論叢』7号，25-39頁．
一瀬貴子（2001b）「在宅痴呆症高齢者に対する老老介護の実態とその問題―高齢男性介護者の介護実態に着目して」『家政学研究』48巻1号，28-37頁．
一瀬貴子（2001c）「高齢配偶介護者の，介護に対して抱く「生き甲斐感」の規定要因分析―介護開始以前の夫婦関係・人間関係形成状況との関連」『家族関係学』20号，119-131頁．
一瀬貴子（2002）「高齢配偶介護者の介護経験の基本的文脈―介護の肯定的価値と介護による否定的影響のパラドックス」『家政学研究』49巻1号，20-28頁．
一瀬貴子（2004a）「「介護の意味」意識からみた，高齢配偶介護者の介護特性―高齢男性介護者と高齢女性介護者との比較」『関西福祉大学研究紀要』7号，75-90頁．
一瀬貴子（2004b）「高齢家族介護者の「ストレス発生過程」に及ぼす「介護に対して抱く生き甲斐感」の影響―ストレス因果モデルに従ったパス解析による規定要因分析」『関西福祉大学研究紀要』7号，91-107頁．
一瀬貴子（2006）「家庭内高齢者虐待発生事例における家族特性と虐待発生頻度との関連」『第28回日本家政学会関西支部研究発表会要旨集』29頁．
一瀬貴子（2007a）「在宅介護場面における高齢者虐待に関する研究―虐待の判断に対する援助職の意識および初期対応の実態」『関西福祉大学研究紀要』10号，19-27頁．
一瀬貴子（2007b）「虐待が発生している家族集団の家族機能的適応能力と虐待発生頻度との関連」『関西福祉大学紀要』10号，169-177頁．
一瀬貴子（2007c）『家庭内高齢者虐待発生事例に対する社会福祉士のソーシャルワーク実践スキルの実態に関する研究』平成18年度研究成果報告書．
稲葉昭英・高橋潔ほか（1986）「家族ストレス論による単身赴任家族研究の試み―夫の単身赴任によって残された家族成員，特に妻は，いかなる困難に着目し，いかなる対処行動をとって，その困難を克服しているのか」『哲学』83号，251-285頁．
井上眞理子（2005）『ファミリー・バイオレンス―子ども虐待発生のメカニズム』晃洋書房．
井上眞理子（2007）『リスク・ファミリー―家事調停の現場から見た現代家族』晃洋書房．
加藤悦子・近藤克則・樋口京子ほか（2004）「虐待が疑われた高齢者の状況改善に関連する要因―介護保険制度導入前後の変化」『老年社会科学』25巻4号，482-493頁．
神山幸枝・岸恵美子・荒木美千子ほか（1999）「栃木県における在宅要介護高齢者虐待に関する調査研究―専門職へのアンケート調査より」『自治医科大学看護短期大学紀要』7号，67-73頁．
金貞任（2003）『高齢社会と家族介護の変容～韓国・日本の比較研究』法政大学出版局．

厚生労働省（医療経済機構）調査検討委員会（2004）『家庭内における高齢者虐待に関する調査（平成15年度老人保健健康増進等事業）』.
佐々木明子・高崎絹子・小野ミツほか（1997）「高齢者虐待と支援に関する研究(2)—3県の実態調査から」『保健婦雑誌』53巻5号，383-391頁.
田中荘司（2000）「わが国の高齢者虐待の現状」『社会学論叢』139号，91-115頁.
津村智恵子（2004）「日本の高齢者虐待の実態と特徴」『月刊総合ケア』14巻3号，17-20頁.
中谷陽明（1992）「在宅障害老人を介護する家族の燃えつき—Maslach Burnout Inventory 適用の試み」『社会老年学』36号，15-26頁.
新名理恵・矢富直美・本間昭（1991）「痴呆性老人の在宅介護者の負担感に対するソーシャルサポートの緩衝効果」『老年精神医学雑誌』2号，655-663頁.
新名理恵・矢富直美・本間昭（1992）「痴呆性老人の在宅介護者の負担感とストレス症状の関係」『心身医学』32巻4号，324-328頁.
松岡英子（1993）「在宅要介護老人の介護者のストレス」『家族社会学研究』5号，101-112頁.
松岡英子（1994）「在宅老人介護者のストレスに対する資源の緩衝効果」『家族社会学研究』6号，81-95頁.
翠川（和気）純子（1993）「在宅障害老人の家族介護者の対処（コーピング）に関する研究」『社会老年学』37号，16-26頁.
和気純子（1995）「在宅障害老人の家族介護者の対処（コーピング）に関する研究(2)—規定要因と効果モデルの検討：社会福祉援助への示唆と課題」『社会老年学』39号，23-34頁.
和気純子（1999）『高齢者を介護する家族—エンパワーメント・アプローチの展開に向けて』川島書店.

Bandura, A. (1977) *Social Learning Theory*.
Broderick, C.B. (1990) Family process theory, *Fashioning Family Theory*.
Browne, Kevin and Martin Herbert (1997) *Preventing Family Violence*. (= 2004, 藪本知二・甲原定房監訳『家族間暴力防止の基礎理論—暴力の連鎖を断ち切るには—』明石書店)
Chibucos, T.R, R.W. Leite and D.L. Weis (2005) *Readings in Family Theory*, sage.
Frude, N. (1989) The physical abuse of children, *Clinical Approaches to Violence*, pp. 155-181.
Gelles, R.J. (1983) An exchange/control theory, The Dark Side of Families, *Current Family Violence Research*, pp. 151-165.
Gelles, R.J. (1979) *Family* Violence.
Hollin, C.R. (1993) Contempory psychological research into violence, *Violence in Society*, pp. 55-68.
Kerr, Michael E. and Murray Bowen (1988) *Family Evaluation An Approach Based*

on Bowen Theory. (= 2002, 藤縄昭・福山和女監訳『家族評価――ボーエンによる家族探究の旅』金剛出版)

Lazarus, R.S. and S. Folkman (1984) *Stress, Appraisal, and Coping*, Springer Publishing Company. (= 1994, 本明寛・春木豊・織田正美監訳『ストレスの心理学――認知的評価と対処の研究――』実務教育出版)

Phillips, L. (1986) *Theoretical explanations of elder abuse: competing hypothesis and Unresolved Issues*, pp. 197-218.

第8章

「福祉文化」論への課題
―社会福祉史の研究を通して―

岩本真佐子

はじめに

　本稿の目的は，社会福祉史の原理的研究の分野でも特異な，播州織女子工員に対する自己覚醒の促進が，結果的に，地域住民の意識啓発をも推し進めることになった「共生社会」への取り組みを再考する．そのためには，それらを超高齢社会の担い手たるボランタリー精神の育成や実践力にいかに結びつけることができるか，が重要になる．そこで本論文では，「地域福祉」をキーワードに住民の生活改善に立脚した「福祉の質」を高める「福祉の文化化」・「文化の福祉化」の統合概念としての「福祉文化」論の再構築にいかに役立てられるか，を考察することにある．

1. 「福祉文化」の研究視点

(1) 「福祉文化」とは

　「福祉文化」という語は，「福祉」と「文化」の合成語である．いうまでもないが，「福祉文化」という用語は，単に「福祉」と「文化」とを合成させただけの言葉ではない．当然，そこには何らかの意図が働いたはずである．ここでは，その成り立ちや意図を探るところから始めたい．

　それでは最初に，「福祉」・「社会福祉」・「福祉文化」のそれぞれの語の意味について簡単に説明する．一般に，「福祉」は広義には幸福・しあわせ，狭義には「日常生活要求の充足努力」とされ，英語で言えば"Well-being"に近い用語である．他方，「文化」(Culture) とは，ラテン語の"耕す"(Cultura)

から派生してきた用語であるといわれ，最新版『新明解 国語辞典』(三省堂)には，「文化」とは「その人間集団の構成員に共通の価値観を反映した，物心両面にわたる活動の様式」であり，「狭義では，生産活動とも必ずしも直結しない形で真善美を追求したり獲得した知恵・知識を伝達したり人の心に感動を与えたりする高度の精神活動」であると記載されている．さらに，一番ヶ瀬康子は「文化」についてより平易な言葉で説明する．文化とは「環境に働きかけてより真なるもの，より善きもの，より美しいもの，聖なるものを生み出していく過程そのもの」(増子 2006: 14) であり，その根底には民衆による生活文化が横たわる，と述べている．

上記のように「文化」を捉えると，「日常生活におけるあらゆる福祉の要求実現と結びつく」(一番ヶ瀬ほか 1997: 3-4) といえよう．一方，「福祉」が「日常生活要求の充足努力」であるならば，以下の３つに大別できる．つまり，衣・食・住・保健衛生などに関する「基礎的生活要求」，家族・隣人・友人・仲間・職業などに関する「社会的生活要求」，遊び・レクリエーション・趣味・学習などに関する「文化的生活要求」等などを，人権尊重を基盤に生活全般にわたって具現化する努力の過程であるといえよう (一番ヶ瀬ほか 1997: 4)．ちなみに，「社会福祉」とは，上述の「福祉」という内容に加えて，政策・制度・法律などによって自主的に生活問題を解決するという仕組みを指すが，「福祉文化」とは増子勝義によると，「福祉がその国あるいは地域の文化といえるくらい，しっかりと人びとの生活のなかに根づいている状態」を指すという (一番ヶ瀬ほか 1997: 6)．

以上を総括すると，「福祉文化」という合成語には，「福祉」と「文化」とが大きく重なり合う部分——つまり，民衆が自分たちの日常生活において"人間らしく生きたい"と願いこれまで営々と築いてきた成熟の過程——が含まれているといえよう．「福祉文化」をこのような視点で捉えなおすと，「インフォーマルな福祉を起点に社会福祉にも具現化した文化的生活要求の充足をはじめ，広く他の生活要求充足努力における文化性も含んでとらえる概念」(一番ヶ瀬ほか 1997: 9-10) であるといえる．それはまた，「自己実現をめざして普遍化された"福祉"の質 (QOL) を問うなかで，文化的な在り方を実現する過程及びその成果であり，民衆の中から生み出された文化」(永山 2007: 2) であると

いえよう．

(2) 「福祉文化」成立の時代背景

本項では，わが国において「福祉文化」という概念がいかに成立したのか，その時代背景について簡単に述べる．

そもそも「福祉文化」という用語は，1962（昭和37）年の灘生活協同組合（現コープ神戸）における相互扶助活動の実践の中で，はじめて使われた言葉である（西脇市史編纂委員会編1983: 29）．当時，この言葉には従来から"福祉"に付与されてきた施し，恩恵，差別・偏見というイメージを払拭し，組合員相互のボランタリーな関係を築き，人間愛に充ちた福祉社会の実現を目差すという願いが込められていたという．

ところで，わが国において「福祉文化」という概念がいかに成立したのか，その時代背景について簡単に述べる．

さて，この「福祉文化」の思想はどのような時代背景の下に生まれてきたのであろうか．

第1には，高度経済成長期以降，人々の生活や価値観が大きく変わったことが関係している．とくに，人々が「生活の質」の向上を意識し始めたことに加え，テレビの普及も無視できない．ブラウン管を通して西洋文化が輸入され，国内の津々浦々に大衆文化が浸透していったこと，などが大きな影響を与えている．これにより例えば，1970（昭和45）年代には，知的障害者による"わたぼうしコンサート"のような文化活動が福祉現場へと浸透していったことがあげられる（西脇市史編纂委員会編1983: 29）．第2には，1981（昭和58）年の「国際障害者年」以降，ノーマライゼーションの考えが普及し，「福祉の質」が問われはじめたことによる（永山2007: 3）．第3は，上記の動向に加えて，わが国において「福祉文化」の概念の理論化・体系化をめざして，1989年に「福祉文化学会」（現在の日本福祉文化学会）が創設されたが，「福祉文化」の普及に弾みを与えた功績は大きいといえよう．

このような流れが，「福祉の質」の向上を目差す"福祉の文化化"およびノーマライゼーション理念の台頭，高齢化社会の到来により"生きがい"を求める人々によってレクリエーション・生涯学習などの"文化の福祉化"を促進さ

(3) 「福祉文化」の研究視点

もし仮に，人間の究極のしあわせが"自己実現"（A.H. Mazlow）であるならば，研究視点としてはまず，主体である"人間とは"への根源的な問いかけから出発すべきであろう．日本福祉文化学会では，研究者がともすれば忘れがちな"現場・実践から学ぶ"という生活者の視点を重視する．第2に，古来より文化の多くは，障害者の心の痛みへの問いかけから出発したが，それが現代へとどのように引き継がれたのか，その歴史的経緯を明らかにする必要があるだろう．第3に，「真に豊かな生活」を追求するならば，余暇などの自由な時間を自分なりに楽しみ，いかにその輪を広げていくことができるか，が重要な視点になる．第4に，文化が人間と環境（福祉環境も含む）の相乗効果を生み出すならば，高齢者・障害者にとっての快適な住環境とは，我々にとっても住みやすいはずである．そうであるならば，地域における生活者・当事者が参画する"まちづくり"の視点が必要である．最後に，「共生社会」における「福祉文化」の担い手は，ボランタリーな精神の育成と実践を通して主体たる"人間とは"という根源的な問いかけを絶えずしていかねばならないだろう．

2. 播州織女性史にみる「福祉文化」前史

(1) 地域社会の担い手による「福祉文化」創造

「福祉の文化の創造」という文言は，1997（平成9）年から1999（平成11）年までの社会福祉基礎構造改革に関する文書「改革の基本的方向」において，2つの特徴的な使われ方をしている（永山2007:2）．ひとつは，「地域福祉」をキーワードに，具体的かつ包括的な地域における援助活動である，としている点である．ふたつには，それぞれの地域社会において日常的に発生する生活・福祉などのニーズに対して，地域住民が主体的に解決する場である，としている点である．

1) 婦人会主導による地域改革

　ここでは上述の視点を踏まえ，播州織女性史の成熟過程において団体や地方紙が，核となって地域社会に展開した生活改善運動を論述する．

　昭和初期以前の「女工」の寄宿舎の設置は，一般に逃亡を防ぐための監視の手段にすぎなかった．播州織物も例外ではなく，1908（明治 41）年に建設された共同寄宿舎（生田昇太郎文書）は，「工女養成と其品性を高め」（『播州織同業組合沿革史』1950: 24）「裁縫等小学校程度の教育を施すべき嘱託教師を具備」（西脇市史編纂委員会編 1983: 1071）することを目的としながらも，実状は暗い室内と破れ障子の崩れそうな 2 階家であった．1918（大正 7）年，「宿舎狭隘・風紀矯正上実に寒心すべき」（西脇市史編纂委員会編 1983: 1071）を理由に，西脇の中心地"旭町商店街"に移築されたが，「三百余名の女工」（『播州織同業組合沿革史』1950: 24）の様子が，好奇の目に絶えず曝されていたであろうことは想像に難くない．1924（大正 13）年 11 月 23 日付『新播磨』には，当時の「女工」に対して「無自覚で，淫蕩，買い食いと饒舌」であると記される．

　その様子に，結成直後の西脇区婦人会（大正 9 年結成）が，「社会的に活躍せんと」，「女工」の生活改善に早々に着手したとある（『新播磨』大正 12 年 11 月 26 日付）．第 1 回目（翌 2 月 11 日）の講話会以降，婦人会幹部と専任教師が裁縫（月・木），学科（水，2 時間），作法，月に 1 回の精神修養講話会を実施した．その結果，"舎内の空気が一新した"と，喜びの声が掲載されている．

> 「婦人会のおかげだと　非常に喜ぶ女工さん」（見出し）
> 　一時余り面白くない評判の立っていた多可郡西脇町の共同寄宿舎は（省略す）毎週婦人会幹部が出張して専任教師と共に裁縫及び学科を教へ月に一回宛精神修養の講和会を開きつゝあるので最近は舎内の空気が一新し女工達も婦人会のおかげと非常に喜んでいる（『新播磨』大正 13 年 3 月 11 日付）．

　このように短期間で予想外の成果を上げた生活改善運動は，婦人会の働きが直接であるとはいえ，寄宿舎内で寝食を共にした 5 名の舎監，機業家たち，講

話に駆り出された者，町長，警察署長など，多くの人々の力添えがなかったら実現しなかったに違いない．文字どおり，地域の人々が一丸となって成し得た地域改善の好事例といえよう．しかしながら，これによって「女工」に対する差別・偏見が消滅したという訳ではなく，1955年代に至るもあいかわらず差別の対象であった．例えば，1960（昭和35）年に発行された『働く女性新聞』に，"なぜ女工と蔑まれるのでしょうか"という嘆きの声が投稿欄に掲載されていることからも窺える．

2) 青年団主導による地域改革

多可郡全域の青年団活動については不明ではあるが，日野村男子青年団が女子工員の「職場青年団」の結成および青年団との交流に力を尽くしただけでなく，当時，沈滞ムードにあった既存の青年団にも活力を与えた．

そもそも日野村男子青年団の結成は，当時の「日野村発行物」によれば，「明治36年前ハ各部落毎ニ若連中ト称スル青年ノ団体アリシガ，同年ニ至リ部会青年ヲ組織シ更ニ40年ニ各部落青年会ヲ統一シテ日野村青年ヲ組織セリ」とある．その事業は修養方面，公益事業，社会教化，収益事業，娯楽など多岐にわたり，村落内において重要な位置を占めていた．

日野村には1924（大正13）年4月30日現在，12支部あり，団員数は合計120名（但し，1支部の人数は不明）であったという．その事業は，①修養方面…集会，書籍・新聞・雑誌回覧，視察旅行，一夜講習会，早起会，②公益事業…林道修繕・道路危険物排除，貯金奨励，交通安全，掲示，電灯料の集金，納税の世話，下水排除・溝の掃除，道標設置，夜警，交通安全，③社会教化…祭典幇助，入退営兵送迎，風紀取締，模範者の表彰，納税の世話，統計，戸主会及び婦人会の幇助，④収益事業…柿樹栽培，薪採り，柴刈り，統計手伝，試作，里道の砂利持，竹林管理，米麦作，夜警，桑園，山番，共同理髪，⑤娯楽…囲碁，将棋，角力，尺八，器械体操，屋台，談話会，旅行，撃剣など，その活動範囲は広い．そのため村人からは頼られ，若者の人格形成としての重要な場所になっていた．このような若者の「通過儀礼」としての場は，古くから日本各地で行われていた．

さて，「職場青年団」結成は，1956（昭和31）年5月2日の西脇市文教委員

第8章 「福祉文化」論への課題

会の席上において，"女工さんの社会教育はどう扱われているのか""青年団に加入させ，地元の人々との交歓会を開催することはできないのか"の発言がきっかけである（『西脇時報』昭和32年1月26日付）．この問題は，各方面に大きな波紋を広げた．日野村3地区の青年団定例会において，さまざまな意見が出された．推進派は，遠い異郷から働きに来ているのだから手を差し伸べてやるべきだ，消極派は，地元の青年団自体が未熟な現段階で指導に自信がない，折衷派は，確かに結成は好ましいに違いないが時期尚早だ，など議論が百出した（『西脇時報』昭和32年1月26日付）．

結局，新しい時代の先取りだとして，日野村青年団が中心となって，まずは工場内への出向による交流・料理講習会への講師派遣から取り組むことになった．これに呼応した形で，西脇市社会教育課が日野村地区を「職場青年団育成モデル地区」に指定し，側面から支援することを確約した（『西脇時報』昭和32年5月12日付）．勢いづいた日野村青年団は，女子工員とバレー球技や歌合戦など，交流の輪を広げて行った．同じ頃，同地区の工場（宮六織布）において「職場青年団」第1号が結成され，工場内の改善に取り組み始めた．申し合わせ事項として，年齢の上下に関係なく熟練者は親切に教える，他人の中傷や陰口を言わない，よい織物を作るために技能の習熟に心がける，などが定められたことで職場の雰囲気が一変し生産性が向上したとある（『西脇時報』昭和32年3月5日付）．

だが，日野村青年団が「職場青年団」の取り組みにかくも熱心だったのは，既存の青年団がすでに形骸化していたことと深い関係があったといえよう．当時，青年団は役員や幹部が役目上，出席するだけの存続さえ危うい末期的状況にあった．というのも当時，青年団活動に熱心な者は雇用主に煙たがられ，就職さえ覚束無いという有様であった．雇用主の無理解は，青年団活動と仕事との両立を益々困難にし，若者の足が遠のく大きな要因となっていた．もちろん，これも大きな要因であったかも知れないが，筆者には青年団活動が当時の若者を惹きつける魅力に欠けていたことが衰退の原因ではなかったか．

かつて青年団は，男子は「若者宿」・「青年会」，女子は「処女会」などと呼ばれ，1箇所に集まって社会のしきたりを学び，地域社会の行事を担う若者の「通過儀礼の場」として重要な役割を果たしてきた．ところが戦後，とくに高

度経済成長期以降，社会構造が大きく変動し，出稼ぎ・集団就職という形で一家の大黒柱が次々と村を去り，青年団活動を担う若者がいなくなった．現在では過疎化がより進み，「限界集落」「消滅集落」が数多く存在するようになった．その一方で，地域社会では人々の結びつきが益々希薄化し，自分さえよければという考えが横行し「モンスターペアレント」という摩訶不思議な言葉さえ生み出されている．このような世相においては，高齢者や障害者という，いわゆる「社会的弱者」と呼ばれる人だけでなく，すべての人にとっても生きづらく魅力のない社会であるのはいうまでもない．それはまた，現代まで山を守り，田を耕し，あらゆる文化遺産を守るために血や汗を流してきた多くの先人の努力に逆行するものであるといえよう．

(2) 地方紙による「福祉文化」創造

播州織機業地では，大正から昭和中期にかけて『新播磨』『西脇時報』『播磨新聞』『播州タイムス』など，多数の地元新聞が創刊された．中でも，多可郡初の『新播磨』（創刊号は大正10年11月19日，主幹：高瀬庫逸）は，地域社会の改革・発展に大いに貢献した．創刊号には新時代の幕開けを告げる"世界は法律によってよりも，寧ろ与論によって支配せらる"の文字が躍る．足元を見据えた文面は，記事統制による廃刊（昭和15年8月）まで続いた．高瀬の社会貢献は，青年儀国会の開催，織物祭の提唱，三高野球部の招聘，工業高校設置の陳情，知識人の「八日倶楽部（クラブ？）結成など，多岐にわたった（岩本1999）．

『新播磨』廃刊後は，『西脇時報』（昭和26年創刊から現在も続く．主幹：大前百太郎）が地域改革の先導役を果した．例えば，女子工員の関連でいえば，1959（昭和34）年「女子工員を守る運動」が挙げられる．当時，西脇地方では女子工員がらみの痴漢，誘惑による逃亡や自殺などの性犯罪が多発していた．そんな折，『西脇時報』主催の座談会の席上において，"夜，安心して歩きたい"という女子工員の言葉を受け，西脇多可防犯協会が中心に進めた運動は機業地全域に広がった．例えば，蔑称「女工」を女子工員・女子従業員に改称され，婦人相談員創設，門灯の深夜点灯，防犯灯増設，工場内の定期会議の開催，教養講座開設，"悪の巣"八千代座閉鎖，不良雑誌・映画の追放等など，10か

月にも及ぶ町ぐるみ運動は予想外の展開を見せ，少年非行の防止にもおおいに役立った．

　時代はまさに，全国的にも中卒者の労働力払底から「金の卵」といわれた頃で，この運動により封建的機業地のイメージを一新し，労働力不足を一気に解消したいとの強い願いが込められていた．

3. 「福祉文化」再構築への視座

(1) メディアと「福祉文化」
1) 播州織女性史に学ぶ情報弱者へのアプローチ

　1960（昭和35）年10月2日，女子工員のための『働く女性新聞』（主幹：大前百太郎，月1回のタブロイド版）が創刊された．紙面には，西脇市長による"精神修養の大切さ，余暇の善用，消費の計画性"の寄稿文，愛媛県知事・琉球局長らの工場視察と女子工員との談笑，工場主のアメリカ視察時の様子や妻が食事の献立や親元への心遣いを述べ，女子工員は「生きがい」がほしい，「女工」と差別された悔しさ等など，身近な記事が満載されていた．

　女子工員の意識の高揚は，地域ぐるみの「女子工員を守る運動」が直接契機になったとはいえ，当新聞が果たした役割は中卒後，四国・九州地方から集団就職でやって来た女子工員を，時には慰め，早期転・退職の歯止めとなり，時には平板な生活に潤いを与えた．次第に，女子工員の積極的な意見が増えている．例えば，運動会・映画鑑賞会の開催希望，派手な服装や赤く染めた髪を改めプライドを持つ，通信制高校の勉強時間の確保と苦手な数学・英語の克服のために西高教師の指導を希望，工場内に生産向上・自己研修会の設立，巡回図書要望，「女工」の呼称に嫌悪感を抱きつつ，払拭するにはもっと教養を積まねばならない，と自戒を込めた真摯な言葉が溢れるようになる．

2) 福祉と情報環境

　以上，地元紙である『新播磨』・『西脇時報』および青年団・婦人会が，地域社会の牽引力となって発生している問題に真正面から取り組み解決してきた事例を述べた．もちろん当時は，今日でいうところの「福祉」や「社会福祉」と

いう言葉は存在していなかった．しかし，地域社会の人々に訴えかけ問題を改善・解決するという取り組みは，現代にいう，いわゆる「地域福祉」のあり方そのものではないだろうか．少し前まで，地域社会では生活のあらゆる場面で人々が助け合い，感謝し，お年寄りを敬い大切にする，豊かで安全な社会であった．しかし，今や超高齢社会に突入するのは目前となり，すでに医療費や年金が国の予算を圧迫している．そのため，多くの問題を山積したまま在宅介護が見切り発車のごとく推し進められ，多くの悲劇を生んでいる．下記は，その一例である．

『朝日新聞』平成20年4月10日付
「在宅介護／孤独の淵に／母を絞殺／老人施設部長逮捕」（見出し）
　記事の概要は，子どもが巣立った後，働きながら年老いた母親の世話を1人で担っていたが，疲労から眩暈，発熱に見舞われ，訪問介護を依頼した．にもかかわらず，頼んだはずのヘルパーが来ない，知らない間に母親が骨折，取り付けられた尿の管が閉められたまま，という不注意による事故が相次ぐ．業者と話し合うが埒があかぬまま，県や市に相談するが「業者への監督権限がない」「当事者間で円満解決を」と堂々巡りとなる．勤務する施設からも，「他の介護業者とのトラブルは困る」と入所が叶わず，母親も自宅にいたいと願う．だが，経済的な事情から自宅は人手に渡り，万策つき果て殺害に至る，という痛ましい内容である．
　本事例だけでなく，「老々介護」に纏わる悲劇はよく似ている．だが本件は，情報や社会資源の知識に熟知しているはずの介護職の専門家であったにもかかわらず殺害に至る，というところに問題の根深さがある．そして，いつも後でいわれることだが，心中や殺害という選択肢しかなかったのか，手を差し伸べる者が周囲にいなかったのか，という点である．いまや，介護の当事者になることは他人事ではない．1人が4人の老親の介護を担うとか，90歳を超えた高齢者夫婦の「老々介護」も現実問題となった．今後，益々増加する後期高齢者人口は，介護，年金，医療，就業，住宅，生きがい・社会参加，生涯学習などの，生活のあらゆる分野での"しきり直し"が求められているといえよう．
　また，最大の課題として，高齢者，子ども，視覚・聴覚者に対する「情報環

第8章 「福祉文化」論への課題　　　155

境」の整備が挙げられる．すでに福祉の世界でも先端機器が導入され，国や自治体の福祉・保健情報などが瞬時に入手できるようになった．反面，上記のような事件を目の当たりにするたびに，はたして必要な情報が必要とされる人に届いているのだろうか，という疑問がある．いうまでもなく，「福祉の質」とは，このようないわゆる「情報弱者」が抱える多くの問題を改善・解消することが含まれている．あらゆる人がより豊かに，より幸福に，より安全に生活できるような社会にするためには，不断の努力が必要である．

　さらに，先端技術の情報化は利便さの反面，甚大な被害を及ぼす．例えば，個人情報保護の遵守がうるさく言われているにもかかわらず，無知のため，ちょっとした不注意で，あるいは故意に，情報がネット上に流出し，甚大な被害を蒙ることが往々にしてある．また，インターネットや他のメディアなどに伴う組織の巨大化と世論操作，情報の独占化，情報の真贋の見極めなども，今後はより一層困難になることだろう．いうまでもなく，情報の複雑化・肥大化は，モノの本質を見え難くする．しかし，国や行政は必要な情報を開示する義務がある．これは，福祉と情報を考える上においても不可欠の要件であることはいうまでもない．

(2) 「福祉文化」論の再構築に向けて

　現在，"福祉の文化化"も"文化の福祉化"も，「地域福祉」をキーワードに展開している．だがいま一度，両者の立場から我々にとっての「真の豊かさ」とはなにか，を捉え直す作業が必要ではないだろうか．問い直しには，原理的研究こそが鍵になる．なぜなら，そこには我々が見失った原点と新たな視点が見えるからである．

　改めて特記するまでもなく，「福祉文化」に着目し，日本福祉文化学会の立ち上げに尽力したのは一番ヶ瀬康子である．現在，学会誌『福祉文化研究』の投稿は，暮らしの中，スポーツ・レクリエーション，芸術，宗教，教育，メディア，企業活動，科学技術，建築，法律（法制度），フィナーレ，文化，外国，ジェンダー，その他，の14分類とされる．もちろん時代の要請であるとは承知しているが，1989（平成元）年の学会創設以来，高齢者，障害者に関する投稿や書物が多く，法制度・政策の分野が皆無である．この点について，当学会

の永山誠は『福祉文化研究』の巻頭言において,「政策分野で推進されている『福祉の文化の創造』に関する取り組み状況や関連情報はなぜか極端に少ないようにみえる」(永山 2007) と述べる．さらに,今後の課題として,「福祉文化の研究方法,観察方法等について新たな工夫が必要であるとも考えられる」,ともいう．これは「福祉文化」がいまもなお,新たな方向性を模索しつつ試行錯誤している証左といえまいか．

既述してきたが,「福祉文化」が追求する方向性とは,従来の,いわゆる「弱者」だけに偏在する仕組みではなく,誰もが生き生きとしあわせな生活を送ることのできる社会を構築することであり,社会福祉にいうところの"質の向上"(QOL) を追求することであるといえるだろう．そしてまた,表層的な「福祉教育」を点で行うのではなく,老若男女にかかわらず,一生涯を通じて「人権教育」を基軸にした実践教育として継続していく必要性を強く感じる．

おわりに

真贋混在する膨大な情報が一方的に垂れ流される時代にあって,いまや重要なのは"検索する力"以上に,自分自身で正しい情報を見極め,"取捨選択する力"であり"問題解決する力"ではないだろうか．現在,多用な機能を有するパソコンの便利さが好まれ,新聞の購買率が大幅に落ち込んでいるが,新聞はもはや無用の長物だろうか．筆者にはそうは思えない．

例えば,2008 (平成 20) 年 2 月 17 日付『朝日新聞』紙上で,作家の島田雅彦がインターネットと新聞の特徴について,以下のように述べている．要約すると,インターネットはブログからの転載もあり信頼性に欠ける,ピンポイントな読み方になりがちである．他方,新聞には信頼性・一覧性がある,知識を自分で咀嚼し考える訓練の場になる．今後,新聞に期待すべきことは,記事の背景に世相が透けて見える,世論におもねず,かつ世論を大切にするという点である,と主張する．現在,情報化は益々進化し,"情報を制する者は先んず"とまでいわれる．だが,災害時にパソコン・携帯電話が用をなさなかったという事例を踏まえ,さらに,目前の超高齢社会に向けて,さまざまな情報伝達の手段を用意しておかねばならない．新聞の役割は,今後よりいっそう重大にな

るにちがいない．

　なぜなら，現代社会は，「福祉」と福祉が根付いた生活様式である「福祉文化」との共通項「福祉の質」「豊かな生活」に逆行して進んでいるのは明らかである．人間関係が希薄になり"我関せず"の風潮が蔓延している．だからこそ，各団体の接着剤として地元密着型のタウン紙や地元新聞のような身近な新聞がもっと見直されてもよいのではないだろうか．なぜなら，地域住民に対するボランタリーな精神の育成・実践化は，眼前に迫り来る超高齢社会における急務であり，重要課題といえるからである．その際，本論文で取り上げた「人権教育」に根ざし地域改革運動の実践事例が参考になるに違いない．また，このような民衆の生活に密着した文化こそ，「福祉文化」を高め拡げる原動力になるといえるだろう．

参考文献
一番ヶ瀬康子・河畑修・小林博・薗田哉編（1997）『福祉文化論』有斐閣ブックス．
岩本真佐子（1999）「播州織『女工』疎外史―"はじめて「女工」と呼ばれて"から"「人権獲得」に立ち上がる"まで―」神戸新聞総合出版センター．
増子勝義（2006）『福祉文化の創造』北樹出版．
永山誠（2007）「地域社会と福祉文化」『福祉文化研究』Vol. 16．
『播州織同業組合沿革史』（1950）．
『西脇時報』昭和 32 年 1 月 26 日付．
西脇市史編纂委員会編（1983）『西脇市史本編』．

ated with the marker.

第9章

音楽と福祉
―収容所における音楽療法―

古 瀬 徳 雄

はじめに

　ゴッフマンは「全制的施設とは，多数の類似の境遇にある個々人が，一緒に，相当期間にわたって包括社会から遮断されて，閉鎖的で形式的に管理された日常生活を送る居住と仕事の場所」（野田 1995: 189）と定義している．この定義をもとに欧米社会の全制的施設を5つに分類したものと，わが国における施設と照らし合わせてみる．

　ひとつが，介護，支援を必要とする障害者，高齢者，児童などの施設．次に，自分の身の回りの世話ができず，自己の意思とは関係なく社会に対して影響を与えるために設置された結核療養所，精神病院，ハンセン病療養所など．3つ目は社会に対して意図的危害を加える恐れがあると，人々を社会から守るために組織されている刑務所，強制施設，捕虜収容所，強制収容所．4として効果的に遂行することを意図して設置され，正当化されている施設として兵営，船舶，寄宿学校，合宿訓練所，植民地的商館など．さらに世間からの隠棲の場所として設置された，信仰活動を行なう僧院や修道院もあてはまる．

　野田は，1995年1月17日に起こった，阪神大震災による被災地も短期間であるが，4番目の施設の概念に入るとしている（野田 1995: 189-92）．すなわち被災者の救助を効果的に遂行することを意図して設置され，被災地全体を施設化として捉えている．ゴッフマンは，施設の特徴を睡眠や食事，勤務や就労，余暇の生活の各領域を区画する隔壁がないことであるとしている．特に避難所の生活を見ていくと，第1に生活の全局面が同一場所で同一権威に従って送られ，第2に被災者が全員同じ扱いを受け，同じことを一緒にするように要求さ

れ、しかも他人の面前で進行すること、第3に日が経つにつれ、毎日の活動が整然と計画され、ひとつの活動はあらかじめ決められた時間に行なわれ、決められた時間に次の活動に移っていく、これらの一連の活動をみれば、施設化という概念にあてはめてもよいだろう。この施設としての特徴は、災害が襲ってくると、「災害にあった人」として集合的に捉え、「援助される側」と「救助する側」に分かれ、救援者と被災者が、「する人」と「される人」との役割に分離していくことであり、自然の猛威に対する人間の無力感と抑えがたい興奮という2つの反応とともに、復興への営みの鼓動が、徐々に伝わってくるところでもある．

2004年10月20日、遅い時期に上陸した台風23号が、京都府北部の大雨により由良川の氾濫を引き起こし、豊岡市の乗客を乗せたバスの車内に濁流が、轟音とともになだれ込み、屋根の上に必死に脱出する．水量は腰まで達し、バスが巻き込まれれば、全員もろとも命はない状況である．まさに屋根の上という限られた同一場所で、同一権威とはこの場合は、自然の猛威であり、男女や老若の生活の隔壁も何もない状況、いわば施設と化した場所といえるのではないか．本論では、この事実も施設の定義にあてはまると解し、取り上げていくことにする．

1. 大戦下における収容所での音楽活動

(1) シベリアの収容所

第2次大戦後、満州や朝鮮半島、中国北部にいた日本人は60万人いる．加藤直四郎[1]もその1人である．終戦によりシベリアに抑留され、捕虜として強制労働に従事した．コンサムルスクに近い102収容所、さらに北西約200kmの302収容所における生活を、彼の『シベリア捕虜日記』[2]から記述する．

【1945年10月11日】
夜、衛兵所の外にある監視所の不寝番を命じられて行った．ソ連兵が2人いて、何か話しかけて来るが、何を言っているのかわからない．戸惑っていると、彼ら2人がいきなり歌いだした．それがまた、何とも言えず美しい二重唱でた

まらない．

　僕はストーブに薪をくべながら，小さな紙の切れ端に五線を引いて，2人のメロディーを書き取っておいた．歌が止んだ時，そのメロディーをそれぞれ歌ってみせたら，2人で顔を見合わせ「どうして，それがわかるのか」と，不思議そうな，しかし大喜びの様子で，「名前は何と言うか」と聞いた．「カトー」と答えると，握手を求めてきて，早速2人と仲良しになってしまった．それからは，やたらと「カトー，カトー」と呼び，「お前も歌え」と言いながら，次から次へと歌い出し，楽しかった夜間勤務は，あっという間に終わってしまった感じだった．（加藤 1995: 74-5）

　加藤は，久しく耳にしなかった美しい音楽に心を動かされた．彼の聴音能力の秀逸さで，音楽は国境を越えて響きあい，たくさんの人の声が溶け合った時の，言い知れぬハーモニーの味わいが，加藤の心に蘇ってきたのであろう．次第にアンサンブルを試みようと動き始める．

【11月24日】
　僕はこれら戦友の間で何とか合唱ができないかと考え，勤務の間の休憩時間などに1人ひとり合唱に興味があるかどうかを尋ねて回った．そして，その話し声からテナーの声か，バスの声か，大体の見当を付けておいた．（加藤 1995: 152）

【11月某日】
　その結果，第1テナー，第2テナー，バリトン，バスの各々1人ずつを見付け，男声カルテットを始めた．ほとんどの人は譜面が読めないので，兵舎に帰ってから，新聞の白紙に譜を書いて，1人ずつ丹念に指導した．練習を重ねた結果，次第に上手になり，遂に男声四部合唱ができるまでになって来た．皆，それぞれよい声をもっているのでハーモニーした時の響きは，何とも言えぬ魅力がある．（加藤 1995: 153）

【12月某日】
　前に集めた4人の男声合唱を中心に，次第に誘いをかけて，この頃では10人ほどの愛好者が集まるようになった．作業後の兵舎での思い思いのひととき

を，愛好者たちが入り口の土間で合唱を楽しむのだ．楽譜などないから，僕が適当にアレンジした曲を指導する．夕食を終えて練習を始めると，ソ連兵が次々とこの合唱に聞きに来る．合唱のメンバーの数より見物のソ連兵の方がはるかに多い．そして，約2時間の練習時間を立ったままで，飽きることなく聞いている．ソ連人は何と歌が好きなのだろうと，改めて思わされた．（加藤 1995: 160）

合唱団が結成され，次第に成功していったが，反対の意見もでてくる．せっかくの休み時間に合唱など煩わしいからやめるようにと抗議が出たために，加藤は断念しかけた．それを救ってくれたのはソ連兵であった．ソ連の軍医が，夜は医務室が空いているから使えと言ってくれたので，医務室で練習することになる．

【12月某日】
医務室での最初の練習．ここでは話し声もなく静かで，合唱練習にはもってこいの場所だ．練習に身が入り，大変まとまって来た．ソ連の軍医さんが聴きに来て，大変立派だと褒めてくれた．帰りに1人ひとり全員に，タバコの葉を1つまみずつくれた．タバコは貴重品で，僅かの配給しかないので，全員大喜びだ．（加藤 1995: 162）

【12月某日】
こうして合唱団の数はどんどん増え，20人近くにもなった．最初，タバコ欲しさに集まって来た連中も，毎日の練習で次第に音楽に興味を持ち始めたようだ．歌っている顔を見ても如何にも楽しそうである．僕は本当に良いことを始めたと思った．（加藤 1995: 163）

【12月某日】
合唱練習中，突然，伐採した樹木で顎を怪我した戦友が担架で担ぎこまれて来た．僕は遠慮して，直ぐに合唱を止めて戦友を見守った．すると，軍医さんは「合唱は止めなくてよい．お前たちはそれが仕事なのだ．俺は隣の手術室で患者の手当てをするから，お前たちは遠慮なく合唱を続けろ」と言われた．日本人の感覚と随分違うなと思った．歌を遊びと考えるのと，仕事だと考えるの

との相違ではないだろうか．（加藤 1995: 164）

　タバコ欲しさに集まった人たちも，音楽の楽しさを覚えていくのである．音楽療法を広義で捉えるとすれば，手術中の医師，看護師，患者に対してBGMを流すこともその1つと言えるが，加藤は合唱を続けることで，これと同様のことを実践した．

【1947年3月某日】
　夜中，ソ連兵から「煙突運搬のため，すぐ2名出ろ」と言ってきた．他に兵隊がいないからと，引っ張り出されて行ってみると，煙突の運搬ではなく，ピストル自殺をしたソ連兵の死体を焼き場まで運ぶ作業だった．焼き場は500メートルばかり離れた森の中にあって，人っ子1人いない寂しい場所だ．戦友と2人で死体を乗せた担架を担いで行った．
　途中，折からの解けかかった雪に足を取られ，何度も何度も，雪の中にはまり込んでしまい，抜け出そうにも担架の重みでどうにも抜け出せない．何とか這い上がっては沈み，また這い上がっては沈みして，歯を食い縛って暫くのことで焼き場まで運んで行った．焼き場に辿り着いたときには，全身の力を消耗し切った感じがした．それにしても，煙突運びだなどと騙して，ひどい使い方をするものだ．怒りが込み上げて来た．
　屍小屋の台の上に死骸を乗せて，掛けてある覆いを外してみると，ピストルの弾は左のこめかみから右のこめかみを貫通している．弾が撃ち込まれた側はそれほどでもないが，反対側の筋肉は破裂したようにガバッと口を開き，血まみれで凄絶の限りであった．現役のソ連兵が自殺するのには，よほどの苦しみを味わった結果なのであろう．彼のために心から祈る気持ちになった．と同時に，捕虜である自分には，まだ生きる希望が残されていることに，改めて感謝したい気持ちになった．（加藤 1995: 167-9）

　加藤のロシア正教への深い信仰と音楽に裏付けられた人間性は，戦争を超えて人を救っていくのである．

(2) ヨーロッパにおける収容所

　1935年にニュルンベルグの党大会で「ドイツ人の血と名誉を保護するための法律（血統保護法，いわゆるニュルンベルク法）」を採択し，異人種間の結婚を禁じるなど全ドイツ人の健康管理をはじめ，超医療国家となったナチスドイツは，障害者の安楽死を認め「慈悲による死」という名目で7万人以上を虐殺した．

　ナチスドイツの大量殺人は，最初は国内の精神障害者が対象になっていた．1933年成立した「ナチ断種法」（遺伝病の子孫を予防するための法律）により，精神薄弱者，統合失調者，躁うつ病患者，てんかん患者，重症アルコール依存患者，重度障害児などが対象になった．1940年4月に安楽死計画が大規模に展開されはじめ，ドイツの国内4箇所の精神障害者施設に，ガス室と焼却炉が付設され，アウシュビッツのユダヤ人虐殺の2年以上前に精神障害者の虐殺が始められていた．ナチ政権下でこの法律によって「強制断種」の犠牲となった人の総数は，20から35万人に上るとされている．アウシュビッツ強制収容所などでの大量殺人（ホロコースト）は，そのまま拡大し，対象を精神障害者からユダヤ人へと転換したのである．強制収容所でのユダヤ人の犠牲者の数は400万人以上と推定されている．

1) ワルシャワ・ゲットー収容所

　カプランと彼の妻は，1942年12月か43年の1月に，トレブリンカ絶滅収容所で殺害されたと推測されている．友人ルビンシュテインは毎日，ゲットーの外での強制労働に就かされ夕方には戻ってきた．彼はカプランの日記を1冊ずつ密かに持ち出し，ポーランド人のヴワデスク・ヴォイチェックに渡し，その後アメリカに移住することによって奇跡的にこの日記は残ることになった．ユダヤ民族の迫害と拷問の苦しみ，飢えをはじめ，ゲットーでの精神生活の記録である．(Kaplan 1993: 12-3)

【1939年9月26日】
　空の悪魔がやって来てこの不幸な都市の上空を「旋回」すると，誰もがシェルターと呼ばれる暗い穴倉の避難所へ走って行く．誰もが死の恐怖を顔に浮か

べ，静まり返る．キリスト教徒はすぐにひざまずいて聖歌を唱い，正統派のユダヤ教徒は死の祈りを朗唱する．（Kaplan 1993: 42）

　ナチスは軍歌を歌い行進する一方で，ユダヤ人たちは普通の世界から切り離された生活を強いられ，希望を断たれ悲劇的な状況の中で，祈りの歌や，聖歌を歌うことによって，ユダヤ人の不屈の信仰が持続される．ゲットーのユダヤ人の間で歌われた歌は「わたしは，まったき信仰をもって，メシアの到来が遅れようとも，それでも信じる」の歌詞ではないかと考えられる（Kaplan＝1993: 22）．

　加藤は1人のソ連兵の自殺を葬ったが，ポーランドのユダヤ人から自殺者がほとんど出ていない事実がある．恐ろしい惨禍の中で生き続けていこうとする生への希求は，信仰を固く守ろうとする強い意志に根ざしているのではないだろうか．

2）アウシュビッツ収容所

　アウシュビッツ収容所は，ポーランドのオシフェンティムにある．ホロコーストの拠点として，ここでは200万人以上が犠牲になった．第一収容所は管理本部がおかれ，第二収容所のビルケナウは，絶滅センターがあり，第三収容所のモノヴィッツは，巨大合成ゴム工場の跡地であり，正門には，「Arbeit Macht Frei」（働けば自由になる）が掲げてある．

　ファシズムの支配の国家内政の極限状況を示すナチス強制収容所における，阿鼻叫喚の事実を知る重要な記録を著した，V.E. フランクルの『夜と霧』の記述を示す．

【収容所2日目】
　私はアウシュビッツにおける2日目の夜のことを決して忘れないであろう．その夜私は深い疲労の眠りから，音楽によって目を覚まさせられた．収容所の士官がバラックの入り口の近くにある彼の居室で何か祝い事でもしているらしかった．そして酔いどれた声が流行歌を怒鳴っていた．しかしそれから突然静かになり，――やがて1つのヴァイオリンが，余り弾かれない，限りなく悲し

いタンゴを弾き始めた——ヴァイオリンは泣いていた．そして私の中でも何人かが涙を流した．なぜならば丁度この日，ある人間は24歳の誕生日を迎えたからである．この人間はアウシュビッツのどこかのバラックに横たわっている筈であった．従って私と数百メートルあるいは数千メートル離れているだけだった．——この人間とは私の妻であった．（Frankl 1985: 131）

このように家族ぐるみで捕縛され強制収容所に送られた後は，容赦なく異なる施設に引き裂かれ，互いに安否は何1つ知らされなく，1つのヴァイオリンの音色だけが，誕生の祝いを結びつけている．

【アウシュビッツ収容所の演芸会】
　時々，臨時の演芸会が催されることがあった．1つのバラックを会場に，木のベンチが運び込まれて並べられた．夕方，収容所の比較的よい待遇を受けている者，たとえばカポー（内部リーダー）達や，戸外労働に出なくても良い収容所の人たちが，昼の疲れにかかわらずやって来るのだった．歌われる幾つかの歌，吟ぜられる幾つかの詩，収容所生活に関する風刺的な傾向を持つ幾つかの冗談に，彼等は少しばかり笑い，あるいは泣き，これらはすべて，現実を忘却するのに役立ったのである．
　実際に良い声をもっている者は，樽の上に上って，集まった人たちの前でイタリア風のアリアを朗々と歌った．われわれはそれを堪能し，彼には具の入ったスープを2倍，配給されることになった．（Frankl 1985: 128-9）

【ビルケナウ収容所】
　アウシュビッツでの音楽の活動は，ユダヤ人に対しての団体行動の「規律」としてのものと，ナチスの看守に対しての「慰安」とに分けられる．「規律」は，栄養不足から痩身になったユダヤ人が行進曲の二拍子によって強制労働にでかけるため，ユダヤ人楽団の演奏するマーチによって歩調をとらされ，団体行動の「規律」を強要された．
　ビルケナウの楽団でシンバルを叩いていた元ヴァイオリニストのヘンリー・マウアーは次のように回想している．

「……ビルケナウには4つの火葬場があり，1日中稼働していて，それはどの囚人の視野にも入り，空気は燃える人間の肉の臭で充満していた．こんな恐ろしいところで，私は音楽を演奏することを強いられたのだ．私はいわゆる囚人楽団の新入り楽員になった．この楽団は最大45人の団員を持ち，主な任務は行進曲を演奏することだった．その音にのって，何千人もの囚人たちが毎朝出勤していき，晩にはまた行進して帰ってくる．晩の人数は朝のとは違っていた．多くの者がこの日を生き延びられなかったのだ」（明石 1995: 191）．

「慰安」は，主に収容所の看守のために供されたものであり，オランダから来たジャズミュージシャンのバンドを楽しみ，演奏曲は，敵国民であるアメリカ人作曲家のガーシュインやホレンダーなどを求めたとされる．演奏したのはユダヤ人であるが，それを聴き拍手を送り，一緒にロずさんだのは殺す側であり，我々の楽団とまで言わしめたナチスであり，看守たちは音楽に涙することはあっても，ユダヤ人たちの死に涙することはなかった．

【テレージェンシュタット収容所】

チェコスロヴァキアのプラハの北60kmにあり，18世紀に皇帝ヨーゼフ2世により建設された軍事要塞があり，要塞をそのまま収容所として利用した．主に他の収容所への中継点にかかわらず，4万人が死亡している．

テレージェンシュタット収容所の音楽活動は，偽装工作のためのものである．「死の工場」で何が行なわれているのか国際的に疑惑が高まる中，ナチスは実態を隠蔽するため，活発な文化活動を展開することを命令した．この収容所には，チェコのユダヤ文化人も多く含まれ，1942年には「余暇形成」のもと自主組織も作られ，演劇，音楽，外国語，スポーツの各部門を軸に，音楽はオペラ，器楽，軽音楽に分かれた．いつアウシュビッツ行きのリストに載るか分からない過酷な状況であっても，各種の音楽が鳴り響くようになっていた．

オペラの演目としては，スメタナ「売られた花嫁」「接吻」，モーツアルト「フィガロの結婚」「魔笛」や「リゴレット」「トスカ」「カルメン」等，古典的なレパートリーをピアノ伴奏で行なった．室内楽では「レデテ弦楽四重奏団」「テレージェンシュタット弦楽四重奏団」があり，スロヴァキア出身の天才少女のジュリエット・アラーニもこの収容所に送られてきたがレデテと共にアウ

シュビッツに送られ殺されている．チェンバロ奏者として名高いズザナ・ルジッチコヴァーは，アウシュビッツに送られたがハンブルクの瓦礫撤去に駆り出され一命を取り止めた．

テレージェンシュタットに収容されている作曲家の作品を発表する「現代スタジオ」もあった．ヴィクトル・ウルマンは，意欲的な創作活動を行ない，「アンチ・クリストの墜落」やクライス原作の「こわれがめ」といったオペラ，室内楽を20作ほど作曲したが，1944年の「アトランティスの皇帝」の初演を目前に，オーケストラメンバーとともにアウシュビッツのガス室に送られている．

パヴェル・ハースは，テレージェンシュタットで創作意欲を無くし，20代のギデオン・クラインも生きられず，1945年1月フュルテングルーベの強制労働所で死亡，ジークムント・シュールは収容所で悲観し結核で世を去った．

ハンス・クラーサはこの収容所の重要な催し物の1つとなった児童オペラを作った．このオペラはユダヤ孤児院の子どもたちのために書かれた曲で，子どもたちも孤児院からテレージェンシュタットに送られ，1943年9月に収容所での初演にも参加した．音楽劇で繰り広げる，純粋な子どもたちの歌う姿は，ナチス当局に格好の宣伝材料になり，1944年6月22日，国際赤十字が収容所を視察した際には，このオペラとプロパガンダ映画「総統がユダヤ人に町を贈る」の上演が行なわれた．ナチスは視察を前に，建物や道路を美しくし，過密人口を解消するために7500人をアウシュビッツに送った．映画では，ユダヤ人たちはスポーツを楽しみ，街で買い物ができ，子どもたちには食べ物が充分に与えられる場面に仕立てられた．広場には特設の舞台を設け，この時だけ美しい服に身を包んだ収容所合唱団とダークスーツを着込んだ，カレル・アンチェル率いる弦楽オーケストラが演奏した．赤十字視察団が帰ると，服は回収され，任務を終えたユダヤ人たちはアウシュビッツ行きの貨車に載せられ，ガス室で殺されている．

2. ナチスへの抵抗から生まれた作品について
― 《ワルソーからの生き残り》op. 46 ―

　その頃，大西洋を越えてナチスの対ユダヤ人残虐行為のニュースが何度も伝わり，深い精神的打撃を受けた作曲家がいる．それがアーノルド・シェーンベルクである．彼の考案した十二音技法を駆使して生み出した作品が《ワルソーからの生き残り》なのである．ユダヤ人迫害の犠牲となった人々の中に，彼の親戚や友人も混じっていた．彼は意を決する，自分の音の芸術を通じて記念碑を捧げようと．さらにこの作品が生まれる契機を与えた出来事は，ワルシャワ・ゲットー収容所の殺戮から実際に生き残った1人がシェーンベルクの所に来て，次のように話をした．「私はすべてを思い出すことはできません．多分，私はしばらく完全に意識を失っていたでしょう．私は，ただ昔の祈りが突然歌われたあのすばらしい瞬間を思い出します――その日もいつもと同じように始まり，私たちはまだ暗いうちに起こされました．1ヶ所に集められ残虐な行為を受け，その時何人もの人が死にました．曹長はガス室に何人引き渡せるか，分かるように死人の数を数えることが始まりました．最初はみんなてんでばらばらに．曹長は，もう一度最初から数え直すように命じます．――そして，再び始まります．1, 2, 3, ……イスラエルの歌（Schema Jisroel）になったのです」（筆者訳）．シェーンベルクはこの話をテキストにし，台本を書いた．台本は主として英語で書かれ，ドイツ軍曹長の叫び声はドイツ語，最後のユダヤ人たちの死の行進の男声合唱は全部ヘブライ語と，この3ヶ国語の使用が，かえってこの作品の異常な効果に役立っている．朗読に関しても注目すべきは Sprechstimme を再度使用している．Sprechstimme とは，記譜の音高に当たった後，直ちにピッチを離れて自由な音高を取るもので，朗読調を歌唱の中に加味した声楽の1技法であり，表現力，表現効果は，従来の Lied や Aria の単なる歌唱に比較して大きくなる．彼がこの唱法を採用している曲としては「期待」「幸福な手」「月に憑かれたピエロ」「ナポレオンのオード」があり，この唱法により，演劇と音楽という古典的二元論や Recitativo と Arioso という二律背反を克服しようとする前進性が見られ，特に《ワルソーからの生き残

り》において一層現実的な効果を狙って語り物に近づき，写実的な演出効果をあげるのに貢献している．

　男声合唱が 80 小節から，ヘブライ語でユダヤ教の最も重要な信条を unison で絶唱するところである．管弦楽も，室内楽的に扱われているが，朗読の背景を際立たせるために，総奏，独奏を巧みに扱い，感動的に仕上げている．歌詞は「イスラエルよ，聞け．われらの神，主は唯一の王である．あなたは心を尽くして，あなたの神，主を愛さなければならない．きょう，わたしがあなたに命じられるこれらの言葉をあなたの心に留め，努めてこれらをあなたの子らに教え，あなたが家に座しているときも，道を歩くときも寝る時も，これについて語らなければならない」（口語訳聖書「申命記」第 6 章，第 4～7 節による）．

　十二音技法を駆使したこの作品の重要部である 80 小節から，音列を中心に分析を行なうにあたり，合唱パートの音を 1 つ 1 つ順に追って最終小節まで，12 個ごとに基本的に区切ると，次の 5 つの音列に分けるに至った．[譜例] (1) は原形をそのまま短 3 度上に移置した．(2) は原形の増 2 度下の開始による反行である．(3) は作曲者自ら [ ] を付け，5 音で区切っているため，12 音列は成立していない．(4) は原形をそのまま長 3 度下に移置したものである．(5) は原形の逆行の反行形を長 3 度上に移置したものであるが，(5) の前 6 音は (4) の前半 6 音と順序は異なるが同じ音を持つ親近関係となっている．また (5) の中央の 6 音は，次に続く 6 音，つまり原形の前半の反行の逆行形を短 2 度上に移置したものとなる．これで合唱は終了し，1 小節後に管弦楽部が切り落とすように全曲を閉じる．ここで原形，及び 12 音列を成立させている (1)(2)(4)(5) を短 2 度圏で，12 音の軌跡を描くと次の図になる．図から判断できるように原形をそのまま長 3 度上，下に移置させた (1)(4) は，原形の軌跡をそのまま，右，左に 120 度ずつ回転すると完全に重なる．また反行は原形の軌跡を裏返した形となり，(2) があてはまる．また (5) も前半と後半が短 2 度隔たった反行をとるため，シンメトリーの軌跡を描いているのは興味深い．次にこの短 2 度圏を原形の最初の 6 音を太線で現わし，次の 4 音を 1 点鎖線で記し，残りの 2 音と，6 音，4 音を結ぶ線と，4 音の終了から 2 音に至る線を細線で結ぶと，原形，(1)(2)(4)(5) から視覚を捉えた図形が鮮明に浮かび上がってくる．これは，まさしくナチスの象徴の旗，鉄の鉤十字が描かれているではないか．しかも，

[譜例]

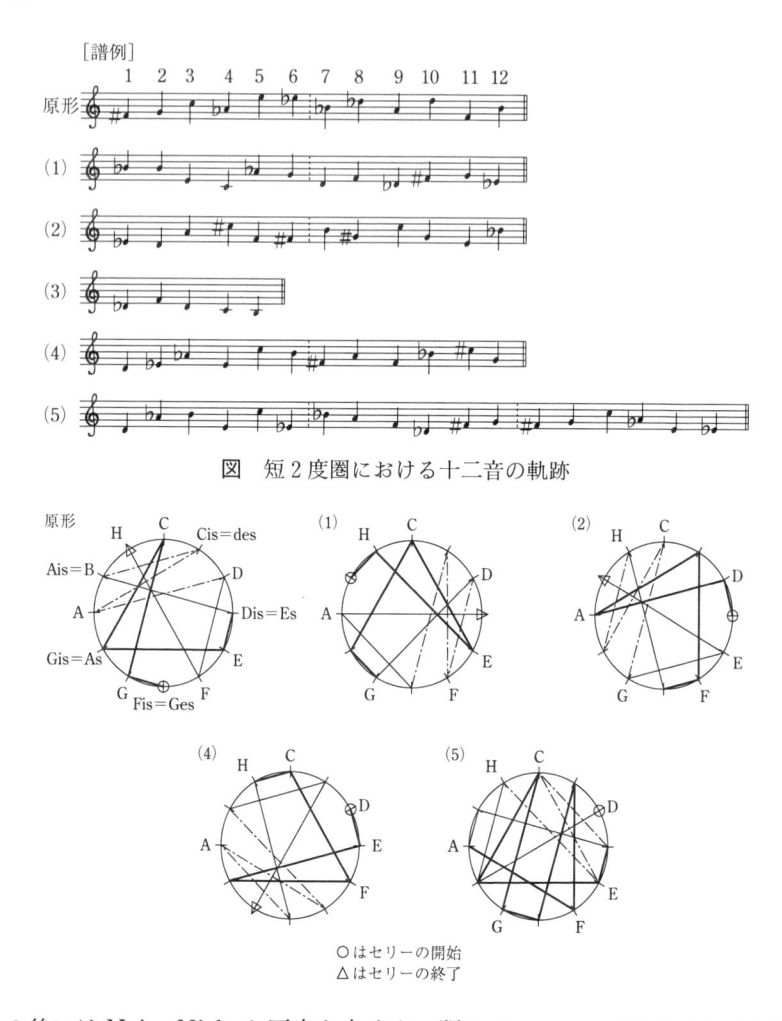

図　短2度圏における十二音の軌跡

○はセリーの開始
△はセリーの終了

　その後には Nein, Nicht と否定を意味する語のイニシャルである N，打消しの N が，憤激の温度を最大限に沸騰させ，火花を散らして，切り裂こうとしているではないか．これはまさしくナチスの冷静，慎重な計算，計画に基づく組織化，非人間的な悪魔の暴虐に対する直訴の声を，音列の中に刻みつけようとしたのだ．この音列に刻み込んだ抵抗は，ユダヤ人として強い自覚にたった芸術家の使命の上に，精神的な課題を自らに背負って生きようとする苦悩の軌跡の結晶に他ならない．ドイツ音楽の優位を保証すると自ら語った十二音技法

を使用して，自らの祖国そのものを告発しなければならなくなった悲劇は，高齢を迎えたシェーンベルクに猛烈な闘志と生命力を煮え返らせたのである．彼の血の中に濃く存在した調性感覚の保持，堅持から，無調，十二音技法への変遷は，自身の中で葛藤を生じ，その葛藤の激しさが直接的に表現の激しさに結びつき，するどい彫琢となって反映している．アメリカからヨーロッパを鋭い目で睨みつけなければならなくなった彼の軌跡は，音楽による現代史の証言となっている．それが《ワルソーからの生き残り》である．

3. 施設での音楽と文化的活動

(1) 精神病院での音楽会

1911年（明治44年）までに東京に16箇所以上の精神病院があり，相互の交流も盛んで，慰安のための音楽会が東京精神病院，戸山脳病院，王子脳病院など7箇所以上の精神病院で開かれている．1919年，東京巣鴨病院では音楽活動が行なわれ，看護師の残した資料によれば，「朝は大声で歌を歌いながら，患者さんを誘導して野外作業場に行き……」と集団を移動させる場合に活用し，「ある統合失調症患者は，それまではいつでも全裸でときには一糸もまとわずに断片的な言葉をわめいていたが，作業に出始めると間もなく少なくとも肌着らしきものを着るようになり，歌いながら，精一杯働くようになった」とある（幸2004: 74）．数ヶ月たち病院内の庭園の造成作業中では，中央の山が高くなってくると患者達が代わる代わる唱歌，軍歌，賛美歌，民謡などを大声で歌い，作業の雰囲気を大いに盛り上げている．患者達は，院内で三味線，琴，横笛，ハーモニカを習うことを許可され，音楽に対する関心は高かった．院内における音楽会や放送，レコード鑑賞，楽器演奏などを通じて，社会生活への復帰を目的に，音楽は，その時々の文化や社会との関係を知る，少ない道筋のひとつだったのかもしれない．

(2) ハンセン病療養施設
1) 俳句の創作活動

ハンセン病患者は，人として扱いをされず，隔離，疎外されてきた．そうい

う中で，何が精神性を維持できるのに役立ったのか．村越さんは，10代でハンセン病になり静岡県の岡部町を追われ，群馬県のハンセン病療養施設に64年間隔離されてきた．最近，村越さんは，ふるさとに帰った．かつては石をもって追われたふるさと，人生を無茶苦茶にしたふるさとである．それが「良き里に 良き人ら住み 茶が咲けり」という俳句を詠んだ（柳田 2005: 161）．疎外され孤独の中の施設で，俳句を詠んでは交換しあってきた．俳句を創ること，俳句を詠むことが，精神性が崩れるのを支えてきた．

2) 信仰による救済

ハンセン病の施設では，キリスト教の信仰によって，この病によってほんとうに神に出会うことができ，この病は恵まれた幸福なる病と述べている．

多摩全生園の入所者・山川重三は「天恵病」と題して次のような文章を無教会の月刊誌『基督信徒之友』(1937) に「神より恵まれた病，これは決してたわごとではない．私が若しもこの病に恵まれなかったなら，恐らくキリストの父なる神を知らず，罪に罪を重ねて，実に実に不幸な魂をかかえて哭いてゐたことであろう．私は重ねて云ふ．レプラとは天恵病である」と寄せている（荒井 2006: 36）．

1933 年矢内原忠雄は「聖書と癩病」と題して「癩病を罪の報いだ，天刑病だと言ったのはイエスを知らなかった世界のことです．イエス様の居なさる世界では，癩病も天の刑罰ではありません．さうではなく，此の病人の上に神の御業の顕れん為であります．……癩病人も信仰によって此の天の恵みを受けます．天刑ではなくて天恵であります」という一文を『通信』に載せ，全国の療養所に送っている．さらに明石海人は，歌集『白描』(1939) の冒頭に「癩はまた天啓でもあった」と記す（荒井 2006: 36）．

それまでのハンセン病は「天罰・天刑」と見なされていたところへ「天恵・天啓」という視座の大転換がもたらされたのである．

長島愛生園に精神科医として働いた神谷美恵子の「癩者に」という詩に表れる次のような一節がある．「何故私たちでなくあなたが？ あなたは代わって下さったのだ，代わって人としてのあらゆるものを奪われ，地獄の責苦を悩みぬいて下さったのだ」と温かく告白している．あるいは，療養所で長く看護師

をした三上千代の「ライはキリストなり」という言葉も顕著である（荒井 2006: 36）．

　彼らの信仰から癒されるのは，私たちの側である．彼らの言葉にただ感動してそれで事足れりとするわけにはいかない．不治の病に生活を切り離され，あらゆる希望を断たれ，悲嘆の極の状況の中，ただ信仰を堅く守り通し，信仰こそが無情の生への力として，病を意義あるものとした高貴なる精神の形は，恵み与えられた強靱な力となって，これからも人々の心に灯され続けられるであろう．

(3) 受刑者の創作活動

　1968 年 6 月 16 日，東京へ向かう電車が大船駅の手前にさしかかった時，6 両目の車内の網棚の荷物が突然爆発した．乗客 1 名が死亡し，12 名が重症を負った．犯人は日野市在住の若松善紀 25 歳で，結婚を前提として同棲していた女性との希望が断たれたため，日ごろの鬱憤をはらそうと時限起爆装置を電車内にセットした．1971 年上告を棄却し，若松の死刑が確定した．

　二審の精神鑑定に当たっていた精神科医の紹介を受け，作家で精神科医の加賀乙彦と文通がはじまった．1974 年の春，加賀は獄中で短歌を創る死刑囚として作品をみせてもらい，批評し，指導する関係になり，若松の創作力も伸びることになった．内容は，獄中生活の日記，短歌，望郷の思い，信仰が主なものであった．1975 年 12 月には手記が送られ，幼年時代から，キリスト教に改心するまで，折々の気持ちを短歌につづっている．

　　死を望む心なけれど独房に虚しきときは詩篇繙く
　　クリスチャンわれ獄中に母兄の案ずるよりは安らけくゐる
　　信仰に生くれば極の些細なる動きにも神の御技はたらく
　　水溜に映る死囚の影淡しその影さへも風にさゆらぐ（加賀 1998: 198）

　彼は教誨師の説教を純真に受け止め，讃美歌の新しいメロディーにも心動かすのである．彼の死は不意にやってきた．拘置所の教育課長からの手紙には，12 月 4 日若松善紀の死が記され，さらに加賀宛の手紙が同封してあった．

　「加賀先生に最後のお手紙を書かねばならない日がやってまゐりました．た

うたふ私にお迎えが参りました．数時間後の旅立ちに備え，かうしてお別れの筆を執ってゐる次第です．お迎えのドアが開いたときはまったく不安も動揺もありませんでした．平安な気持ちで面会にでも行く足取りでした．所長さんに，お世話になったお礼を述べ，握手させて頂きました．このゆとりに自分自身が不思議でした……」さらに絶詠として近作が書き連ねてあった（加賀 1998: 200）．

  死ねばみな無機に帰するといふ議論神の子われにはうべなひ難し
  教会の鐘きこえくる方角に殺めし街がありて昏れゆく
  心まづしく生きてむかへし長月よ日記の空白めだつ口惜しさ
  高架なる水槽のした静かなり死にたる君に苦しみは消えて（加賀 1998: 201）

　死刑囚の集団があったならば，その内の誰かが目の前で殺されていく．残った者は，自分たちの運命もその仲間たちと同じであることを悟り，悲しみと絶望のうちに，言葉を交わすこともなく，暗黙のうちに顔を見合わせながら，自分の番が来るのを待っている．これは，強制収容所と類似している．また人間は誰もが死を平等に与えられていることからすれば，時間のあり方の本質においては誰も同じとも考えられる．しかし死刑囚の死は，私たちの死とは違うことは，あくまで刑罰であり，悪人として，死ねと宣告されていることである．信仰を得て，神の許しを得た人間となったとしても，不自然な殺され方をされなければならない．

（4）　災害時における歌唱

　2004 年 10 月 20 日午後 8 時ごろ，台風 23 号の影響で由良川が氾濫し，バスが孤立した．現場は舞鶴市志高の国道 175 号線で，乗っていたのは兵庫県市町村職員年金連盟豊岡支部の元病院関係者 14 人，市役所関係者 22 人と運転手の 37 名の平均年齢 68 歳である．福井県へのバス旅行からの帰路だった．バスの車内に浸水が始まり，乗客らはハンマーで窓ガラスを割り，カーテンをつないでロープにし，バスの屋根の上に全員が脱出することができた．握り締めていたカーテンのロープが，全員をつなぎ留める命綱になった．屋根の中心に身を

寄せたが，濁流は腰まで達し，ずぶぬれの中，押し流される力が増え続けるたびに，ロープにしがみつく．これではバスは流されてしまうので，乗客の2人が流れてきた竹を利用して，近くのユリノキの大樹に引っ掛けて，バスを固定するため濁流に飛び込む．成功したものの，そのまま木の上にしがみつく．風は容赦なく吹きつけ，寒さをこらえて立ち尽くした．眠ると体温が下がり危険だ．「歌おう」と男性の声で「上を向いて歩こう」の大合唱がはじまった．歌詞が分からない人も，隣の人に合わせて，小さく歌う．あるものは，泣きながら，叫びながら歌っている．木の上の2人も歌い，それは輪唱となって，漆黒の闇夜の濁流にかき消されない合唱となって，一緒に生きていることを確かめられる唯一の手段だ．もしや救出されることがあれば，そのとき寒さで痺れてしまって手が動かないと困るので，手の運動をしようと声がかかる．元看護師や男性の乗客が高齢の弱っている周りの人を励ましていく．「グー，パーをしよう」残っている力を振り絞って，冷え切った手を広げたり，結んだりして，グー，パーを繰り返した．その声はいつしか「むすんでひらいて」に変わっていった．高齢者における音楽療法のプログラム構成のひとつに，童謡や唱歌を使って身体活動やリハビリに活用する場面がある．分けても，手や指の運動を特に重要視する．なぜなら「手は外部に存在する脳である」と哲学者カントの言葉もあるように，またペンスフィールドが手や足のそれぞれ指は，大脳皮質にある神経細胞とは1本で直結し，大脳皮質の血流を増やし大脳を適度に刺激することが実証されている．

　被災者は直感的に生命の危険を感じている．動転するあまり，自分に残された力が何なのか，評価もできない状況にある．旅行を計画したことへの後悔や，残されたものへ伝えたい事柄や感情に張り巡らされたことであろう．こうした危機的状況の中で，自らが全員の体温の消失を避けるため，気力を振り絞らせて，この生死の境目に取った行動は，歌うことであった．

4．考察

(1) アウシュビッツの失意と死者数

　人間はいかに希望や夢がなくなると拠り所を失い，身体的にも精神的にも転

落していくのか，アウシュビッツでの事例を『夜と霧』から挙げる．

ある収容者が，奇妙な夢を見た．ある声が聞こえて何を聞いても答えてくれるということで，戦争がいつ終わるのか，いつ収容所から解放されるのか，いつ苦悩が止むのか知りたいと尋ねた．夢の声は「5月30日……」と応えた．情報によれば，戦線が，実際に5月中に解放される可能性は少なくなっていた．すると次の事が起こった．5月29日に彼は突然高熱を出して発病した．5月30日，予言に従えば戦争と苦悩が彼にとって終わる日に意識を失い，31日に発疹チフスで死亡した（Frankl 1985: 180-1）．

勇気から落胆，希望から失望という人間の心情の負への激変は，有機体の状態と抵抗力との間に緊密な連関があり，失望と落胆へ急激に沈むことがどんなに致命的なことか，これがすでに潜伏していた発疹チフスに対する身体の抵抗力に大打撃を与え，急激に低下させた．この予言と結論は次の事実とも合致するのである．

1944年のクリスマスと45年の新年との間に収容所は未だかつてなかった程の大量の死亡者がでているのである．……これはむしろ大量死亡の原因は単に囚人の多数がクリスマスには家に帰れるだろうという，世間で行なわれる素朴な希望に身を委ねた事実の中に求められるのである．クリスマスが近づいてくるのに収容所の通報は何ら明るい記事を載せないで，一般的な失望や落胆が囚人を打ち負かしたのであり，囚人の抵抗力へのその危険な影響は当時のこの大量な死亡のなかにも示されている（Frankl 1985: 181-2）．

同じように過酷な強制収容所に閉じ込められながら，最後まで健康を保ち，無事生還した人たちは，そうでなかった人たちよりも単に肉体的に強靱なだけだったわけではなさそうである．同じ苦境に置かれながら，なぜある人たちが誰よりも先に，精神的に，そして身体的にまいってしまうのだろうか．失望や落胆といった情念は，個人的で主観的なものである．そもそも情念は，脳にどのようにして認識され，どのようにして体に影響を与えるだろうか．

(2) こころと体の関係

情動ストレスは外部環境が脳において主観的世界となって表象されるとき，ときに強い感情を生み，しかもそれが体の変化となって，さらには体の中の免

疫系や，自律神経系，神経内分泌系の反応に，免疫防御力を失っていったとも考えられる．

免疫系はかつて，脳の支配を受けていない唯一のシステムと考えられてきた．免疫系は，病原微生物や腫瘍などの非自己に対する生体防御機構であったが，その後，自立的に営まれるシステムではなく，少なからず脳の支配を受けていることがわかってきた．脳と免疫系とはネットワークを形成しており，相互に情報のやり取りをしていることも明らかになってきている．この免疫学と脳科学の独自の発展が精神免疫学を誕生させた．そこで免疫機能が，こころの影響を受け，ストレスに対する感じ方，個人の捉え方が，無視できない影響力をもつことがわかったのである（神庭 1999: 10-1）．

強制収容所において人間を内的に緊張せしめているのは，まず死という限られた方向に向かっていることが前提である．ユダヤ人達は老若の区別なく，殺戮を無抵抗に受け，恐怖と圧制の非人間的所業のすさまじさに愚弄されている．その中にあって，ひたすら身を維持するためには，わずかでも生きるための希望や未来に向かう目的を意識せねばならない．それが剥奪され，何の目標も目的も奪われた者にとっては，存在の意味は消えてしまい，彼らは，まったく拠り所を失い，たちどころに倒れていく．特に絶望や落胆といった情念の捉え方は，主観的なものとも言えるが，これは免疫機能の低下が考えられ，クリスマスの直後に死亡者が集中していることが，それを明らかに裏付けしているのではないだろうか．

(3) 音楽療法の仕組み

増水の濁流は腰を越え，カーテンを結んでつくった命綱に手と手が摑まる．車体の流出を防ぐ竹の棒を結びつけるために泳いだ2人は，ユリノキに凍った手でしがみついている．生命を脅かす連続する状況の一瞬，その2つの集団の中から，一抹の奇跡に希望を託し，歌うという言語を越えた原始的な行動をとるのである．ここで歌われた「上を向いて歩こう」は，どういう意味を持つのだろう．

人は日常を離れた時間，例えば，災害の時や生命の危機にさらされる時間に，歌が歌える「とき」，歌を歌っている「時間」は，現在のようで，過去ともつ

ながらない分離した時間，これを「異次元的時間」とする．壮絶な恐怖の時間に生まれた，日常とは異なる特殊で濃密な時間でもある．信仰における礼拝や祈念の時の，自己と神の異なった世界を，合一にする瞬間と類似しているのではないか．

　この時間は未来・過去という，互いに反対方向に拡がる時間意識とは異なり，現在は，未来や過去と同一地平に並べるような時間の第三の地平でもなく，この「異次元的時間」は，むしろ立体的に回避する時間と呼べるかもしれない．

　この時間は，あきらめたくはないけれどもう助からない，将来を「死」に決め付けていこうとする未来への時間軸と考えられる．一方で，なぜこの時期にこの旅行に参加したのと後悔し，過去への時間軸に拘束されてしまうことも考えられる．しかし，水没するバスの屋根の上にあって，避難するいわば1つの救助される側としての施設と化した状況で歌う「上を向いて歩こう」の合唱は，歌唱によって境界を区切り，新たな音楽空間が生まれ，歌う自己を作り出している．それと自己以外のまわりの環境である台風の巻き起こす暴風雨という環境に区分されるが，この歌う自己と環境とが，隙間のない環境になったとき，つまり現実と音楽が密接になったとき，自己と環境との間に相即不離の「異次元的時間」が生じている．このとき，内部も外部もなくなり，通常考えられるコミュニケーションの相互作用ではなく，純粋に乗客たちは一斉に歌唱しながら，自己を，一瞬，一瞬，音楽という「異次元的時間」の世界の中に形成しながら，辿ってきた過去と，現在の自分を再解釈，再定義し，さらに未来の自分に対して期待や希望を持っていく自己に意味づけることができていくのである．また一緒に歌うことで，他の人へも保証することを確かめられ社会性と自己の関係と安心感が生まれていく．このひたすら自らを作り出す行為が，形の見えない未だかつてない音楽活動となって生起され，創られることにより，すなわち音楽による療法，治療行為となっているのである．

おわりに

　戦争に負けてシベリアに抑留され，飢えと寒さの強制労働にどうして生き延びることができたのか．棒切れで地面に俳句や和歌を書き，加藤は，白樺の木

の皮の裏に五線を引いた．精神を言葉や音で表現することが重要であることの表明である．

　ベートーヴェンが聴覚障害にならず，心に苦悩がなくなっていたら，あれだけ人々に愛される音楽を書いたかどうか甚だ疑問である．シューマンが苦悩する自分と向き合っていなかったら，あの歌曲の作曲は可能なのか．精神性が命と結びつき，深いところで発揮されると芸術が生まれてくる．やはり，本気で向き合い，真正に受け止め，そして立ちすくむような緊張関係の中で，人間が極めて厳しい状況であればあるほど，なおかつ真摯に全力投球すること，これこそが真の癒しに対する姿勢ではないだろうか．「くちびるに歌をもって」といわれるが，命を支える歌，それは音楽だけでなく，俳句であれ，詩であれ，小説であれ，絵画でも，彫刻でも，そういうものを持ち合わせることが，人間が生きていく上に大事なのである．中でも音楽はたえず生の実感と結びつくものであり，カナダの音楽療法士キャロライン・ケニーは「美 Beauty は，我々が人類として生き残る Survive ために必要とする何かである」と言っている（阪上 2003: 160）．この言葉は音楽の「美」と「生き延びる」とのあいだに深いつながりのあることを示唆してくれているのではないだろうか．アウシュビッツの芸術活動に，ハンセン病療養施設の俳句，短歌に，死刑囚の歌に，極限のどん底に投げ込まれても，深い淵より叫んでも，何も通じない人間が，高貴に，自由に，麗しい心情を持って生き得ることができたのか．これらは，癒されるといった生易しい次元ではなく，音楽は人間の誕生とともに生まれていることから考えても，生命の維持と関与しながら，進化の過程のすべてに作用してきたからである．だからこそ，加藤がソ連兵からロシア音楽に心動かされ，収容所では日本軍の男声合唱団に医務室を提供し，手術中も合唱を続けるようにとの声がかかり，生死を分ける極限の状況におかれてもなお，歌が生まれるのである．

　このように音楽は原初的に人間の生命と深く関わっていることを核として，集合的無意識の中に根源的に組み入れられている．そのために，言葉や人種や思想を超えて，あらゆる人々とも隔てなく交流ができ，1人ひとりが，自己を自然に現すことを生み出しやすい環境がつくられ，生きがいの質の向上や発展に寄与するものとなるのである．人間は宇宙空間を自由に遊泳できる精密さや

正確さを獲得してはいるが，仲間である人々の幸福がなければ，人間1人の幸福もありえないことを気づかせてくれ，人類の幸福を希求する福祉において，音楽は不可欠であると言えるのではないだろうか．

注
1) 1908年生まれ．東京音楽学校（現東京藝術大学）卒業後，1941年7月，応召出征，陸軍輜重部隊に配属され，満州国牡丹江省大肚子川に駐屯．終戦によりシベリアに抑留．捕虜として強制労働に従事．1947年，復員．大阪教育大学教授，兵庫女子短期大学教授，神戸女学院大学非常勤講師を歴任．関西合唱連盟最高顧問．大阪府合唱連盟名誉会長．
2) シベリア抑留から帰国まで（1945.8.15～1947.9.2），捕虜として，極寒の悲惨な抑留生活を耐え抜いた辛苦が刻まれている．その中に希望を見出そうと命がけで立ち向かった生活の中に，人間の生き方に対する貴重な示唆と勇気が与えられる．日記，手記，書簡を基に自伝的私家版として，米寿の1995年に出版され，2006年に増補し再版された．

引用文献
明石政紀（1995）『第三帝国と音楽』水声社．
荒井英子（2006）「ハンセン病とキリスト教」『礼拝と音楽』129号．
加賀乙彦（1998）『死刑囚の記録』中公新書．
加藤直四郎（1995）『シベリア捕虜日記』私家版．
神庭重信（1999）『こころと体の対話：精神免疫学の世界』文春新書．
阪上正巳（2003）『精神の病と音楽』廣済堂ライブラリー．
野田正彰（1995）『災害救援』岩波新書．
柳田邦男（2005）「第5回学術大会特別講演」『日本音楽療法学会誌』第5巻2号．
幸絵美加（2004）「日本の音楽療法の夜明け」『the ミュージックセラピー』vol. 05, 音楽之友社．
Frankl, Viktor E. "Ein Psycholog Erlebt Das Konzentraionslager" 霜山徳爾訳（1985）『夜と霧：ドイツ収容所の体験記録』みすず書房．
Kaplan, Chaim A. 松田直成訳（1993）『ワルシャワ・ゲットー日記（上）ユダヤ人教師の記録』風行社．

参考楽譜
Schoenberg "A Survivor from Warsaw" op. 46（Ph. 478）（1979）Philharmonia.

第3部　これからの社会福祉を展望する

第10章

障害者自立支援法と障害者福祉

谷 口 泰 司

1. 措置から契約へ：支援費制度の幕開け

　2003年（平成15年）4月，障害者・児福祉の分野において支援費制度がスタートした．この支援費制度は，それまでの措置制度からの大きな転換を図るものであり，利用者主体の制度として大きな期待が寄せられるものであった．この制度への移行が明記された「社会福祉の増進のための社会福祉事業法等の一部を改正する等の法律」（2000年6月）は，措置制度を中心として展開されてきた戦後の社会福祉について，高齢化の進展，福祉基盤の整備など社会環境の変化をふまえ，段階的に実施されてきた改革の総決算としての意味を持つものでもあった[1]．

　ところで，1980年代後半からの社会福祉改革は，利用者主体への制度転換とともに，地方分権の推進についても重要なテーマとなっていたが，障害者福祉行政にとって支援費制度は，その第2段階として位置付けることができる．ちなみに，第1段階とは1990年6月の「福祉関係8法の改正」であり，第3段階とは，2005年11月の「障害者自立支援法」である．これらは市町村への権限委譲という点で整理したものであるが，中でも支援費制度は，福祉事務所を持たなかった町村及び障害児居宅サービスにかかる権限のなかった市町村への権限委譲とともに先に述べた利用契約制度への転換が並行して行われたという点で，他の段階とは大きく異なるものであった．後節で述べる市町村福祉行政の困惑（外形的には地域格差）と，新たな福祉像の模索という種がこのときはじめて全国の基礎自治体に撒かれたものととらえることができる[2]．

　戦後の障害者・児福祉の中で大きな転換点であったこの支援費制度は，障害

者の自己決定を尊重し，利用者本位のサービスの提供を基本として，事業者等との対等な関係に基づき障害者自らがサービスを選択し，契約によりサービスを利用する仕組みとされている．その「しくみ」としての特徴は，

①利用契約制度への転換——法的には行政による意思決定を基本とする措置制度から，利用者の意向・申請に基づく制度へと転換された．措置制度下での事業者・施設は実施主体たる行政の委託先という従たる立場にあったもので，被措置者との間にサービス提供開始にあたっての合意形成があったわけではない．支援費制度ではこの委託関係が消滅し，従たる存在から提供主体として利用者と対等の関係に立ったと言える．

②個人給付への転換——措置費は被措置者に要した経費を事業者・施設に支払うものであったが，支援費制度では障害者本人にその費用を現金給付する方式へと転換された．なお，この現金給付が償還払い（要した経費を後で本人に支給する方式）であり非現実的であるため，市町村が事業者・施設等に本人に代わって支払うという法定代理受領の形をとることで現物給付"化"を図っている[3]．

③ツールとしてのICFの導入——サービスの支給決定にあたっては，本人の心身状況以外に，家族の状況や本人の意向，周辺環境や基盤整備状況など，合わせて8領域を勘案することとされており，ここにICF（国際生活機能分類）のツールとしての導入が見られる．ここで"ツール"としたのは，残念ながら施設訓練等支援費の指標となる（旧）障害程度区分に象徴されるように，あくまでも"0"を最大値としたマイナス評価にとどまるなど，理念まで含めた導入に至っていないことによる．

このほか，市区町村の責任の重心の移転（措置権の意義等），サービス単価構造の転換などいくつかあげられるが，本節の主題である障害者福祉行政という視点でみると，何と言っても措置制度に比べ財政的なコントロール権（以下「財政規律」と言う．）が弱まり，利用者の側に一部とはいえ手渡ったことが大きい．実はこれが利用者主体というものを実質的に担保する要素であるのだが，皮肉なことにこの財政規律の一部を失ったことが，支援費制度を早期に崩壊へと導く要因の1つともなった．

2. 支援費制度の崩壊

　本節の標題については、いまでもためらいがある．というのは、障害者自立支援法はその政省令事項にいくつかの問題を抱えるものの、利用者負担問題及び権利擁護等の問題を除いては法自体として「支援費制度の発展進化型」と捉えることもできる．支援費制度の理念が障害者自立支援法へ継承され、真の住民自治へ向かうために発展的解消をしたのであれば、「崩壊」ではなく「昇華」とすべきであろう．まして、支援費制度及び障害者自立支援法の評価すらなされていない現時点にあってはなおさらである．しかしながら、支援費制度自体に内在する課題（国庫財政を含む）とともに、これを運営する市町村福祉行政の問題もあって、支援費制度がその本来趣旨を十分に活かしきれなかったことは事実であるため、ここでは「崩壊」としてその現象と背景に触れることとしたい．

　支援費制度施行1年を経ない2004年3月、社会保障審議会障害者部会で「ライフステージ等に応じたサービス提供の在り方、ケアマネジメントの在り方、雇用施策等との連携、財源の在り方等、支援費制度や精神保健福祉施策など障害者施策の体系や制度の在り方に関する事項」についての議論がスタートし、同年7月の中間的なとりまとめを経て10月12日の第18回障害者部会において「今後の障害保健福祉施策について（改革のグランドデザイン案）」が示された．これが現在の障害者自立支援法の骨格となっている．

　障害者部会での検討過程から今日に至るまで、厚生労働省の論調は支援費制度に一定の評価を与えつつもその課題をより指摘し、改革が必須であったことを強調している．まずは、障害者自立支援法のねらいの背景として厚生労働省が掲げる課題を列挙したい．

　①精神障害者が対象外であったこと
　②障害種別等で実施主体が都道府県、市町村に二分化されていたこと
　③障害種別ごとに複雑な施設・事業体系であったこと（施設は33種別に区分）
　④入所期間の長期化等により、本来の施設目的と利用者の実態とが乖離して

いたこと
⑤養護学校卒業者の 55% は福祉施設に入所していること
⑥就労を理由とする施設退所者はわずか 1% にとどまること
⑦支援の必要度を判定する客観的基準がないこと
⑧支給決定のプロセスが不透明なこと
⑨新規利用者は急増する見込みにあること
⑩不確実な国の費用負担の仕組みであったこと

　これらはいずれも事実である．そして，これらの課題を解決するためには，当時の法制度を抜本的に見直すべきとする主張も不適切ではない．しかしながら，我々は上記の指摘をいま少し冷静に検証しておくことも必要であろうし，そのことは現行の障害者自立支援法を検証していく上でも役立つと思われる．

　課題のうち，特に③については，障害種別各法に根拠を置く限り解決は極めて困難であり，①②をあわせ市町村への一元化を図るためには新法施行がより適切であろう．これに対し，⑦⑧⑩は当時の各法改正で対応が可能であったと考えられる．⑩の裁量的補助による財政基盤の脆弱性を強化することは，財務省の要請を別とすれば当時の各法改正でも可能であった．また，利用者の急増（⑨）などは，利用者本位の制度へ転換した際の必然であり制度課題とは直接的な関係が薄い．先例となる介護保険制度では 1 割負担とともに始まったにもかかわらず利用者が急増したわけであるから，仮に支援費制度施行時に利用者負担の方式が定率負担を基本としたものであったとしても，全体量としては大きく増加していたと思われる．さらには，④⑤⑥については，支援費制度の課題ではなく，教育・雇用や地域の理解なしには容易に解決へと向かうものではない[4]．

　次に視点を市町村に移すと，まず明らかになるのが「地域格差」である．支援費制度は，その"正の"意義を利用者本位の制度構築に見出すことができると同時に，措置制度にあってあまり顧みられることのなかった地域格差を一層際立たせたことに"負の"意義を見出すこともできる（表 1）．

　上記については，地域"特性"で片付けられる範疇を超えた，正に"格差"について触れたものである．では，この格差が生じた背景には何があるのであろうか．このことを考察することが，実は支援費制度の本質的な課題，ひいて

第10章 障害者自立支援法と障害者福祉

は市町村福祉行政の抱える体質と課題に迫ることになると考えている．

支援費制度の崩壊は，財政的な問題としてよく語られるところである．確かに

表1 障害種別の居宅介護実施市町村数及び割合

	2002年3月	2003年4月	2004年3月
身体障害者	2,283 (72%)	2,328 (73%)	2,447 (78%)
知的障害者	986 (30%)	1,498 (47%)	1,780 (56%)
精神障害者	—	1,231 (39%)	1,671 (53%)

出典：厚生労働省．

初年度から大幅な財源不足を露呈したことは事実であるが，筆者はそれをもって支援費制度にその責を帰することには疑義がある．介護保険制度を見ても明らかなように，利用契約制度へ移行することで，それまでの措置制度から一挙に利用量が増加することは明らかであったし，事実，そのように支出増を見込んだ市町村は予算不足を起こしていない．

厚生労働省でも，支援費制度移行に際し居宅生活支援費についてはこれまでにない支出を見込んでいたが，実はこの見込みが十分ではなかった．制度担当課としては予測していたであろうが，それに見合う予算措置が財務当局により行われなかったというのが実情であろう．言わば初年度からの財源不足は想定として折込済みであったと言える．そしてこれが現実となるや，それが制度の課題として大きく取り上げられたのであるが，財政破綻を引き起こした利用量の急増は，実はそれまでの措置制度下における利用状況は適切であったのか，ということを問題とするものであり，同時にそれまでの基盤整備が計画的に行われてきたのかを問うものはないだろうか．

筆者は，支援費制度の理念が十二分に普及することなく崩壊した背景として，財政的に追い詰められたことよりも，むしろそれまでの計画性なき基盤整備と利用契約制度にかかる相談支援機能の欠如という制度設計にかかる構造的な要因と，市町村福祉行政における当該制度に対する認識の不均衡という運用上の要因にあると考えている[5]．

計画性なき基盤整備については，これを介護保険制度創設までの軌跡と比較することで一層明確となる．1990年代のほぼ10年を通じ，ゴールドプランに始まり，都道府県・市町村に高齢者保健福祉計画の策定義務が課され，全国的に在宅基盤を中心にサービス基盤の整備が行われるという周到な準備のもとに移行した介護保険制度に比べ，国の障害者プランが策定されたものの，2000

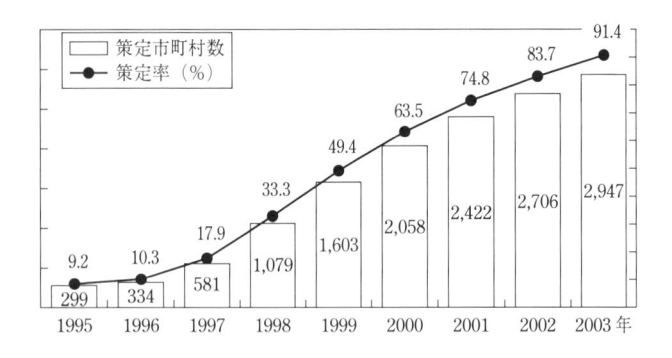

図1 市区町村障害者計画策定数及び策定率の推移（内閣府調査：各年3月末時点）

年3月時点で63.5%，2003年3月（支援費制度直前）時点でようやく91.4%に達した市町村障害者計画の策定率を見てもわかるように，「選択できるだけの十分な量の確保」「福祉サービスが身近になることでの地域理解の促進」という点で極めて不十分な準備状況であった（図1）．

結果として，積極的な市町村とその他市町村の地域格差がより拡大し，また，サービス基盤の地域偏在が解消しないまま支援費制度を迎えるに至ったことは否定できない[6]．

相談支援機能の欠如については，当時の厚生労働省の専門官も言及していたところであるが，介護保険制度のように法定化に至らなかったことが悔やまれる．自己決定・選択時に重要な情報提供，客観的なニーズ把握と各種資源の調整等を担う機関や，選択・決定が阻害されている場合の権利擁護を担いうる機関が身近に存在しないことは大きな問題であった．当時の各法では，これらの責務は一義的に市町村とされていたが，支給決定機関と相談支援機関との間に"良好な"緊張関係を持たない構造というものは，制度の定着・発展にとってマイナス要因であった．

それでも，全体として見れば制度移行を境に利用量は一挙に増加した．これはひとえに利用者本位の制度として選択権が利用者に移ったことの意義，逆に見ればこれまで保持していた市町村（都道府県を含む）による制御力が弱まったことによる．しかしながら，この制御は弱まったとはいえ，そこにも地域格

差，より明確に言えば市町村財政部局の認識の格差が温存された．制御の鍵を握る財政による規律は依然として行政に留保されたことは，制度の健全な発達と地域格差の是正にとって阻害要因となった．傍証となるが，ここでも介護保険制度を引用したい．

　介護保険制度では，居宅介護サービス利用について，要介護度別に支給限度基準額が設定されている．要介護5であれば月額358,300円（丙地単価）等である．これを超えた場合には保険給付の対象とはならず自己負担となることから，一般的には利用上限と解釈されている．確かに，1人暮らし等で家族や地域による支援が十分とはいえない，それでもこれまでの生活を継続したいという要介護高齢者にとって，月額358,300円というものは「上限」として立ちはだかったことは事実であり，結果として施設入所を余儀なくされたケースも少なくはないであろう[7]．

　それでも，制度移行を目のあたりにした筆者にとって，この居宅支給限度基準額の設定が「権利」面で果たした役割は大きかったと考えている．何となれば，介護保険制度において市町村（保険者）が関与できるのは要介護認定までであり，この要介護度別の限度額内であれば，どのサービスをどれだけ使うかについて市町村（保険者）はまず関与できない．基盤整備が進んだとはいえ，限度基準額に遠く及ばない量の措置決定しかしてこなかった市町村にとっては，この範囲内でサービスを利用し始めることについて「財政上の理由」その他によって制限することなどはほぼ不可能となった．抵抗のある表現であるが，上限内の権利はほぼ完全に利用者（及び介護支援専門員）に帰属した．このことと市場規模に対する民間参入が地域格差の縮小に果たした役割は大きい[8]．

　これに対し，支援費制度においてはこのような「上限」は存在しなかった．理念として多いに肯定すべきものであるが，皮肉なことにこの上限と引換えに失ったものとして権利があった．支援費制度では，心身状況はもとより家族の状況や利用意向，基盤整備状況等の計8領域を勘案して，"サービス種類ごとに""量まで"決定される仕組みとなっていた．そして，この調査に対し，利用者の側に立って相談支援を行う機関が法定化されず，いわば行政と利用者が個々のサービス利用の可否に生身のまま相対するというものであった．このような状況もあって，財政規律は依然として行政側に留保され，財政部局の干

渉・制約を強く受けた障害福祉部局が利用者の権利を十分に主張し保障しえたか，より深刻な場合には措置制度と変わらず利用者の意向を抑制したかは想像に難くない．支援費制度の地域格差の要因はこのようなところに潜んでいたと考えて差し支えないであろう．

3. 障害者自立支援法の施行と混迷する市町村障害者福祉行政

　理念の面で大きな意義を果たした支援費制度であったが，財政面の行き詰まりを中心に課題を顕在化させた．同時に社会保障における介護財政の安定化として被保険者層の拡大が意識されたとき，支援費制度の仕組みでは将来的な整理・部分統合に際して支障を来たすものであった．これら制度内外の要請が意識無意識を問わず高まるなかで出されたものが，前節冒頭に記したグランドデザイン案であり，その後の紆余曲折を経て「障害者自立支援法」（平成17年11月7日法律第123号．以下「自立支援法」という．）となって今日に至っている．厚生労働省では，自立支援法のねらいを次のように掲げている．

1) 「障害者施策を3障害一元化」として，精神障害者を対象として3障害の制度格差の解消を図るとともに，市町村に実施主体を一元化
2) 「利用者本位のサービス体系に再編」として，障害種別ごとに33種類にものぼる施設体系を6つの事業に再編するほか，地域生活支援事業や重度障害者包括支援等の新たな事業を創設し，また，既存の社会資源を活用するための規制緩和を推進
3) 「就労支援の抜本的強化」として，就労移行支援・就労継続支援の新たな就労支援事業を創設するとともに，雇用施策との連携を強化
4) 「支給決定の透明化，明確化」として，支援の必要度に関する客観的な尺度を導入（障害程度区分）するとともに，審査会の意見聴取など支給決定プロセスを透明化
5) 「安定的な財源の確保」として，国の費用負担の責任を強化（費用の1/2を負担）する一方で，利用者も応分の費用を負担し，皆で支える仕組みへと変更

以上のねらいを持った自立支援法は，全面施行（2006年10月）から1年半

第10章　障害者自立支援法と障害者福祉　　　　　　　　　　191

を経過しようとしている．グランドデザインから法律案の提示，国会における審議時から今日に至るまで，当事者を中心として大きな波紋を呼んだこの法律であるが，これまでの議論の中心は「利用者負担」が相当のウェイトを占めていた感が否めない．また，国の対応策（いわゆる特別対策）やこれに付随した都道府県及び市区町村の対応策も利用者負担を中心としたものとなっている．

　しかしながら自立支援法をめぐる課題はこれだけではない．利用者負担の議論が注視されるあまり，他の課題についての関心が弱くなってはいないだろうか．例えば，地域生活移行の目標値についてはどうか．また，訓練等給付に見られる"期間"設定は現時点で妥当なものか．障害福祉計画の計画期間についてはどうか．はたまた，サービス単価構造や人員基準は真にサービスの質を維持しうるものか．障害程度区分の判定は適切か，この障害程度区分とサービス利用要件や単価が連動することの是非はどうか．そして，これらを含め今後の障害者・児福祉の推進に重要とされる地域自立支援協議会のあり様など，まだまだ解決すべき課題は多い．ところが，これらのうち自立支援法そのものに明記されたものは以外に少なく，諸課題の多くは法の委任を受けた政省令の段階で起こっている．

　筆者は，自立支援法はあくまでも手続法（給付法）の域を出るものではなく，利用者負担，障害程度区分及び児童の取扱いに関する部分を除き，法そのものを見る限り是非に及ぶものは少ないと考えている．しかしながら，上述した政省令において，現実と乖離した施策の拙速な強行，単価構造による施設の強制的な誘導など，大きな課題が潜んでいると考えている．本節では，上記のうち政省令事項の課題について，特に市町村福祉行政に関係の深いものを中心に検証することとし，次節において，地域生活移行・継続の鍵を握ると思われる地域自立支援協議会に焦点をあて，そのあるべき姿についていくつかの提言を試みることとする．

(1)　障害福祉計画の期間設定と市町村福祉行政

　自立支援法において，全ての都道府県・市町村は障害福祉計画を策定することが規定されている（第88・89条）．また，障害者基本法改正により，これまで努力義務であった市町村障害者計画についても策定義務が課せられた．

計画が各市町村に備わること，目標値が設定されることについては，それまでの状況に比べれば大きな改善であるとも言える．しかしながら，この計画期間が「3年」として政省令に規定されたことは市町村福祉行政にとって適切であろうか．

障害福祉計画は，その法根拠及びそれに盛り込む事項の内容からして，自立支援法の事業計画に過ぎないため，検証及び実現が可能な期間としてあまり長期間となることは適切ではないであろう．ただし，それはあくまでも上位計画・基本計画としての市町村障害者計画が，長期的展望に立って自らの地域特性を把握した上で「わがまちのあるべき像」を掲げ，その実施計画として障害福祉計画が位置付けられ，短期・中期的スパンで見直されてこそ意味がある．2008年3月5日に開催された障害保健福祉関係主管課長会議において，厚生労働省社会・援護局障害保健福祉部企画課は障害福祉計画について次のように述べている．「第1期計画の策定の際は，障害者自立支援法の施行業務などと重なり，必ずしも十分な検討ができなかった地方公共団体も多いと推測される．」「第2期計画においては，（略），現状把握と分析を十分に進めることが望まれる．」

以上の認識に立ち，サービス量を機械的に見込むことについて注意を喚起している．確かに施行業務と重なったこと，その準備期間があまりにも短くかつ業務が膨大であったことには酌量の余地があるが，結果的に多くの市町村は，国が示した事業量の見込み方等に準拠し，各地域で「こうあるべき」という姿を示しえなかったことは事実である．その見込み方については，支援費制度下での実績伸び率が相当に加味されるものとなっていた．

実績を勘案することは不要とは言わない．しかしながら，過去の実績は事実としての重みは持つものの，それまでの市町村の姿勢を含め容認してしまうことであり，あるべき姿に向かう「誘導的基準」の設定に必ずしも適切なものではない．さらには，今後3年ごとに見直される障害福祉計画が注視されていくとともに，市町村障害者計画との主客転倒が起こるのではないかと危惧するものである．市場規模で言えば高齢者介護分野に比べ10分の1程度しかない障害者・児分野のこれまでの基盤整備状況，また，一向に地域理解が進まず精神障害分野では逆行の観さえある住民意識の現状を見たとき，「3年」スパンで

物事を考えることはすなわち「自然放置状態での整備見込みに過ぎない」「これまでの実績を単に将来に伸ばしただけ」の事業計画にしかならず，理念の実現に向かっての政策的な誘導や長期的視野にたった理解の促進のための施策等は影を潜めることとなろう．つまり，市町村福祉行政の近視眼化・矮小化が起こり，地方主権の逆行が懸念されるのである[9]．

(2) 財源構造と市町村福祉行政

　自立支援法を支える財源を市町村福祉行政との関係で見ると，次の2点が浮かび上がってくる．1つには国庫負担基準が事実上の「上限」として機能しかねないこと，1つには地域生活支援事業の交付税措置及び包括的補助金のあり方である．

　自立支援法における法定給付（自立支援給付）の費用については全て「負担」つまり義務的経費となった．このことは評価されるべきものであり，措置時代から支援費制度に至るまで，居宅生活支援にかかる国・県からの支出区分が「補助」つまり裁量的経費であったこと，結果的にこの部分での行き詰まりが支援費制度の発展に致命傷となったことに比べると，大きな改善であり進歩である．法定給付において残された課題は，義務的経費化された居宅サービスにおける国庫負担基準をどのようにとらえるかであろう．厚生労働省は「これはあくまでも標準であり，これを超えて市区町村が支給決定を行うことは差し支えが無く，上限という意味ではない．」と繰り返し説明を行っている．つまりは，市区町村が自らの支出によって障害福祉サービスの支給を行うことを制限はしない（この意味で上限はない．）が，国庫として負担する経費には上限を設ける，というものである．

　この方式は，未だにこの基準に遥かに到達しない水準でサービス支給決定を行っている市町村の財源を保障（都道府県を合わせると3/4が保障）するとともに，地域格差の是正効果があると考えられる．介護保険制度の居宅支給限度基準額が果たした役割について先に述べたが，法で明記されたものでないにせよ類似の効果が期待される．問題はその後であり，水準以下の市町村にとっては将来的な，既にこの水準に達し重度障害者を中心に広く自立生活を支援していこうとする市町村にとっては今日的な課題としてこの負担基準と対峙するこ

ととなる．財源委譲が不十分な「三位一体改革」及び半ば強制された「市町村合併」により財政難にあえぐ市町村にとって，国庫負担基準以上の財政支出を行うことにためらいが生じても不思議ではない．

次に，自立支援法は個人への「給付」のほかに「事業」が規定されている．地域生活支援事業がそれである．この事業内容そのものについても様々な課題が指摘（例：移動支援は居宅介護（給付）から分離されて当該事業に移管等）されているが，何よりもその財源の脆弱さが指摘されなければならない．

これらの事業にかかる国からの支援は，「交付税措置」（相談支援事業・地域自立支援協議会等）と包括的「補助金」である．後者の補助金算定では，市区町村の規模（障害者数等）やこれまでの事業実績が加味されることに加え，その算定基礎は人為的に著しく低く設定されている．これ以上の説明は不要であろうが，自立支援給付という法定給付を補完し，あるいは社会参加を促進するために有効な各種事業に関しての地域格差がこの部分において拡大する可能性がある．地域生活支援事業については，その内容の抜本的見直しを図ることはもちろんであるが，その財源についても強固なものとする必要があろう．もしこれらの抜本的な見直しが行われない場合であっても，少なくとも応急処置として，人的な要件ではなく，地勢要件を大きく加味するといった技術的な対応により，地域格差是正のための試みは最低でもなされなければならない[10]．

では，仮にこれらの懸案事項が解決に向かったとして，市町村福祉行政の困惑は解消するのであろうか．筆者は，市町村福祉行政にとってこれら外的要因とともに内面の課題に向かいあう時機に来ていると考えている．

内的な課題としてまず取り上げておきたいのが「多元主義的停滞」である．こう述べると，「地方自治の透明性はまだまだ不十分であり，住民参画による

表2　各種支援事業の実施状況等（厚生労働省：2007年4月）

相談支援事業	市町村数	相談支援機能強化事業	市町村数	地域自立支援協議会	市町村数
3障害一元化(1)	1,143	実施済・実施予定(2)	789	設置済(3)	700
障害種別ごと	684	未実施	1,038	未設置	1,127
実施率	100%	実施率	43%	設置率	38%

(1)　地域包括支援センターと一体的に実施（51市町村）を含む．
(2)　2007年度中に実施予定（149市町村）を含む．
(3)　共同設置（370市町村）を含む．

意思決定・政策決定がなされていない，地方版エリート主義は温存され，多元主義的な環境は構築されていない」という指摘がなされるであろう．しかしながらよく観察すると，地方行政の内部にあっては，カリスマ性を持った首長の強力なリーダーシップがない限り，発展期に見られた行政内部での多元主義的均衡，その上での公共性に基づいた政策決定はもはや形骸化し，限られた財源を各部局が牽制しあうという停滞状態が出現している．

　よほどの首長でない限り，複雑・重層化した各種施策を総合的に判断することは困難である．このために，最近では企画部局や財政部局の役割が重視されているが，これら部局が果たして十分なエリート主義を発揮しているだろうか．残念ながら，よほどの黒白が明確な施策以外，とくにボーダー上にある既存施策を改廃することについては，担当部局の強い意向，市民生活関係にあってはこれらの受益者団体の強い抵抗，議会対策等の観点から困難となり，総合的な判断力・権限を十分に行使しえていない．

　では，シーリング方式に移行し，各部局での判断に委ねた場合はどうであろうか．やはり同様のことが起こる．例えば福祉部局内で予算配分を行う場合には，児童・障害者・高齢者・生活困難者その他について配分されるが，限られた財源内では均衡によるメリットよりも既存施策の改廃への抵抗という側面が強く出るため，停滞というデメリットがより鮮明なものとなっている．国がいくら「市区町村で行うのは自由」と言っても，障害者福祉の予算を"担当課の主張だけで"獲得することには相当の困難を伴うのである．加えて，地域住民や団体の影響もある．障害者福祉の充実に対する高齢者や児童の保護者の反応はどうであろうか．障害者福祉の抱える本質的な問題がこのような所にも潜んでいる．

　障害者福祉はこれまで，当事者団体の崇高な理念と弛まざる運動によって行政を動かし，施策化を勝ち取ってきた．そのことの功績は高く評価すべきである．しかしながら，これを「閉じた」世界で継続していくことにはもはや一定の限界に近づいている．今後は「事後の状態としての障害者」福祉から，「将来的なリスクとして地域住民全てに該当する地域」福祉への昇華を図らない限り，現状打破が困難であるばかりか，今回の自立支援法に見るように，法制度の変更によって大きく左右されるような腰の弱い体質から脱却することは困難

であろう．

　以上に見た国庫負担でありながら基準設定によってその負担に設けられた事実上の上限に加え，多元主義的停滞に陥り，自治体の超過負担による打開策が見出しがたい現状にあって，市町村福祉行政とくに障害者分野における混迷が深まっていると考えられる．

4. 新たな福祉像を求めて：地域自立支援協議会の意義と展望

　本節のテーマである「新たな福祉像」について，地域自立支援協議会を切り口として考えていくことに対しては異論もあると思われる．特にその成り立ちを考えるとき，このような協議会構想そのものを問題視する声もあることは承知している．それでもなお，自立支援法を含めた障害者・児福祉の閉塞感を打開する手段として，地域自立支援協議会を見つめることはあながち無駄ではないと考えている[11]．

　法施行準備の段階において厚生労働省より示された地域自立支援協議会構想を受け，現在各自治体においては地域自立支援協議会が設置されあるいは設置に向けた動きが加速している．政省令によって自立支援法の理念が歪曲した形で展開されているなど，政省令の内容に関する批判が多い中で，地域自立支援協議会の設置促進は唯一の例外といって良いほど時宜を得たものであろう．従来から障害者・児の地域生活支援において，公的であるか否かを問わない重層的・多元的な支援環境の構築とともに，相互の連携・協働についての必要性は認識されてはいたものの，ごく一部の地域を除いては本節で言う地域自立支援協議会に類する組織が十分に機能していたとは言い難かった．また，支援費制度の課題であった相談支援機能は，自立支援法において相談支援事業としての位置を認められたものの，脆弱な財政基盤である地域生活支援事業の中においてであり，さらには，障害者・児福祉は相談支援事業（者）だけで調整・解決しうるような狭い領域ではない[12]．

　以上の状況に加え，自立支援法施行前後より厚生労働省では就労対策の強化と並んで地域生活移行を全面に押し出すなど，政策的誘導を進めてきている．双方ともに利用者の意向と合致する場合には歓迎されるべき方向ではあるが，

特に後者の地域生活移行の数値（7万人）については社会保障全般の改革に同期して出されてきた観が否めない．そして，この社会保障全般の改革は，是非はともかく各制度に存在した"ゆとり"の部分でようやく救済されていた生活弱者の行き場を奪いつつあることは否定できない[13]．

これらの諸課題の対応が市町村に求められる時，市町村レベルでの地域課題の解決，その手段としての地域資源の開発と各資源の連携の強化が不可欠のものとして認識されることは当然であろう．そして，重層的・多元的な構造を持った障害者・児の支援環境を構築していくためには，もはや行政や関係機関・団体や当事者組織だけでは困難であり，広く地域全体を巻き込んだものとしていかない限り，頭打ちとなることは必然である．次に2つの事例を紹介しつつ，地域自立支援協議会の意義を考えてみたい[14]．

(1) 埼玉県東松山市の取り組み

埼玉県東松山市，ここは人口90,114人（2007年4月現在）の自治体である．特に財政的に豊かで，かつ大都市というわけではないが，この東松山市では，24時間365日稼動の相談窓口のほか福祉全般において先駆的な取り組みがなされてきた地域である．また記憶に新しいところでは，全国で初めて，教育委員会による障害児に対する「就学指導」を撤廃（2007年）したことでも有名である．

東松山市の障害福祉計画は，長期ビジョンとしての障害者計画と連動したものとして数少ない例外である．このこと以上に，この市の障害福祉計画・障害者計画を特長づけているのは，「地域福祉計画」を包摂していることにある．

通常は，地域福祉計画が上位（あるいは総合）計画として位置付けられ，分野別の計画が個別計画として位置付けられるのであるが，東松山市では障害福祉計画・障害者計画そのものが「地域福祉計画」として機能しうる内容となっている．ここに，自治体の意識としての発想・立脚点の転換が見られる．ひと言で言えば，「事後の障害に対する対応から，リスクに視点を移した普遍的な対応・意識の醸成へ」であり，この普遍的な対応には，行政だけでなく，地域住民や企業も，ひいては当事者自身もそれぞれの能力を発揮すべき，という姿勢に全篇貫かれている．この姿勢は，さらに言えば計画と言う紙ベースにとど

まらず，具体的な動きを見せている．それが東松山市における地域自立支援協議会である．

まず，その構成であるが，以下の18分野からの委員により構成されている．1) 委託相談支援事業者，2) 医療機関，3) 訪問系サービス事業所，4) 日中活動系事業所，5) 入所施設系事業所，6) 居住系サービス事業所，7) 保育園，8) 幼稚園，9) 小学校，10) 中学校，11) 特別支援学校，12) 放課後児童クラブ，13) 権利擁護機関，14) 就労支援機関，15) 雇用関係機関，16) 自治会関係者，17) 民生委員・児童委員，18) 学識経験者

委員構成を一覧するだけでも，児童分野の構成比率の高さに特徴が見られるが，この構成と先に見た就学指導委員会の撤廃などには一貫性が見られる．

次に地域自立支援協議会の活動であるが，まず，これらの委員が一堂に会した協議会で全ての課題を検討することは必ずしも有効ではない．当然ながらそれぞれの部会なりに区分して協議していくこととなるが，就労関係や地域生活関係については協議会設立以前から活発な活動を展開してきたとのことである．市の担当者の弁によると，「部会においては，これまで障害とは関係が薄いとされてきた分野にも声をかけ，さらには何かの会合があると聞けば積極的に出向いて現状及び趣旨等の説明を繰り返してきた．そこで判ったことであるが，これらの方々は決して障害に無関心であったわけではない．手法なり相談先等がわからず，ためにこれまで距離を置いてきたことが主な要因であった．互いに顔が見える関係で，対峙するのではなく対話していくことが，ささやかな，しかしながら着実な一歩であることを強く確信している」とのことである．ちなみに，これと同様のことを市内企業の経営者も発していた．

これらの対話の回数は半端なものではない．しかしながら，この積み重ねこそが障害者福祉の閉塞感を打破する糸口にもなりえようし，この成功事例はひとえに就労分野だけにとどまらず，市民生活全般の参考ともなるのではないか．そしてこれらの活動の基盤となりうることが，地域自立支援協議会の意義と言えるのではないだろうか（図2）．

さらに東松山市の動きを弁護するならば，これは決して地域福祉の誤解に基づく「公的支援の縮小分を地域に転嫁」せんがために活発に活動しているのではない，ということである．先の就学指導委員会の撤廃についても，その結果

第10章　障害者自立支援法と障害者福祉

サービス関連項目	相談支援・情報提供	福祉サービス	保育・教育
	就労・雇用	社会参加・日中活動	コミュニケーション
	権利擁護	居住	保健・医療

＋

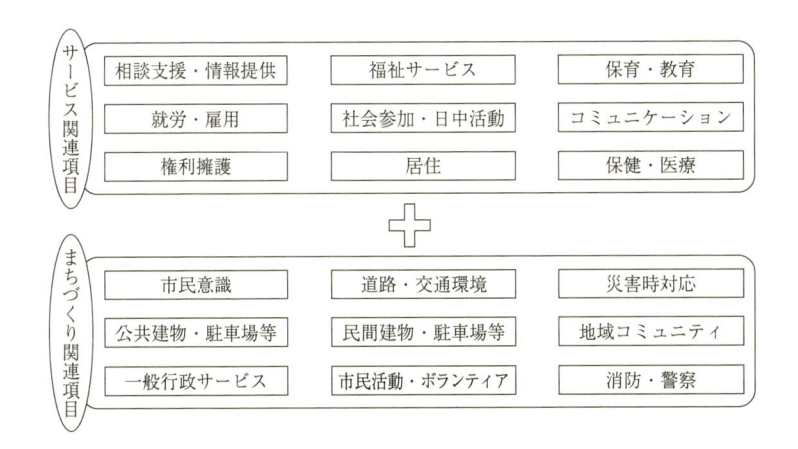

まちづくり関連項目	市民意識	道路・交通環境	災害時対応
	公共建物・駐車場等	民間建物・駐車場等	地域コミュニティ
	一般行政サービス	市民活動・ボランティア	消防・警察

注：東松山市資料．

図2　地域自立支援協議会の対象となる分野

として重度障害児を受け入れる学校への介助員派遣は市の財源により賄われるほか，就労支援に関しても公的責任の履行という姿勢を明確にした上での動きである．まだまだ稀有な例であるとともに地域的に限定されたものであるものの，住民自治の実現を福祉という切り口から踏み出そうとしているものとして今後の動向を注視したい．

(2) 兵庫県北播磨圏域の取り組み

いま1つの例を兵庫県北播磨圏域地域自立支援協議会に見ることとする．この圏域は5市1町で構成され，2007年4月現在の人口は，小野市50,415人，加西市49,894人，加東市40,199人，西脇市45,396人，三木市84,424人，多可町24,849人である．この圏域全てをあわせても295,177人と，近隣の明石市（290,878人），加古川市（266,630人）と同程度，姫路市（535,661人）の半分程度（55％）でしかない．いずれの市ものどかな田園が広がる地方都市であり，これまで福祉分野で特に注目を浴びてきたわけではない．福祉先進の市町村とは基盤整備ほかの点で後発に位置するが，この圏域内5市1町の地域自立支援協議会での取り組みにはいくつかの注目に値するものがある．

まず1つには，その成り立ちとして行政主導ではなく，それぞれの分野の危

機意識が共通に芽生えた上での自然発生であったことが挙げられる．当圏域の地域自立支援協議会の立ち上げは 2006 年 4 月の準備会にさかのぼり，10 月に正式に発足した時には既に実質的な協議が部会単位で行われていた．当時の基盤整備状況に加え制度の抜本的見直しは，行政だけでなく，地域で活動する施設や団体に共通の危機意識をうみだしたが，それぞれの Key Person が従来の対立から対話・交流へと歩み寄ったことが早期立ち上げに繋がっている．幸いなことに最も異動の激しい行政において，創設当時の考え方が継承されていることも活動継続の理由であるが，そこで当協議会の果たした役割は少なくはない．協議会や部会で常に顔の見える，声のよく聞こえる距離で各機関が接することの意義は大きく，この点では東松山市ほかと同様の効果があったと考えられる．

　次にその活動内容を見ると，そこには住民自治の実現へ向かう可能性が見られる．先行事例の模倣に始まることなく，圏域の現状認識に立ったという点で評価しうる点でもある．まず，2006 年度においては「圏域内支給決定基準」と「入所調整システム」を策定しているが，前者は措置制度から支援費制度までにあった圏域内地域格差を当該基準により是正するとともに，水準以下の市町の支給決定量を大幅に引き上げるという効果を生み出した．単独市町村での財政折衝等の困難さを考えると，圏域内の共通基準策定が現状打破に果たした役割は大きく，協議会機能を市町担当がうまく利用した例であろう．また，後者は利用選択制度の欠陥を補正しようとするものであった．利用選択は時代の要請でもあるが，当時から現在に至るまでの需給バランス（売り手市場），障害程度区分が施設に及ぼす影響（軽度者の入所が困難），情報不足等の条件下では，必ずしも最も必要な者から優先的に入所できるわけではなく，実際には施設側の意向が強く働きがちとなる．大半の施設は良識を持って行動していると思われるが，報酬誘導や情報不足により必ずしも市町村全体または圏域内の待機者の中から公平かつ公正に優先的に入所が行われるとは限らない．入所調整システムとは，客観的な指標等に基づく待機者情報を圏域内市町において集約し，施設側の意向等も聴取しながら，最も優先度の高い者が待機状態に放置されることを防ぐ仕組みとして機能している．一見すると措置制度と同じではないかという批判があることを承知で，利用契約制度の課題に鑑みあえて採用

したシステムであった．このことについて施設側と行政側が利用者支援の一点で共通理解と協力が得られたことは，協議会の1つの功績であると言ってよい．

翌2007年度には，市町職員，サービス提供機関，当事者の協議のもとに圏域で共通化した「サポートノート」を策定している．様々な効果が期待されるサポートノートであるが，自己決定の支援という点を強調している点で，今後の活用状況を注視していきたい．

東松山市のように，既に一定以上の水準に達し個別具体的に活動の領域を展開しているのとは異なり，現状認識に基づきまずシステムとしての整備を図ってきたことがこの協議会の特徴であったが，2008年度において更なる発展が期待されている．2008年度事業の1つとして注目されるのは「（仮）特性評価区分」の検討である．

「（仮）特性評価区分」とは，いわば現行の障害程度区分の持つ考え方からの転換・離脱を目指すものである．自立支援法第4条第4項において「当該障害者等の心身の状態を"総合的"に示すもの」とされた状態は，その前文の障害福祉サービスの必要性と後に続く厚生労働省令で定める区分によって，"総合的"ではなくマイナス面のみの評価となっていることについて，行政自体が疑問を持ったことがその発端である．市町村が度重なる制度変更に疲弊し，通知通達以外の自主的な現状変更を極力避ける傾向にあることから見れば，別次元の姿勢であるといってよい．このような認識を行政が持つに至った背景には様々なものがあろうが，協議会での顔の見える，声の届くこれまでの検討の積み重ねが，意識無意識に変革を促したとも考えられよう．障害程度の区分から個々の特性を評価することへの発想の転換は，言葉の遊びにとどまらない様々な可能性を秘めていると言えるし，ICF（国際生活機能分類）をツールとしてのみ使った現行方式から離脱し，理念としても消化したものとなることに期待したい．

(3) 地域自立支援協議会の今後の展望

これまでのように閉じた世界で障害者福祉を展開することや，行政主導で課題解決を図っていくことには限界が近づいている．とはいえ，いたずらに責任転嫁された地域でこれを吸収しうるものでもない．今必要なことは「公助」

「共助・互助」「自助」という各単元の機能の最大限の発揮とともに，各単元の連携を図る「協助」という第四の機能の確立であり，このことに地域自立支援協議会の将来を見出すことが必要であろう．

　残念ながら，地域自立支援協議会の認識や活動にかかる現状での相当な温度差は容易に埋まることはない．10年後，恐らく過半の市町村においては憂慮すべき状況になっていると思われるが，地方主権（あえて分権とは言わない．）・住民主権が確立する過程ではこの格差が当然に起こる．その責は基礎自治体という1つの部品を含め，当該地域全体が追うべきものであろう．そのような中にあっても，少数と思われる地域で，従来の障害者・児福祉が広がりと持続性を見せるであろうし，そのような場合には，地域自立支援協議会が大きな役割を果たしていることは容易に推測できる．我々としてはこの地域自立支援協議会を，障害者・児福祉をいま以上に突き動かす手がかりにしていくべきであろう．手がかりは既存の障害種別ごとの各法ではなく，まして自立支援法でもない．法令や各自治体の条例規則にこれ以上翻弄されない，腰の強い障害者・児福祉を再構築し，その行く末には，当該地域において「障害者・児福祉」という言葉そのものを消滅させることを目指し，ささやかな，しかしながら力強い一歩を踏み出すべき時期に来ているのではないだろうか．

　もとより，全ての地域において同時並行で進むことは期待しがたい．また，新たな国民の行動規範を中央に求めることは不適切かつ危険であり，教育にいたってはまず猛省と自浄が必要であろう．ここで求めるべき行動規範とは，地域に住む障害者・児であり，地域・教育から排除され施設へと避難せざるをえなかった障害者・児である．彼らの中から行動規範を学ぶべく協議並びに行動を続け発展させていくことに，唯一の展望があるものと信じてやまない．その際に地域自立支援協議会が重要な一助となること，この機能を手がかりに市町村福祉行政が混迷から脱し，"格差"ではなく地域"特性"を活かし，法制度に翻弄されることのない"腰の強い"福祉行政が確立してほしいとの期待を込めて本章を締めくくることとしたい．

注
1)　第1期社会福祉改革とは，1980年代からの高齢者福祉を中心とした改革で，1983

第 10 章　障害者自立支援法と障害者福祉

年の老人保健法にはじまり 1993 年 4 月の改正福祉関係 8 法の実施までを指す．第 2 期社会福祉改革は 2000 年 4 月の介護保険制度実施，5 月の社会福祉関連 8 法の改正であり，社会福祉法の成立はそれまでの改革の 1 つの総決算と位置付けられる．

2) 介護保険制度は利用契約制度，社会保険制度への移行という点で大きな変革であったが，高齢者福祉行政の実施主体についての異動はない（従来から市町村へ権限委譲済み）．

3) この現物給付"化"方式が，事業者のみならず市町村でも時折曲解されている．現物給付"化"された費用のやりとりが事業者と市町村間で行われるため，本来「利用者自身」に帰属するものであることが意識されにくいためである．事業者にあっては，サービス提供に要した経費は利用者自身が全額負担していること，その利用者が負担する原資を市町村が利用者に支給しているものであることを忘れるならば，利用者本位という制度の趣旨はなかなか確立を見ないものであろう．

4) 個々の障害者で見ると，定率負担にかかる軽減対策なしには利用抑制が起こる場合が相当にあるが，利用量全体としては増加することは介護保険制度前後の量的比較を見ても容易に推測できる．

5) 財政的な破綻は結果論と時機の問題であり，支援費制度にその責を帰することは適切ではない．

6) 身近になることで市街地にも進出を果たした高齢者福祉基盤に対し，障害者施設・在宅整備が依然として"迷惑施設"として山あいに偏在するような状況にあった．

7) 月額上限を全て訪問介護で消費すると，要介護 5 では身体介護のみだと 92 時間，生活援助のみでも 184 時間程度の利用しかできない．安価な生活援助のみ利用でも 1 日 6 時間にとどまる．

8) 明らかにサービスが不足する場合には「経過的限度基準額」の設定が例外的に認められた．

9) 介護保険事業計画におけるサービス量見積もりの方式は第 1 期（2000-04 年度）と第 3 期（2006-08 年度）では大きく異なり，前者では，2000 年度に居宅要介護者のサービス利用率 40% が 10 年後に 80% に上昇（社会化）するものとして当該期間中の各年度の利用率を直線的に伸ばしたものとして算定していたが，後者では単に 2000-05 年度の過去の実績を将来的に伸ばすという，何ら政策的な意図のないものに堕してしまっている．

10) 例として，移動支援や相談支援（うち訪問）などは，単なる人口要件でなく，その人口の分散度合いやサービス提供の効率性・所要時間が反映される地勢要件を加味するなど，財政力が弱くサービス提供効率の低い小規模自治体に傾斜配分されなければならない．

11) 本来はそれぞれの地域課題を認識した住民等の発意によって，自然発生的にたちあがるべきものであるという主張から見ると，国が用意した地域意自立支援協議会構想自体が否定されかねない．

12) 唯一個別給付の対象として「サービス利用計画作成費」があるが，この対象となる場合が極めて限定的であり，全国的にも著しく低い利用件数となっている．

13) かつては，一の制度で対象外であった場合でも別の制度の"ゆとり"部分で何とか救済しえていた．端的な例として社会的入院（福祉施設に対する偏見や利用者負担による場合を除く．）がある．
14) いずれも筆者の限られた情報の中からのものであり，これ以外にも積極的な取り組みを行っている地域は存在するが，相当に温度差のある取り組み（形骸化した協議会を含む）の中で，これらの地域については今後の住民自治，新たな福祉像の構築に迫る何がしかを我々の前に提示していると思われる．

参考文献

厚生労働省（2007）『障害保健福祉関係主管課長会議資料』．
坂本忠次編（2003）『現代社会福祉の諸問題』晃洋書房．
坂本忠次・住居広士編（2006）『介護保険の経済と財政』勁草書房．
東松山市（2007）『東松山市市民福祉プラン』．

第11章

社会保障論の基礎視座
―人間発達とスウェーデンモデル―

藤 岡 純 一

はじめに

　社会保障制度はベヴァリッジ構想によってその体系的なモデルが提供された．それはそれぞれ歴史的に発展してきた社会保険制度と公的扶助制度を結合した形をとっている．すべての国民を「ゆりかごから墓場まで」ライフサイクルに生じる想定されるあらゆる事故，すなわち病気，失業，労災，死別，老齢などによる所得の喪失に対して，まず，一定の所得を保障しようとするものであった（岡田 1991: 4）．

　社会保障はすべての国民の権利として与えられ，国家はその義務を負う．国民の社会権を基礎としている．社会権とは，すべての国民が人間らしい文化的な生活をいとなむ権利で，資本主義が進展するにつれて顕在化した諸問題を解決するためのものである．生存権，教育を受ける権利，勤労の権利，勤労者の団結権などが含まれる．第1次世界大戦後ドイツのワイマール憲法で初めて認められ，第2次世界大戦後，先進各国の憲法の中で大きな位置を占めるようになった．

　社会保障は，狭義に解すれば所得保障であるが，広義には，児童，障害者，高齢者に対する福祉サービス，医療サービス，住宅環境，雇用などのさまざまな社会サービスをも含み，これらの整備も国家の責任とされる．1960年代には社会保障は先進国において大きく前進した．

　1960年代には，先進各国で社会保障の充実が進められたが，1970年代から80年代にかけて，新自由主義の影響の下で，公的部門の抑制とプリバタイゼーションが行われた．アメリカのレーガン政権やイギリスのサッチャー政権に

よって進められた改革がこの典型である．減税と支出の抑制によって投資誘因を引き出し，供給者のインセンティブを変えることを主張した．また，肥大化した政府の官僚主義や腐敗を批判した．この政策は，多くの先進国に影響を与えた．

これらの新自由主義的政策の1つの帰結は，格差と貧困の拡大であった．これに，グローバリゼーションと少子高齢化が加わり，格差の拡大に拍車をかけている．一方で，福祉分野等において，公的部門だけでなく，NPOなどを含めた地域の公共性についての議論が起こっている．

本章は，社会保障論の再構成のための準備作業として，人間発達の立場から社会保障論の基本的な観点を提示する試みである．本章ではアマルティア・センの見解を基礎に，アンソニー・ギデンズの第三の道とベーシック・インカム論を論じ，エスピン-アンデルセンの見解を取り上げるとともに，スウェーデンモデルについて言及した．日本では，格差拡大の中で，生活の最低保障が脅かされている．人間発達の機会そのものが脅かされている．

1. 人間発達の社会保障論

アマルティア・センは経済学者であるが，センの潜在能力アプローチは，経済学だけでなく福祉や社会保障の分野においても，その理論的な基礎を提供している．

センの理論を人間発達の経済学として位置づけたのは，池上惇である．同氏は，センが機能アプローチという経済学の本来の方法論に立ち戻り，潜在能力と人間の享受能力とを問題にしたことを高く評価している．そして，「享受能力の問題は人間の学習能力なくして不可能であるから，学習を経済学の重要な基礎概念に位置づけることになるであろう」（池上1991: 148）と述べている．

鈴村興太郎はセンの社会保障論を紹介している．センによると，社会保障プログラムとは，社会・経済システムのあり方に深く根ざす持続的で予想可能な慢性的貧困と，疫病・飢饉・大不況など人の生活環境の激変に起因する予測不可能な突発的貧困という，2つのタイプの貧困に対する問題の解決を目指す公共的活動である．前者の貧困への対処を社会保障の促進的側面，後者の貧困に

対する対処を保護的側面であるとする．そして鈴木は，「基礎的潜在能力の失敗を指して《貧困（deprivation）》概念を再定義するセンの提案は，社会保障プログラムの設計という当面の応用を離れても，現代社会における豊かさとはなにかという大きな問題を提起するもののように思われる」（鈴村 1995: 209）と述べている．

本章では，人間発達の社会保障論を展開する上で欠くことのできないアマルティア・センの理論を，まず取り上げる．

(1) アマルティア・センの潜在能力アプローチ

アマルティア・センについては，日本でもこれまで多くの紹介がなされ，検討が行われてきた．どの論者もセンの潜在能力アプローチを高く評価している．

センによると，個人の「福祉（well-being）」とは，その人の生活の質，すなわち「生活の良さ」である．生活とは，相互に関連した「機能」（ある状態になったり，何かをしたりすること）の集合から構成される．重要な機能として，「適切に栄養を得ているか」「健康状態にあるか」「避けられる病気にかかっていないか」「早死にしていないか」などの基本的なものと，「幸福であるか」「自尊心を持っているか」「社会生活に参加しているか」などの高度なものもある．そして，人が行うことのできるさまざまな機能の組み合わせが「潜在能力」（capability）である．

潜在能力アプローチが厚生経済学と異なる点は，単に効用をもたらすか，効用の程度を問題にするのではなく，さまざまな行為や状態が重要であると考えることにある．この意味で，潜在能力の視点によって，生活を豊かにも貧しくもするさまざまな要因を，より完全に把握することができる．効用は，主観的特性を捉えており，潜在能力アプローチは機能の客観的特性に注目する．

福祉を潜在能力によって捉えることは次のことを意味する．もし「達成された機能」が人の福祉を構成しているとすると，潜在能力（個人が選択可能な機能のすべての組み合わせ）は，「福祉を達成するための自由（あるいは機会）」を構成する．そして，「福祉の自由」を持つべきことを権利であるとみなすことができる．

GDPや所得などの変数は，福祉や他の目的を達成するための道具であり，

自由への手段であるが，これと対照的に機能は福祉の構成要素であり，潜在能力はこれらの構成要素を追及する自由を反映している．自由を決定する要因には，社会的・経済的な制度（例えば教育施設や医療）のほか，政治的・市民的権利（例えば公開の討論や検討に参加する自由）なども含まれる．

「潜在能力は『様々なタイプの生活を送る』という個人の自由を反映した機能のベクトルの集合として表すことができる．財空間におけるいわゆる『予算集合』が，どのような財の組み合わせを購入できるかという個人の『自由』を表しているように，機能空間における『潜在能力集合』は，どのような生活を選択できるかという個人の『自由』を表している」（Sen 1992，邦訳60頁）．

少なくとも特定のタイプの潜在能力は，選択の機会が増すごとに人々の生活を豊かにし，福祉の増進に直接貢献する．この意味で，潜在能力は「達成された成果」と直接に結びつく．

豊かな国における個人間の差異のある機能として，友人をもてなす能力，会いたいと思うひとの近くにいる能力，コミュニティー生活において役割を果たす能力，自分の衣服を恥じることなく生きる能力，文学的・文化的・知性的探求，休暇や旅行などをあげている．

適切な機能や重要な潜在能力としてどのような機能を取り上げるべきかという問題が常に存在する．機能を選択し，それに対応した潜在能力を示すときに，評価の問題は避けて通ることができない．重要なものの中で相互にウェイト付けをしなければならない．このような差別化，さまざまな機能や潜在能力の相対的評価は，潜在能力アプローチの重要な要素である．

(2) アマルティア・センの貧困概念

センにあって貧困とは，基本的な潜在能力が奪われた状態である．この観点から，所得の低さを貧困と捉える考え方を批判している．その理由として，①潜在能力アプローチが本質的に重要な欠乏状態に関心を集中するものであること，②所得の低さ以外にも潜在能力に影響を与えるものがあること，③低所得と低潜在能力の間の関係は異なる地域社会，異なる家族や個人の間で可変的であることをあげている（Sen 1999，邦訳99-100頁）．

③に関して，第1に，所得と潜在能力との関係は，その人の年齢（高齢者や

第11章　社会保障論の基礎視座

幼年者），性と社会的役割（母親としての責任や家庭内の義務），場所，疫学上の環境，その他によって大きな影響を受ける．第2に，年齢，障害，病気などの不利な条件は所得を獲得する能力を減少させる．第3に，家庭内での分配が所得を基準とした貧困の見方を困難にする．第4に，豊かな国で相対的に貧しいことは潜在能力という点で大きな不利になりうる，と述べている（Sen 1999, 邦訳100-1頁）．

②に関して，失業，医療と死亡率，教育の欠如，社会的疎外について述べている．失業は所得の喪失にとどまらず，精神的な傷，働く意欲・技能・自信の喪失，不安定な病的状態の増大，家族関係や社会生活の崩壊，社会的排除の強まり，人種的緊張や男女間の不平等の高まりなどを招く．これに関して，西ヨーロッパとアメリカを比較しているのは興味深い．「アメリカの社会倫理では窮迫者や困窮者をあまり支援しないことが許されるようだが，それは福祉国家のもとで育った典型的なヨーロッパ人には受け入れがたい．しかしその同じアメリカの社会倫理では，ヨーロッパでは普通の2桁の失業率は全く容認できないであろう」（Sen 1999, 邦訳108頁）．

医療と死亡率に関するアメリカとヨーロッパの社会的態度についての例も興味深い．死亡率という指標で見ると，アフリカ系アメリカ人は中国やインドのケララ州，さらにはスリランカ，コスタリカ，ジャマイカその他の多くの貧しい人々より遅れを取っている．原因は暴力のみではなく，アメリカのこれら多くの人には医療を受ける何らの制度も保障されていないからである．「ヨーロッパでは健康保険は経済能力や病歴状況に関係なく市民の基本的な権利とみなされており，アメリカのような状況は政治的に容認されない可能性が強い」（Sen 1999, 邦訳111頁）．

センのアプローチは，社会保障の目的を示しているように思われる．各種の社会保険や所得保障，そして社会福祉は，潜在能力の欠如としての貧困から人々を自由にすること，どのような生活を選択するかという個人の自由の保障である．しかしながら，社会保障の中で，どのようにこの基本的な視座を実現していくかというプロセスについては，十分に論じられているとは言い難い．この点を検討するために，まず，アンソニー・ギデンズの第三の道とベーシック・インカム論を取り上げる．

2. 第三の道とベーシック・インカム論

(1) アンソニー・ギデンズの第三の道

グローバル化時代の経済と社会のあり方について，社会学者のアンソニー・ギデンズは「第三の道」を提唱した．ここで第三の道とは，「旧式の社会民主主義と新自由主義という2つの道を超克する道」(Giddens 1998, 邦訳55頁)である．「現代化する左派」ないし「現代化する社会民主主義」という表現もされている．トニー・ブレア率いるイギリスのニュー・レイバーの政策的指針となった．

1) 社会投資国家

まず最初に，ギデンズの提唱した社会投資国家に焦点を当てる．社会投資国家にあって基本となるのはポジティブ・ウェルフェアーという福祉のあり方である．いわゆるベヴァリッジ報告において宣戦布告した不足，病気，無知，不潔，怠惰はネガティブなものばかりであるが，これに対してギデンズは，個人ならびに非営利組織が，富を創造するポジティブ・ウェルフェアーを提唱する．より具体的には，生計費を直接支給するのではなく，できる限り人的資本 (human capital) に投資することを指針とする (Giddens 1998, 邦訳195-6頁)．

社会投資国家の社会保障はいかにあるべきかを，ギデンズは，高齢者と失業者への給付という2つの基本的分野を取り上げて説明している．

高齢化はほとんどの先進国で進み，手に負えないほどに年金支給額は膨れ上がる．イギリスでは，年金給付額を平均所得ではなく一般物価指数にスライドさせることにより，支給額の削減が図られた．ポジティブ・ウェルフェアーは経済的な給付という面だけに話を限定しない．定年制を廃止し，高齢者を厄介もの扱いするのをやめて，人的資源とみなすことである．定年退職を廃止しても，早期退職する人や定年を超えて働く人がいるから労働市場への影響は中立だとギデンズは考える．仕事につく高齢者，コミュニティー活動に参加する高齢者の増加は，高齢者と若い世代の交流を緊密にするきっかけとなる．

難しい問題は，継続的な介護を必要とする病弱な高齢者の扱いである．「オールド・オールド」は，惨めな生活をしている人が少なくない．これについては，単に支給に関わる問題だけではなく，多くの検討課題が残されているとしている（Giddens 1998, 邦訳 203 頁）．

ギデンズは，ヨーロッパの高失業率の原因は，規制緩和ではなく，高額の失業手当が無制限でもらえたり，下層労働者の教育水準が低いこと（その結果としての排除）にあると述べている（Giddens 1998, 邦訳 204 頁）．したがって規制撤廃は問題の解決につながらない．

福祉予算は，アメリカではなくヨーロッパ水準を維持すべきであるが，その使途はできる限り人的資本への投資に切り替えるべきであるとしている．「給付制度がモラルハザードを引き起こしている場合には，即刻それを改編すべきである．インセンティブを仕掛けることにより，あるいは必要に応じて法的な義務づけを講じてでも，人々がもっと積極的にリスクを引き受けることを促すべきである」（Giddens 1998, 邦訳 204 頁）．

2）不平等問題

ギデンズは，平等と不平等の問題は，社会的・物質的財の利用可能性だけを指し示しているのではなく，自己実現に関わる問題であるとして，アマルティア・センの「社会的潜在能力」という概念を高く評価している（Giddens 2000, 邦訳 100 頁）．

ギデンズによれば，諸個人はそれらの財を効果的に使う潜在能力を持っていなければならない．平等を促進することを目的としてつくられた政策は，人が自らの幸福を追求するために保有している総体的な自由を重視しなければならない．不利な立場は，「潜在能力」の欠如として，すなわち資源の欠如だけでなく，獲得されるべき自由の欠如として定義されなければならない．例えば，失業している個人は，高水準の社会保障費を支給している社会であれば生活していけるかもしれないが，幸福という点では，自尊心の喪失や「あり余った時間の重圧」のために，非常に良くない状態にあるかもしれない．

このことを前提に，ギデンズは機会の平等を重視する．ただし，それは資産と所得の再配分を前提としている．なぜなら，第 1 に，生活のチャンスは世代

を超えて再配分され,「ある世代における結果の不平等は次の世代における機会の不平等になる」からである.第2に,「機会がやむをえず制限される人々,あるいは,他の人々がうまくいっている時に取り残される人々が必ずいるからである」(Giddens 2000, 邦訳 102 頁).

福祉改革に対する第三の道アプローチは,社会的排除に焦点を合わせる.社会的な排除の中には福祉国家それ自体を原因とするもの,例えば,貧困を軽減するために造られた住宅団地がある.これは意図に反して社会的・経済的に荒廃した地域になった.また,他の事例として,排除は通常の労働市場へ参入する機会が失われていることを意味する.排除された人は勝ち負けのゲームにさえ参加していない.

ギデンズの考えの基調は,可能な限り人的資本に投資することである.働くための福祉[1]を推進することである.しかし,働くための福祉からチャンスを得られない人々,例えば,子どもや障害者や病人や高齢者等がいる.これについて「受動的な福祉政策から能動的な福祉政策への移行に伴って,彼らは不利な立場に置かれるはずであると,連想してはならない.彼らの潜在的な行動力を引き出して,依存を弱めるように援助することが道理にかなっている」と述べている (Giddens 2000, 邦訳 124 頁).

長期にわたる,または慢性的な貧困がある.例えば,恵まれない境遇の下に生まれた子どもたちは,しばしば身体的障害を持っていたり,虐待されたり,放置されたりする傾向がある.ギデンズは,長期にわたる貧困には特別な援助が必要であるとする.ただし,援助は,福祉給付が一般的にそうであるように,政府だけから提供されるのではなく,諸機関の連携を含んでいると述べている (Giddens 2000, 邦訳 130 頁).

ギデンズは,このようにアマルティア・センを高く評価しつつ,人的資本への投資を第三の道の重点とみなして,就労のための福祉を強調するが,潜在能力の開発は人的資本への投資よりも広い範囲の開発を意味していると思われる.

M. カーペンターと S. スピードンは,ブレア首相のニュー・レイバー・アプローチを,ワーク・ファースト(労働第一)と位置づけている (Carpenter et al. 2007: 159).また,カーペンター,スピードン,そして B. フリーダは,ギデンズのワーク・ファーストまたは人的資本アプローチに対して,広い意味で

の潜在能力と人権のアプローチの提起している（Carpenter et al. 2007: 6）．彼らは，アマルティア・センを引用しつつ，「潜在能力は，フォーマルな経済と労働市場の内と外における人間の機能と定義される．それは，人々が実行したりなったりすることに価値を認める様々なことと，観察できる実現された機能を含む」（Carpenter et al. 2007: 171）と述べている．労働市場の内と外の両方における人間の機能の発達が重要である[2]．

（2） ベーシック・インカム論
1） ベーシック・インカムの構想

アマルティア・センの「潜在能力の貧困」論等によりながら，標準的な消費生活への参加と地域コミュニティーへの参加を保障する制度提案として，ベーシック・インカム論がある．ベーシック・インカム構想とは，「性別や所得の多少，就労の有無を問わず，すべての個人に対し（世帯単位ではなく）生活の基本的ニーズを充足させる最低限所得を保障しようとするものであり，戦後『福祉国家』の所得保障政策のオルタナティブとして提案されているものである」（小沢 2002: 150）．ベーシック・インカムのメリットは，ミーンズテストに伴うスティグマや「失業と貧困の罠」などから社会保障給付を解き放ち，税制と社会保障制度の統合化を進めることである．それは個人の自己実現に向けた発達の踏み切り台であるという．

しかしながら，ベーシック・インカムには，労働とは無関係に誰彼の区別なく所得保障がなされる点に，批判が集中する．国民の勤労意欲の低下，遊んで暮らす人々の増加などが懸念される．そこで，アンドレ・ゴルツは，ベーシック・インカム保障と労働時間短縮とを組み合わせる提案を行っている．

「生産過程に必要な労働がますます減少し，分配される賃金がますます減少していくとき，誰の目にも明らかになることがある．所得権を雇用に就いている人間にだけ限定することも，また特に，所得水準を各人が提供する労働量に基づいて決めることも不可能になるということだ．ここから，労働や労働量から独立した，あらゆる市民に保障される所得という考え方が生まれる」（Gorz 1988, 邦訳 339 頁）．

現在のフルタイムの年間労働時間 1,600 時間を 15～20 年間で段階的に 1,000

時間に減らし，さらに，20年ないし30年かけて年間1,000時間の単位を3年，5年へと拡張すれば，それぞれの人生設計に応じて，職業活動，社会貢献，学習，芸術創造活動など自由な生き方が可能になる．ベーシック・インカムは労働時間短縮に伴って減少した所得を補い，労働中断中の所得保障になる．これによって，「フルタイム労働者と除け者」との分断の解消を目指すことができる（小沢 2002: 139-40）．

2）労働時間の短縮

オランダにおいて，ワークシェアリングによって労働時間が短縮され，失業率が改善されている．確保された自由時間を人生の幅を広げるために使う人が増えており，小沢修司は，この試みがベーシック・インカム構想を「所得と労働の関係性」から検討する際にも，重要な意義を有していると，述べている（小沢 2002: 158）．

2007年7月に施行された労働時間調整法では，労働者は，「自分のライフスタイルや生活上の必要に応じて，労働時間の変更を自由に求めることができるようになった（ただし，10名以上の労働者が勤務している事業所であること，1年以上雇用関係にあること，変更は2年に1回までといった制限はある）」（水島 2008: 266）．この法律は，とりわけ女性が出産後も職場にとどまって働く上で有効に用いられている．女性の就労は大幅に増加した．

2006年1月には，すべての労働者に長期休暇取得の道を開く「ライフサイクル規定」が実施され，「労働者が自らの生活設計に基づいて休暇を『貯蓄』し，後にそれを『消費』する」制度が実現することになった．

田中洋子は，ドイツにおいてはベーシック・インカム論にあまり支持がないとしながらも，ドイツの新しい試みとして，労働時間口座システム，パートタイム労働の拡大，高齢者パートタイム法，両親時間制度などとともに，生業以外の労働時間（家事・家族労働，市民相互の交換労働，社会のためのボランティア労働，教育労働）をも重視する制度設計を紹介している（田中 2008: 44-8）．

「労働」と「所得」とを切り離すベーシック・インカムの考え方からはなお遠いが，労働の概念を広くとらえ，労働の人間化あるいは生きる喜びとしての労働の観点から，生涯設計をも考える試みとして注目される[3]．

なお，北欧の福祉と雇用政策を「生産主義」とし，オランダで「脱生産主義」に成功したという議論があるが，北欧では労働時間が世界的に短く，文化や余暇を大変重視している点で，この対比は適切ではないといわざるを得ない．北欧では，生産労働，福祉労働，教育労働，家庭労働などが有機的に結合されており，かつ家族を含めた余暇を重視し，余暇環境整備にも力を入れている．

3. 福祉国家レジーム

(1) エスピン-アンデルセンの3類型

スウェーデンモデルを検証するために，イエスタ・エスピン-アンデルセンの福祉レジームの3類型の検討からはじめよう．

エスピン-アンデルセンが，著書『福祉資本主義の三つの世界』の中で，福祉国家レジームの3類型を明らかにし，それを次の著書『ポスト工業経済の社会的基礎』でさらに発展させたことは良く知られている．

3類型とは，自由主義的な福祉国家，コーポラティズム的福祉国家，そして，社会民主主義的な福祉国家である．階層化の状況や社会権のあり方について比較するとともに，国家，市場，そして家族の組み合わせが類型を形成する（Esping-Andersen 1990, 邦訳28頁）．

第1の，自由主義的な福祉国家は，ミーンズテスト付の扶助，最低限の普遍的な所得移転あるいは最低限の社会保険プランである．給付の主な対象は，低所得で通常は労働者階級の，国家の福祉に依存的な層である．福祉が最低限のものとされるのは，働く代わりに福祉を選択しないためである．一連の社会権は実質的に抑制され，受給者たちの低水準の福祉と通常の市民たちの市場での能力に応じた福祉との二重構造ができあがる．このモデルの典型として，アメリカ，カナダ，そしてオーストラリアが挙げられている．

第2の，コーポラティズム的福祉国家では，自由主義を信奉し市場の効率性や商品化に執着することはあまりなく，社会権を広く保障することに強い抵抗はなかった．顕著な特質は職業的地位の格差が維持されたことである．諸権利は階級の職業的地位に付随するものであり，再配分的な効果はあまり認められない．他方で，教会の強い影響のもとでつくりだされる場合もしばしばで，伝

統的な家族制度の維持に大きな努力をはらった．このレジームに属するのは，オーストリア，フランス，ドイツ，イタリアなどである．

　第3の，社会民主主義的福祉国家は，普遍主義の原理と社会権の脱商品化が新中間階級にまで効果を及ぼしている国である．社会民主主義勢力が，国家と市場，あるいは労働者階級と中間階級との間で二重構造が生み出されることを容認しない．他の国で容認されたような最低限のニードを基準とした平等ではなく，最も高い水準の平等を推し進める．サービスの水準は新中間層の高い欲求水準とつりあうものに高められ，労働者にも富裕な階層が享受するのと同水準の権利に浴することが保障され，平等が高められる．この類型に属する国は，スカンジナビアの国々である（Esping-Andersen 1990, 邦訳 31 頁）．

　社会民主主義レジームにおいては，伝統的な家族からも解放される．コーポラティズム的な補完的モデルとは対照的に，家族の介護能力が限界に達したときに介入するのではなく，あらかじめ家族がかかえこむコストを社会化する点にある．家族への依存を最大化するのではなく，個人の自律を最大化する．

　エスピン-アンデルセンは，「たぶん社会民主主義レジームの最も顕著な特質は，福祉と労働の融合である」と，述べている（Esping-Andersen 1990, 邦訳 31 頁）．筆者もこの点は大変重要であると考える．普遍的で高水準の社会福祉と社会保障を積極的労働市場政策と結合させている．この意味で，アンソニー・ギデンズおよびイギリスのニュー・レイバーの「労働のための福祉」あるいは「福祉から労働へ（welfare to work）」とは異なっている．

　イギリスについて，エスピン-アンデルセンは，戦争直後数十年で比較すれば，イギリスとスカンジナビア諸国は同じ分類に含められるが，1980 年代の民営化と規制緩和の時代以降，レジームの変化を遂げた，と述べている（Esping-Andersen 1999, 邦訳 131 頁）．

　1997 年にブレア首相が率いるニュー・レイバーが政権の座につく．ニュー・レイバーは，支出のカット，国家セクター内での市場原理の導入，厳選主義，社会サービスの直接提供への慎重な姿勢など，その前のコンサーバティブ政府の政策を多くの点で受け継いだ．（Bochel and Defty 2007: 1）　労働党政権の 8 年間，経済は拡大し失業率は低下したが，貧困問題は解決せず，格差が拡大し機会の平等も危機にある（山口 2005: 59）．

エスピン-アンデルセンは，福祉レジームの3類型に分類したが，それは常に変化するものである．類型論はこのような変化の把握に弱いという難点がある．それは単に，1つの国がレジーム転換を遂げるというだけでなく，レジームそのものも変化し，また，分類に際して度外視した要素がその後の発展の中で重要になることがある．例えば，国の役割とともに地方分権と地方自治は大変重要な要素である．

一方で，エスピン-アンデルセンの考え方は，福祉国家レジームという体制を主な考察の対象としており，人間の発達という基本的観点はない．地方分権化され，国と地方の分担の明確な北欧諸国においてこそ，人間発達が最もさまざまに保障されていると言える．

エスピン-アンデルセンは，北欧を「生産主義」ととらえる考え方の一面性を批判している．北欧の福祉国家は，すべての国民が労働するために必要な資源と動機とを持つことを保証しようとするものであり，「国家を軸とする福祉関係が支配的となる」(Esping-Andersen 1999, 邦訳 123-4)．

(2) 日本の位置付け

エスピン-アンデルセンは，著書『ポスト工業経済の社会的基礎』において，第4の世界としての地中海沿岸諸国と東アジアについて述べ，その中で日本の福祉レジームを特徴付けている．

日本は，「福祉国家としては，保守的な要素と自由主義的な要素とが融合していることになる．このことは，保険制度がドイツの影響を受け導入され，社会扶助の制度が第2次世界大戦後のアメリカ占領軍によって設計されたことを思い起こしてみれば，さして驚くに値しない」(Esping-Andersen 1999, 邦訳136頁)．社会保険は，ヨーロッパと同様に，広範囲な職業的区分に沿って地位ごとに細分化されているが，保険給付は中位にとどまり，受給禁止の資格基準が存在する（特に失業給付）．社会扶助システムは，厳格な資力調査や，対象をきわめて限定した支給，強いスティグマがあり，補捉率はきわめて低い．

また，日本の福祉ミックスの中で，家族が大変重要な要素になっている，と述べている．公的サービスは，高齢者向けであれ，児童向けであれ周辺的なものにとどまり，家族が実際の責任を負わなければならない．南ヨーロッパの地

中海周辺レジームも，究極的には家族が中心的役割を担っている，と指摘している．

2000年の介護保険制度導入によって，要介護・要支援と認定された高齢者の数が著しく増加し，介護サービス事業への参入も相次いだ．日本の制度は，メニューからみると，福祉先進国並みであるが，それは民間事業者と要介護・要支援者との契約を柱としており，スウェーデンの自治体責任型とは異なる．介護保険の導入により，家族の介護負担が軽減されたとは必ずしも言えない．2006年の改革によって，軽度の要介護者の受給限度額が引き下げられた．

日本の社会保障は，格差が拡大する中で，最低保障の役割が危機にさらされている．特に，若年のワーキングプア，年金額の低い高齢者，そして介護や福祉の担い手の一翼としての家族である．

4. スウェーデンモデル

エスピン-アンデルセンの福祉国家の第3のレジームの1つの典型はスウェーデンである．普遍主義の原理と社会権が新中間階級にまで影響を及ぼしている．最低限のニードだけでなく高い水準の平等を推し進める．伝統的な家族から解放され，あらかじめ家族が抱える問題を社会化する．そして個人の自律を最大化する．

1950年代・60年代のスウェーデンモデルは，レーン＝メイドナー・モデルを中心としていた．これは，イェスタ・レーンとルドルフ・メイドナーが提案したもので，総需要を抑制する税制（税の引き上げ）と供給を促進する労働市場政策の結合であった．抑制的財政政策によってインフレーションを抑制し，その結果発生した失業を，教育・訓練，リハビリ，労働力流動化などの積極的労働市場政策によって，新しく拡大した労働需要に対応しようとした（藤岡 2001: 241）．1950年代・60年代の経済拡大の時期において，完全雇用に大きく貢献したと言える．この積極的労働市場政策は，現代のスウェーデンモデルの柱として引き継がれている．積極的労働市場政策のための公的支出のGDPに占める割合は，2005-6年に1.32%で，のデンマーク，ノルウェー，オランダとともに，OECD諸国で高い水準にある（OECD 2007: 270-6）．エスピン-ア

ンデルセンによると，北欧では，「福祉国家は，すべての国民が労働するための必要な資源と動機（仕事と）を持つことを保証しようとするものである」(Esping-Andersen 1999, 邦訳123頁).

1970年代に，個人所得税が家族単位から個人単位に変更されたのを契機に，女性の就業が公的な福祉サービスの拡充とともに促進された．女性の就業は福祉や教育の分野で急増するとともに，公務員の数も急増した．大臣の半数が女性であるなど，公的部門を中心の女性の地位は高い．男女を問わず権利として認められた休暇が，長い有給休暇のほかに，育児休暇，介護休暇，児童看護休暇など，早くから導入され，現在給与の80％の所得保障が行われる．労働時間選択制度や教育休暇制度もある．年間労働時間はOECD諸国の中で最も短い国に属している．

1982年に，それぞればらばらにあった社会サービスに関する法律が，社会サービス法として統一された．この法律で，社会サービスの目的は，民主主義と連帯に基づき，人々の経済的および社会的安全，生活条件における平等，そしてコミュニティー生活における積極的な参加を促進すると明記されている．そして実施責任をコミューンと定めている．この法律においてコミューンが責任を持つのは以下のグループの人たちである．①子どもと若者，②麻薬・アルコール中毒の人，③高齢者，④機能障害者，⑤親戚を介護している人，⑥犯罪犠牲者である．経済状態にかかわらず社会サービスは必要な人に提供される．GDPに占める社会サービス費の割合はOECD諸国の中で最も高い水準である．2002年には，高齢者と障害者に対する介護サービス料金に上限が設けられるとともに，手もとに残る最低生活保障が制度化された．高齢者は年金受給額等の収入から，家賃と介護費用を支払うが，最低生活保障額は手もとに残る．この額には，食事，衣料品と靴，レジャー活動，衛生，消費財，新聞，電話，テレビ契約，家具と家庭機器，住宅保険，電気，旅行，歯科治療，外来医療保健，薬の費用が含まれる．

スウェーデンでは，福祉にせよ労働政策にせよ，所得の最低保障と人間の発達保障という原理がその基底に貫かれている．

1999年に年金改革が実施された．これについて多くの紹介がすでになされているが，ここでは，働いていたときの所得に連動する所得比例と，税方式に

よる最低保障年金を組み合わせたものであるという指摘にとどめる（藤岡 2001: 95-105）．

現代のスウェーデン社会は，普遍主義原理に基づいた高水準の社会保障と積極的労働市場政策の組み合わせによって特徴づけられるが，同時に，分権型福祉社会である（藤岡 2005）．地方分権が進み，社会サービスは基本的にコミューンの責任とされている．できるだけ住民の身近なところで行政が行われる．コミューンの責任をベースに，近年，民間委託・購入者‐供給者モデルが導入され，新しい協同組合，NPO やインフォーマルセクターが一定の役割を持つようになってきている．ただ，スウェーデンでは，たとえ民間委託されても，財政とサービスの質についてはコミューンが責任をもつ．社会サービスは必要に応じて提供され，被提供者は所得に応じて料金を支払う．財源の約 95％ は地方所得税などの租税である．

スウェーデン経済は，1990 年代前半の深刻な不況から立ち直り，現在安定成長を持続している．（藤岡 2005）今後，80 歳以上の後期高齢者の割合がさらに高まるので，現在の負担水準と良好な財政を維持しつつ，社会サービスの重点化を行うことが避けられない．介護における家族・親戚の役割の大切さも見直されてきている（藤岡 2009）．また，積極低労働市場政策の効果をさらに高めることが求められている．これらの課題を解決しつつ，高齢者を含めた最低生活保障の充実を行い，普遍的な福祉社会はさらに前進すると思われる．

おわりに

本章では，社会権を前提としつつ，人間発達の立場から社会保障論の基本的な観点を提示する試みとして，アマルティア・センのケイパビリティー・アプローチ，アンソニー・ギデンズの投資国家論とベーシック・インカム論を取り上げ，社会民主主義的福祉レジームの典型としてスウェーデンの福祉社会を概括した．

アマルティア・センの潜在能力の拡大は，経済的生産をはるかに超え，社会的，政治的進展を含んでいる．障害を持つ人，年をとっていたり病気にかかりやすい人は，自らが価値あると考える生活を選ぶ真の自由（潜在能力）をもつ

ことは重要である．また，労働を広くとらえ生きる喜びとしての労働の再編を目指すオランダやドイツの新しい試みは注目に値する．

現代のスウェーデン社会の特徴を，普遍主義原理に基づいた高水準の社会保障と積極的労働市場政策の融合，そして分権型の福祉社会であると述べた．労働時間の長さは，先進国で最も短い水準にある．個性の尊重を前提に，家庭生活などの余暇を謳歌する国民である．最低生活保障にも力点が置かれている．まさに，スウェーデンで社会保障と社会福祉において人間発達をさまざまな観点から保障する進んだ試みが行われている．

日本では先進諸国の中で労働時間がもっとも長い国に属する．ワーキングプアといわれる層が広がっている．高齢化率もスウェーデンよりも高くなり，少子化傾向が続いている．さまざまな格差が拡大しつつある．非典型労働者，ニート，長期失業者，生活保護受給者，高齢者，そして障害者を含めた個々人の内在的な能力を開発して，人間発達を保障することが求められている．

注
1) 山口二郎は，welfare to work を「働くための福祉」と訳していたが，1997年の予算演説の後「福祉から労働へ」という訳語に統一した（山口 2005: 41）．
2) センは，「人的資本の概念の有用性にもかかわらず，人間をもっとはばの広い視点から眺めることが大切である」と述べている（Sen 1999, 邦訳 341 頁）．
3) 新川敏光は，ベーシック・インカムの構想を「労働なしの福祉」の考え方に基づくものとし，結局のところ，社会の構成原理の見直しと労働観の問い直しが必然であると述べている（新川 2004: 211）．

参考文献
Bochel, H. and A. Defty (2007) *Welfare Policy under New Labour*.
Carpenter, M., B. Freda and S. Speeden (2007) *Beyond the workfare state*.
Esping-Andersen, G. (1990) *The Three Worlds of Welfare Capitalism*. 岡沢憲芙・宮本太郎監訳『福祉資本主義の三つの世界』ミネルヴァ書房，2001年．
Esping-Andersen, G. (1999) *Social Foundation of Postindustrial Economies*. 渡辺雅男・渡辺景子訳『ポスト工業経済の社会的基礎』桜井書店，2000年．
Giddens, A. (1998) *The Third Way*. 佐和隆光訳『第三の道』日本経済新聞社，1999年．
Giddens, A. (2000) *The Third Way and its Crisis*. 今枝法之・千川剛史訳『第三の道とその批判』晃洋書房，2003年．
Gorz, A. (1988) *Métamorphoses du travail, Quête du sen: Critique de la rasion*

économique. 真下俊樹訳『労働のメタモルフォーズ　働くことの意味を求めて　経済的理性批判』緑風出版，1997 年.
OECD（2007）*OECD Employment Outlook*.
Sen, A.（1992）*Inequality Reexamined*. 池本幸生・野上裕生・佐藤仁訳『不平等の再検討―潜在能力と自由―』岩波書店，1999 年.
Sen, A.（1999）*Development as Freedom*. 石塚雅彦訳『自由と経済開発』日本経済新聞社，2000 年.

池上惇（1991）『経済学―理論・歴史・政策―』青木書店.
埋橋孝文編（2003）『比較のなかの福祉国家』（講座・福祉国家のゆくえ 2）ミネルヴァ書房.
絵所秀紀・山崎幸治編（2004）『アマルティア・センの世界―経済学と開発研究の架橋―』晃洋書房.
大沢真理（2007）『現代日本の生活保障システム―座標とゆくえ―』岩波書店.
岡田藤太郎（1991）『増補版　福祉国家と福祉社会―社会福祉政策の視点―』相川書房.
小沢修司（2002）『福祉社会と社会保障改革―ベーシック・インカム構想の新地平―』高菅出版.
城戸喜子・駒村康平編（2005）『社会保障の新たな制度設計―セーフティー・ネットからスプリング・ボードへ―』慶応義塾大学出版会.
里見賢治（2007）『現代社会保障論』高菅出版.
新川敏光（2004）「福祉国家の改革原理―生産主義から脱生産主義へ―」塩野谷祐一・鈴村興太郎・後藤玲子編『福祉の公共哲学』東京大学出版会.
神野直彦・金子勝編（1999）『「福祉政府」への提言　社会保障の新体系を構想する』岩波書店.
鈴村興太郎（1995）「アマルティア・セン―福祉の潜在能力アプローチ―」社会保障研究所編『社会保障論の新潮流』有斐閣.
鈴村興太郎・後藤玲子（2002）『アマルティア・セン』実務出版.
田中きよむ（1997）「アマルティア・センの福祉経済思想に関する一考察」『高知論叢』第 60 号，11 月.
田中洋子（2008）「労働・時間・家族のあり方を考え直す」広井良典『「環境と福祉」の統合―持続可能な福祉社会の実現に向けて―』有斐閣.
藤岡純一（2001）『分権型福祉社会―スウェーデンの財政』有斐閣.
藤岡純一（2005）「安定成長下のスウェーデン財政」『立命館経済学』54 巻 4 号.
藤岡純一（2009）「スウェーデンにおける家族・親族介護者支援の課題」『関西福祉大学社会福祉学部研究紀要』12 号.
水島治郎（2008）「脱生産主義的福祉国家の可能性―オランダの政策展開から」広井良典『「環境と福祉」の統合―持続可能な福祉社会の実現に向けて―』有斐閣.
山口二郎（2005）『ブレア時代のイギリス』岩波書店.
山口二郎・宮本太郎・小川有美編（2005）『市民社会民主主義への挑戦　ポスト「第三の道」のヨーロッパ政治』日本経済評論社.

山崎怜・多田憲一郎編（2006）『新しい公共性と地域の再生―持続可能な分権社会への道―』昭和堂．

第12章

現代の社会福祉と「新たな公共」
―社会的包摂と社会的企業の役割―

坂 本 忠 次

はじめに

　今日，少子高齢化のもとで日本社会における格差問題が顕在化し，また，政府や社会の社会保障制度によるセイフティネットの恩恵に浴さない社会的排除の問題や摩擦が起こっている．多くの失業者とともに，不安定就業のもとで，人びとの生活不安が拡大し，社会的ストレス，親の子供への虐待や子殺し，子供の親殺し，家庭内暴力，幼い子どもや少女などの誘拐と殺戮，児童生徒間のいじめ，さらに，老人の自殺問題や孤独死，路上死など多くの人命損失や人権侵害をめぐる問題など例をまたない．これらは，かつての「貧困」問題に加えて新たな社会的排除と数々の摩擦の問題でもあるが，内外で生起するこれらの問題に対して社会福祉学はいかなる貢献ができるのか．まさに，社会福祉学はその解決に向けて「苦悩している」学問となったのである（田代 2004: 17）．

　この時に当たり，日本社会福祉学会の第56回全国大会（2008年）では，この問題をめぐっていくつかの議論がみられた．社会的排除・格差社会を示すいわゆる「ソーシャル・エクスクルージョン」とこれへの社会福祉学の対応と課題をめぐる問題である[1]．周知のとおり，ヨーロッパでは，すでに福祉国家の諸問題に対応する「多元的主体」の問題，福祉政策をめぐるいわゆる「福祉ミックス論」などが議論されてきているところである．特に，1990年代からフランスやイギリスなどを中心に「社会的排除」を意味する上記の言葉が用いられ出しており，「社会的排除に対する闘い」は，1997年のアムステルダム条約でEU（ヨーロッパ連合）の主要目標の１つに位置づけられた．

　イギリスでは，これまで地方自治や公共政策の分野で「ローカル・ガバナン

第12章 現代の社会福祉と「新たな公共」

ス」の概念が重要視され，この考え方は近年「ネイバーフッド」やコミュニティの方向へと進んできている．いわば，「ネイバーフッド・ガバナンス」の方向への発展である．1998年以来「ネイバーフッド」政策は，新労働党の政策活動やガバナンスの場として新たに取り上げられるに至った．また，フランスでは，社会的排除への対応が早くから見られており，1998年の反排除法などとなって現れている．ヨーロッパにおけるこれらの動向は，わが国にも何らかの影響を与えるに至っていると見られるが，2000年の厚生省（当時）による『社会的な擁護を要する人びとに対する社会福祉のあり方に関する検討会』報告書などもこの問題に関連するものと考えられる[2]．一方，福祉国家論で知られるノーマン・ジョンソンは，2009年2月の日本での報告で，イギリスには一定のミッションを持った活動団体としての社会的企業が5万5000もあると報告している[3]．

日本経済のもたらす格差社会を取り巻く諸問題は，経済学的に言えば，現代の資本主義社会における労働力市場をめぐる二重構造（大企業と中小零細企業の労働者，正規労働者と派遣社員を含む雇用の安定しない様々な非正規労働者）ないしは三重構造（上記にさらにホームレスや失業者を加える）といえる問題を背景としていると言える．2008年以来のアメリカのサブプライム・ローン問題に伴う世界的な金融危機の日本への影響のもとで，わが国の派遣社員を含む非正規労働者の離職に伴う日本経済における不安定就業者の増加は著しいものがあることはいうまでもない．

このような事態に対して社会福祉学，社会保障制度はどのように対応しようとしているのか．先にみたような労働市場の分断化のもとで，特に底辺の階層のところを中心に生起している問題，より具体的には人間の尊厳といのちをおびやかす事態，生活権が侵害されていく事態を前にして，人びとの生活の上で，その経済的な裏付けと基盤が重要となる．この意味で，まず社会福祉を裏付ける財政問題や政府の公的責任が重要となるが，さらに，前述の広範な「社会的排除」の問題を念頭におく時，「包摂」と「参加」，そこでの福祉文化への役割の問題が焦点となるのであり，この問題に社会福祉学はどのように対応するのかが課題とされる．

本章では，まず，社会福祉と社会保障の関係についての原理的な解明を前提

に，最近ヨーロッパやアメリカでも議論になっており，わが国でも論議され始めている地域福祉や福祉文化におけるサードセクター，特に社会的企業（Social Enterprise）の役割をめぐる問題を中心にして検討していくこととする．社会的企業といってもヨーロッパの EMSS（本文参照）をはじめ本場のイギリス，アメリカ，イタリア，そして日本など各国で様々な概念として論じられており，なお明確に確立した概念となっているとはいえないが，本稿では，その背景となる福祉主体の多元化の方向や地域福祉分野における「新しい公共」の問題を前提に検討を加えておくことにしたい．

1. 社会福祉と社会保障の関係：憲法第 25 条及び第 13 条をもとに

　社会福祉の原理を検討していくに際し，まず社会福祉と社会保障との関係について考えていくことから始めたい．社会福祉の原点は，「人間の尊厳と権利」にあると言われている．周知のとおり，1948 年の世界人権宣言の前文においては，「人類社会のすべての構成員の固有の尊厳と平等で譲ることのできない権利とを承認することは，世界における自由，正義及び平和の基礎」であるとしている．また，第 1 条では「すべての人間は，生まれながらにして自由であり，かつ，尊厳と権利とについて平等である．人間は，理性と良心とを授けられており，互いに同胞の精神をもって行動しなければならない」とし，第 3 条では，「すべての人は，生命，自由及び身体の安全に対する権利を有する」としている．人間の尊厳と権利は，平等に授けられていると共に，「生命（いのち）」の安全に対する権利も宣言を通じて保障されているのである．

　一方，わが国の社会福祉法第 3 条でも福祉サービスの基本的理念として「福祉サービスは，個人の尊厳の保持を旨とし，その内容は，福祉サービスの利用者が心身ともに健やかに育成され，又はその有する能力に応じ自立した日常生活を営むことができるように支持するもの」としているところである．改正介護保険法（平成 17 年 4 月 1 日施行）でも，その目的の第 1 条において「尊厳を保持し，その有する能力に応じ自立した日常生活を営むことができるよう」にサービスに係わる給付を行うことを記している．

　このようにみると，社会福祉学の基本目的である「人間の尊厳と価値」の保

第 12 章　現代の社会福祉と「新たな公共」　　　227

持は，日本国憲法の第 13 条で裏打ちされているといえる．そこでは，「すべて国民は，個人として尊重される．生命，自由及び幸福追求に対する権利については，公共の福祉に反しない限り，立法その他の国政の上で，最大の尊重を必要とする」というのである．また，憲法第 25 条では，よく知られた生存権，生活権の規定が示されている．すなわち，そこでは，①「すべて国民は，健康で文化的な最低限度の生活を営む権利を有する」こと，そして②「国は，すべての生活部面について，社会福祉，社会保障及び公衆衛生の向上及び増進に努めなければならない」としていることは周知のところである．①の規定は，「健康で文化的な最低限度の生活」であり，いわば国家による生存権の保障と言ってよいものであろう．そして，②では，より裁量性のある生活権の保障——生活の「生きがい」を含むより広い概念——ともとれる規定が述べられており，「社会福祉」をはじめとして「社会保障」，そして「公衆衛生の向上及び増進」による人間の「幸せ」と「自立」，「生きがい」に向けた社会福祉の中身が掲げられていると考えられる．

　ここで，最初に掲げられている「社会福祉」とその後に述べられている「社会保障」との関係については，どのように考えておけばよいのか．そしてまた，最後の「公衆衛生の向上」を含め，これらはどのような関係に立つのかであるが，まず社会福祉と社会保障の関係についての筆者のひとつの解釈としては，社会福祉は，社会福祉法第 3 条にあるとおり，「個人の尊厳の保持を旨」とし，その内容は，「福祉サービスの利用者が心身ともに健やかに育成され，又はその有する能力に応じ自立した日常生活を営むことができるように支持（支援）するもの」である限り，「人間の尊厳」の実現とその「真の自立」を支援することを担保していくサービスといえるだろう．個人の尊厳の保持やその人間としての生活の自立は，さらに「社会保障」によって経済的，財政的に裏付けられねばならないのである．

　社会保障は，わが国では，1950（昭和 25）年の社会保障制度審議会（大内兵衛会長）の勧告を通じて概念の確立が図られた．勧告による社会保障の定義では次のように述べている．すなわち，「社会保障制度とは，疾病，負傷，分娩，廃疾，死亡，老齢，失業，その他困窮の原因に対し，保険的方法又は直接公の負担において経済的保障の途を講じ，生活困窮に陥ったものに対しては，国家

扶助によって最低限度の生活を保障するとともに，公衆衛生及び社会福祉の向上を図り，もってすべての国民が文化的成員たるに値する生活を営むことができるようにすることをいうのである」と．

　この定義を見ると，1950年当時，戦後の混乱と疲弊のなかで，いかにして最低限度の生活を保障するかが課題であり，貧困の対策が中心であった．つまり，まず，経済問題，国家の責任における公的扶助つまり財政問題が中心であった．この方向は，その後の『朝日訴訟』などを通じて貧困対策，最低生活水準への関心は高まりある程度の改善をみた．しかし，その後社会保障の概念や課題も変化発展し，例えば，1995（平成7）年の「社会保障体制の再構築に関する勧告」では，社会保障の理念を「広く，国民にすこやかで安心できる生活を保障すること」また，「みんなでつくり，支え合っていくものとして，21世紀の社会連帯のあかしとしなければならない」と述べている．またその後，2008（平成20）年3月，これからの地域福祉のあり方に関する研究会報告書「地域における『新たな支え合い』を求めて―住民と行政の協働による新しい福祉―」も出された．ここには，当初の社会保障の出発点である社会福祉や公衆衛生の課題をまず貧困問題という経済問題，最低生活費問題としてとらえた時代に比べ「ソーシャル・インクルージョン」や「新たな支え合い」概念を含めて一面で概念の発展と豊富化がみられる．ただ，国家の行政責任，財政責任の面では他面で市場経済化に伴う「選択」や「契約」制への移行が見られ出し，公共の責任があいまいとなる局面がみられるとすれば課題が残される．

　現代の社会保障制度は，より具体的には，今日の社会保障関係費にみるとおり，例えば，社会保障の各部門，より具体的には，公的扶助（生活保護や児童保護），年金，医療，社会福祉（老人福祉・児童福祉，障害者福祉など），労働対策（雇用対策）・失業対策等の各分野に及んでいるといえる．住宅環境整備がこれに含まれることもあるだろう．社会福祉，社会保障サービスには，現金給付とともに現物給付があり，広範な人的サービスや支援を通じて行われていること，また，福祉におけるに労働の共同性との関係――いわゆる「ワークフェア」――の是非についても留意しておくべきだろう．

　一方，国際的にはILOの定義として，機能別社会保障給付費の項目として，高齢，遺族，障害，労働災害，保健医療，家族，失業，住宅，生活保護その他

があるが，これを日本の例と対照しみると，わが国の社会保障は，年金，医療，福祉その他の3種類に分けられ，年金保険や医療保険他各種社会保険を通じた給付がかなりの比重を占めていることが特徴的である．その他に児童福祉，老人福祉，障害者福祉，公的扶助（生活保護）などもあるが，ILOの定義はわが国に比べかなり広範で，奥深く，多義にわたっており，わが国では後者の児童福祉，障害者福祉，公的扶助などの社会福祉面では，高齢者関係を除けば金銭給付，現物給付を含めかなり限られており，今後国家・地方による財政責任とあわせ「市民参加」や「地域における支え合い」を含むいわば「ソーシャル・インクルージョン」への広範な諸課題を多く抱えるに至っている．

いわば現代の社会福祉・社会保障は，憲法第25条，さらには第13条の規定をもとにその豊富化を図っていく課題に直面しているといえる．

2. 福祉国家における「福祉主体の多元化」と「新しい公共性」

(1) 福祉主体の多元化と「福祉ミックス論」

さて，以上のような現代の社会福祉と社会保障をめぐる課題の広がりを前提に，現代国家の財政危機のもとでの「福祉国家」の変容についてみていくと，そこでは「福祉主体の多元化」と「新しい公共」の役割をめぐる問題が登場するに至っている．少子高齢化社会のもとで，多様化していく社会福祉サービスには，国・地方を通ずる現金給付と，現物給付とされる社会福祉をめぐる人的サービスの局面があることは周知のところである．近年，現金給付と現物給付の両局面とも増大する需要に追いつかないで福祉国家の危機が進行しこれをめぐる問題が様々な観点から論じられている．

元来福祉サービスの供給は，欧米ではもちろん，わが国でも公的部門と共に民間部門を通じても行われていることに注意しておかねばならない．それは，多様化する福祉サービスが，これまでにみられる如く，単に「官」の分野のみを通じて行われることのみを意味していず，民間部門を通じてもコミュニティ他への「公共的なサービス」が供給されている事実に発しているといえる．これは福祉を担う専門職の人材についても同様で，いわば「福祉主体の多元化」をめぐる問題の局面といってよいと思われる．

福祉国家における「福祉主体の多元化」，いわゆる「福祉ミックス論」をめぐる問題分野に関連して，近年ヨーロッパで注目されている福祉国家論の分野でエスピン-アンデルセンの福祉国家のレジームとその類型論やEU諸国における社会的企業の役割をめぐる問題が論議されていることは周知のところである．本書でもこの問題は別の章でも論じられているので詳しくはふれないが，まずこの点からみておくことからはじめたい．

エスピン-アンデルセン（G. Esping-Andersen）の福祉国家のレジームの類型論が近年多くの人に紹介され論じられてきている（エスピン-アンデルセン 2001）[4]．彼は，福祉国家を経年的にとらえ，政治理念を前提とし，国家，市場，家族などの組み合わせ方に着目し，労働力の脱商品化の進展度，階層化の様式，社会権のあり方などを指標としそのレジームを3つの類型に分類した．それは，(a)自由主義型福祉国家，(b)保守的・コーポラティスト型福祉国家，(c)社会民主主義型福祉国家である．ここで，自由主義型福祉国家レジームというのは，市場経済の自由な競争のもとで個人責任を強調し，社会権を制限し，非市場的所得を真に市場に参加できない者に限定している．アメリカ合衆国や，カナダ，オーストラリアがこれに該当する．保守的・コーポラティスト国家というのは，ドイツを代表とし，オーストリア，フランス，イタリアなどがこれに入る．その特徴は，コーポラティズム，国家主義，「保守的」とされる家族主義を中心としており，社会保険制度を採用している．公私関係については，伝統的なカトリック的補完性原理（principle of subsidarity）に立つ福祉国家モデルを理念としており，家族機能が重視されている．社会民主主義型福祉国家レジームは，北欧のスウェーデンを代表とするスカンジナビア諸国がモデルである．その特徴は，普遍主義の原理と社会権，労働力の脱商品経済化であるとされる．

上記のような分類は，これまでの国民負担率から見た福祉国家の3類型（北欧の高福祉高負担国家，ヨーロッパの中福祉中負担国家，日本やアメリカなどの低福祉低負担国家）のレベル[5]にも照応するものではあるが，それからは福祉国家類型基準の多様化と豊富化により，新たな分類に向けての一定の深化がみられることも事実である．

以上の点を前提に，エスピン-アンデルセンの類型についての筆者なりのコ

第 12 章 現代の社会福祉と「新たな公共」　　　231

メントについてはすでに述べたこともあるがこのポイントをまとめておくと[6]，第1に，エスピン-アンデルセンや上記の規定で日本や東アジアはどこに位置づけられるかであるが，日本のこれまでの構造改革など市場主義的な経済政策を前提するとアメリカ型に近くなるが，最近導入された介護保険制度が民間保険型のドイツとも異なり，公共・民間折衷型であるところから見ると，日本はむしろ①と②の中間にあるのではないか．

　第2に，これに，さらに現代福祉国家の分権型モデルを基準に加えるとどうなるか．この点では，北欧諸国のスウェーデンなどが最も分権型に近く，続いてドイツなどとなり，イギリス，フランス（フランスは統合型国家なのか分権型国家なのかなお検証を要する）と続くが，連邦制国家のアメリカ，カナダなども分権国家に位置づけられるべきなのか，国家編成における連邦制か単一制かの問題からも分権については検討を要するだろう．

　第3に，エスピン-アンデルセンの分類の中で，福祉における地域コミュニティの役割，市民及び市民団体（NPOを含む）の役割，さらに最近のEU諸国における社会的企業や協同組合の福祉国家における役割の評価などが念頭にあるのかが課題として残される．

　第4に，保守主義的国家との関連では，東アジアでの伝統的な家族の役割を指摘できる．日本も東アジア型に入れられこれまでは家族や企業福祉の役割が指摘されてきたが，日本（韓国においても）においては，近年の核家族化の進展により家族の役割は変貌をとげつつあることにも注意しておく必要がある．終身雇用制など企業福祉の役割は，大企業などに限られ近年変貌しつつあることも指摘しておかねばならない．

　第5に，労働力市場の分断化と膨大な不安定雇用層の問題に対しては，今後の社会保障制度において最低限所得保障のあり方が重要となる．いわゆる「ミニマム・ペンション」論[7]やベーシック・インカム構想の提案であるが[8]，基礎年金保険，医療保険未払いの諸階層（社会保険未加入の中小零細企業を含む）の問題を解決していく上でもまた，憲法第25条や第13条の掲げる理念を保障していく上でも大きな意義を有する考え方と言えるのであり，彼のレジーム論の延長上にある問題と言える．

　いずれにしても，各福祉国家のレジームの性格の中に財源問題と併せ多様な

福祉主体の問題や福祉の運動が含まれていることを考慮すると，エスピン-アンデルセンの問題提起は，「福祉主体の多元化」に向けての新たな問題提起であることは確かであろう．

(2) 「新しい公共の形成」に向けてのいくつかの提言

　福祉国家の多様性に関連して地域福祉行政分野における最近の大きな潮流は，「新しい公共」の担い手をめぐる問題，いわば「官」から「民」への政策の流れがある．少子高齢化時代における介護，医療などの高齢者福祉，障害者福祉，子育て支援など地域福祉の推進主体においては，社会福祉法第4条において「地域住民，社会福祉を目的とする事業を経営する者及び社会事業に関する活動を行う者」が「相互に協力」し「あらゆる分野の活動に参加する機会が与えられるように，地域福祉の推進に努めなければならない」と定めてある．そこでは，社会福祉行政分野におけるいわばフォーマル（制度的）な行政分野に加えて，インフォーマル（非制度的）な分野が重要となり，推進主体の相互協力が前提されているからである．みられるとおり，福祉主体の多様性を通じて前述の「社会的排除者」をいかに社会的に「包摂」(social inclusion)できるかが今後への課題となる．この点で，最近の論議のいくつかを見ておこう．

1) 地域福祉学からの問題提起

　「新しい公共」についての早くからの問題提起としては，社会福祉学の分野において右田紀久恵が提起した「自治型地域福祉」をめぐる論点がある（右田 1993: 12 以下)[9]．右田は，地域福祉が「旧い公共」を「新たな公共」に転換するに際し重要な役割を担うと主張している．ここで「旧い公共」というのは，これまでのわが国の戦前以来の「公」とは「官」が担うものとする考え方で，国民・住民は「私」と位置づけられる伝統的で固定的な考え方である．そこでは官僚制国家における「官」優位の思想が前提になっていることはいうまでもない．右田は，「公共性」というのは，「私的利害を住民が主体的に調整」していくものとしている．すなわち「人間の『生』の営みにおける共同性を原点とし，その共同関係を普遍化したものに他ならない」とし，いわば「"ともに生きる"原理そのもの」とする．したがって，「新たな公共」とは，「生活の

『私』側をベースとした，共同的営為の総体」であり，現代社会における生活課題，具体的には，たとえば，「高齢者問題」，協働化のあらわれとしての「福祉コミュニティづくりや近隣ネットワーク」「ボランティア活動」などをあげている（右田 1993: 12）.

　右田は，地域福祉分野での「新たな公共」の創造主体として社協（社会福祉協議会）を位置づけている．この提案は，なお，特定非営利活動促進法（1998年）などが未整備でNPO法人なども成立していなかった時代の提案であり，また社会福祉協議会を「新たな公共」の創造主体としてのみ位置づけるのは，その行政依存的性格からしてなお検討を要するだろう．しかし，「自治型地域福祉」の問題提起は「新たな公共」を考える上で重要な問題提起だった．

2）その後の各分野での問題提起

　その後の問題提起としては，総務省の分権型社会に対応した地方行政組織運営の刷新に関する研究会の報告がある[10]．これによると，人口減少時代の到来や保育・介護の社会化など地方自治体を取り巻く環境の変化として，地方自治体の刷新の必要性があることが述べられているが，それへの視点として，同研究会は，①「新しい公共空間」（多元的な主体により担われる「公共」）の形成，②行政内部の変革と住民との関係の変革，③危機意識と改革意欲を首長と職員が共有などを上げている．

　すなわち，これまでの「公共サービス」は「行政」が提供するというイメージを変えて，少子高齢化の進展に伴い「公共」の範囲が拡大し，「行政」の守備範囲が相対的に縮小すること，「行政」との間に生じたずれに伴い「公共」の分野を新たに「民間」（住民，企業）が担うこと，「行政」と「民間」の多元的な協働による公共的サービスの提供により「公共」が豊かになるとしている．

　研究会では，これを2年がかりで検討，多元的で多様な協働の形態として，外部委託，指定管理者制度，地方独立行政法人制度等を事例として掲げ，その特徴，効果，メリットとそこでの留意点などを記している．このような提案には一定の意義があるが，企業と市民を峻別し，企業には利潤追求活動を認め，市民には非営利分野を割り当てているが，NPOなどをいかにして継続維持していくか，市民や企業を単に行政の下請けとみるのではなく，一定の公的支援

の責任があるものと思われる．

　一方，行政学の側からは，寄本勝美が「役割相乗型の公共政策」と位置づけている．寄本は，元来，「公共」には「官」（行政＝自治体と国を含めた行政部門＝公共部門）が担う公共と，民（私的部門）が担う公共とがあるとされ，後者は公共であっても官の関与をできるだけ排除しようとする点で，私的公共性（プライベート・パブリック）と表現できるとしている（寄本編 2001: 3）．これは，例えば，ごみ行政をめぐる住民参加の事例に見られるか知れない．そうして，寄本はこの関係を「役割相乗型の公共性」と表現している．つまり，私的公共性（市民，企業）と公的公共性との間に私・公の混合領域があり，市民，企業，それに行政の活動や役割をどのように組み合わせるかによって，そこから相乗効果が得られるとしている．相乗効果の関係を寄本はごみ・リサイクルの関係にたとえて説明していることが注意される（寄本編 2001: 5)[11]（図1参照）．

　財政学分野では，公害・環境問題で知られる宮本憲一がすでにその著書『公共政策のすすめ』において，現代的な公共性とは何かを追求しているが（宮本 1998: 20-1)，特に注目すべき最近の成果として「新たな公共」を地域住民組織との関係でとらえた多田憲一郎の問題提起が知られる．多田はこれまで「官の無謬制」「公共性」は「官」がになうものとしてきた伝統的な考え方を鋭く批判し，「公共性」の形成を実現する装置として「地域」の機能に注目する．「人間の生活する場」としての地域が，これまでの町内会等に加えてさらにNPOやボランティア活動などの住民組織を結合する場として，高齢者介護，子育て，

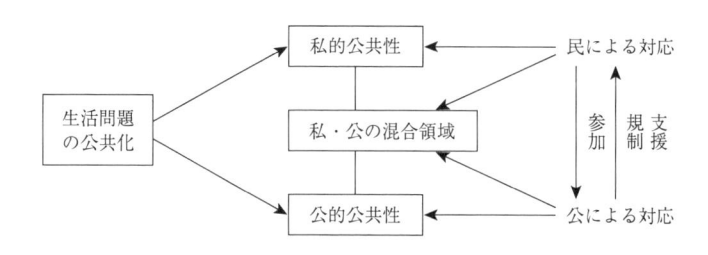

出所：寄本編（2001: 5）．

図1　生活問題の公共化と公・民の対応図

景観問題や支援保護，芸術文化領域に機能し「新たな公共性」が形成されるとしている[12]．このほか金澤史男も，公私分担のもとでの公共政策の方向を提起し，福祉国家における「支援国家」化の方向を提案している（金澤編 2008）．また，中井英雄は，イギリスでのコミュニティケア法以降の公民参加型のローカルガバナンス行政など欧米のいくつかの事例を踏まえて，公民連帯の地方行財政のあり方について展望している（中井 2007）．これらの見解は，社会福祉学とりわけ地域福祉における「新たな支え合い」の方向を考える上でも一定の示唆を与えていると言えるだろう．

3）イギリス新労働党の「ネイバーフッド」政策

すでに，若干ふれたが，イギリスでは，これまで地方自治や公共政策の分野で「ニュー・パブリック・マネジメント」（NPM）に関連して「ローカル・ガバナンス」の概念が重要となっていたが，この考え方はその後「ネイバーフッド」やコミュニティの概念へと進んできている．ネイバーフッドは生活圏の相対的な位置づけとされ人口 1,000 人から 10,000 人程度までの地域をカバーしている．歴史的には，イギリスの救貧行政や地方自治の基礎的単位としてパリッシュ（parish）の役割が重要概念であった以上，この点は当然ともいえるものであろう[13]．「ネイバーフッド」は，1997 年政権樹立後のイギリス新労働党（ニューレイバー）の社会的排除対策としての重要な政策の1つとして 1998 年から取り上げられるに至っている．そこでは，不平等，社会的排除，剥奪（deprivation）に取り組む諸政策を発展させるアプローチが重要となり，例えば，イングランド内に 88 の問題のあるネイバーフッドを定め，健康，犯罪，雇用，教育，住宅などを優先事項として他のネイバーフッドとの格差是正をめざす多様な政策をとるに至っている[14]．

このような政策は，2006 年以降変化するにいたっていることも指摘されているが，さらに，多様な社会的な目的と使命（ミッション）を持った社会的企業の台頭となって現れてきているところである．

4）「新しい公共と市民自治」研究会からの提案

上記に関連して，わが国では「新しい公共」を社会的排除・格差社会に対抗

する，新しい社会理念の実践としてのソーシャル・インクルージョン（社会的包摂）の課題，協同労働による社会連帯への課題としてとらえる市民活動グループからの問題提起があるのでこれについて簡単に見ておこう．

2007年度には，新しい公共と市民自治を目指す全国各地での活動が盛り上がったが，それは，具体的には「協同労働の協同組合」法制化運動が市民の間に盛り上がり，横浜や関西をはじめ各地で市民会議が開かれたことに見られている．その成果は，『新しい公共と市民自治』研究会報告書にまとめられているが，その中では，前我孫子市長の福嶋浩彦が協同労働のあり方に期待し，新しい公共と市民自治について述べ，社会福祉法人恩賜財団理事長の炭谷茂が先に述べたソーシャル・インクルージョンの理念と実践について述べ，環境経済学者の植田和弘が人・環境・地域をつなげる地域づくりとしての持続可能な地域社会について述べている．

この中で，協同組合研究家で知られる中川雄一郎（明治大学政治経済学部教授）が地域づくりと社会的企業について報告しているが，この点は3節にてふれる．

3. 地方自治体における社会福祉と公民連携の方向について

(1) 指定管理者制度の可能性と課題

以上を最近における福祉分野での公民連携の行政事例について見ると，近年のわが国で顕著にみられ出した行政側の主導による指定管理者制度の活用をめぐる問題がある．指定管理者制度とは，2003年（平成15）年6月公布（同年9月施行）の改正地方自治法によって地方自治体の「公の施設」の管理に関する制度が改正されたことによって創設された制度であるが，この点について筆者はかつて子育て支援問題を事例に論じたこともあるが[15]，その背景としては，自治体の財政危機をめぐる問題がある．指定管理は，一種の行政委任で委託ではないが，民間活力活用の新たな形態であろう．地域福祉環境行政への市民団体，ボランティア・NPOなどの参加の中で，公共分野の仕事を民間団体が肩代わりし，いわば「新しい公共分野」を担わせる方向である．しかし，この方向は，一面では，政府の進める行政改革のもとで，「小さな政府」をめざした

社会福祉における「市場経済」化への流れと軌を一にしている．

　ここで留意しておかなければならない点は，福祉分野への民間の参加による市場経済化については，行政の民間への委託が単に管理運営経費の削減と行政の効率化のみを目指すいわば「安上がり」政策と行政の「責任回避」に終わってはならないことである．

(2)　社会福祉協議会，NPO などの役割

　これまで，わが国の地域福祉の分野で重要な位置を占めてきた社会福祉協議会の役割がある．これについては，行政との連携の上で地域福祉の重要な分野を担っていることは否定できないが，予算面や人事面で自治体行政と一体化しているため一面では上記にみたいくつかの懸念も存在することも事実であろう．もちろんそれが関連する市民団体，民間福祉団体の総意を十分反映して運営されていれば，民間の知恵を持ち寄り，行政側の福祉行政への見識と合わせて，この制度が両者の協働のもとで適切に運営され，これを通じて地域福祉行政が今後より活性化し，充実して行くことは期待できる．

　一方，ヨーロッパの社会的企業に類する団体としてのわが国の特定非営利活動促進法（通称 NPO 法）は 1998 年に成立，その後全国に多数（1998 年 12 月から 2009 年 1 月末までの認証団体数は 3 万 6552 団体に達している）が生まれ，公共的な行政の一部をになっている団体も多い．しかし，その運営は民間有志の出資や寄付などを主要財源としている以上絶えず運営の危機にさらされており，倒産ないしは崩壊，機能の事実上の停止に追い込まれる組織も多い．行政がこれまで行ってきた分野としての「新たな公共空間」を担う以上，行政側からの適切な支援と指導によるこれら施設の永続性が強く求められるのである．

(3)　社会的企業と福祉生活協同組合

　このほか，ヨーロッパやアメリカなどで最近発達している社会的企業や福祉生活協同組合などの事例がある．前者の社会的企業については，次節で述べることとする．日本における協同組合セクターでは，農業協同組合（厚生連），消費生活協同組合運動，医療生活協同組合運動（民医連ほか），福祉生活協同組合などが知られる．イギリスの協同組合運動に学び戦前から戦後にかけ職域

や地域に発達を見ているが，1998年の特定非営利活動促進法成立以降の「非営利・協同組織」との連携，阪神・淡路大震災以後のボランタリーな新しい波が知られる．

4. 社会的企業をめぐる最近の動向

(1) 欧米における社会的企業の沿革と動向

そこで，欧米及び日本における社会的企業とその役割について考えてみよう．

1) ヨーロッパの動向

ヨーロッパでは，すでに1990年代半ばに「社会的企業」の言葉が登場している．これは，社会的排除との闘いの中で生み出されたものと言われるが，具体的にはEMES（L'Émergence des Enterprises Sociales en Europe）による4年間の研究計画のもとで確立されてきた概念となった．「社会的経済」という概念が経済の第三セクター（サードセクター）を示すものとしてヨーロッパに定着していく中で，政治的には，イギリスをはじめイタリア，スペイン，ポルトガル，ギリシャ，ベルギーなどが社会的企業に関する新しい法律を制定している．フランスでは2002年2月，「社会的共通益のための協同組合」（La Societe Cooperative d'Interet Collectif）法が成立した．また，フィンランドでも起業組織についての法律が制定されている．

まず，EU諸国を中心としたEMESの議論を主導しているC.ボルザガ，J.ドウフルニらを中心としたこの議論を参考にこれを概観しておく[16]．この2人の編による著書の翻訳者の1人内山哲朗は，この本の解題において，問題のまとめをしている．内山によれば，これはNPOと協同組合を「橋渡し」する概念であり，サードセクター（日本語の第三セクターとは異なる）をさらにダイナミックにする概念とされている．先のヨーロッパにおけるEMESネットワークをめぐる議論として，社会的企業の定義をみると，社会的特徴としては，①コミュニティへの貢献，②市民グループが設立する組織，③資本所有に基づかない意思決定，④活動によって影響を受ける人びとによる参加，⑤利益分配の制限，などがあげられており，EU諸国の中でも焦点は異なっている．

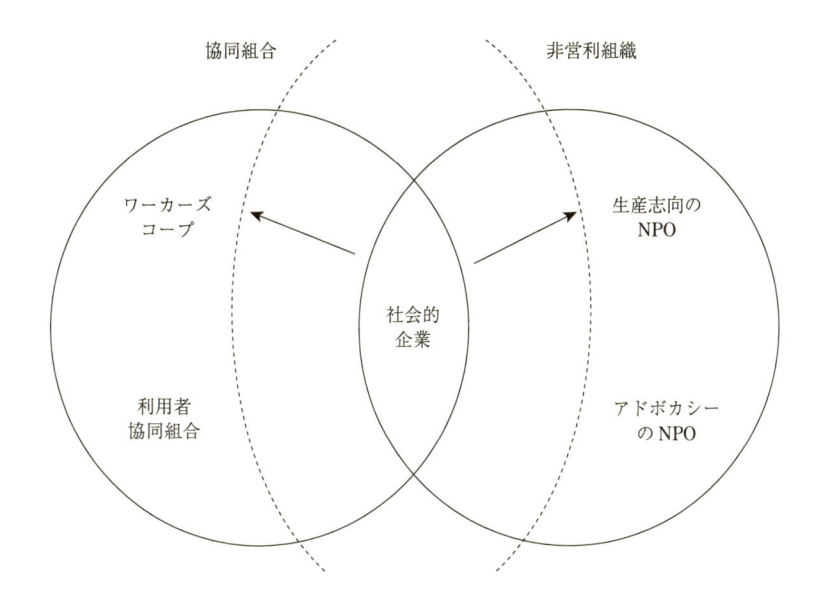

第 12 章　現代の社会福祉と「新たな公共」　　239

出所：ボルザガ＝ドゥフルニ編 (2004).

図 2　協同組合と非営利組織の交差空間に存在する社会的企業

　また，経済的特徴として，①財・サービスの生産・供給の継続性，②高度の自律性，③高い経済的リスク，④有償労働（最小限の有給職員），などである．
　この概念を図示すると，図 2 の如くなる．つまり，これまでの協同組合（ワーカーズコープなどを含む）と非営利組織（特に生産志向の NPO）の交差空間に存在するものでその範囲は今日拡大しつつあるといえる．それは，協同組合と NPO との橋渡しをする性格のもので，明らかに「新たに創出された組織」といえるものである（橋本 2009，北島ほか 2005）．
　また，前述した中川雄一郎は，イギリスの地域づくりに果たす社会的企業の役割を調査し，「コミュニティの再生」に果たす同企業の定義について，①社会的な目的をもっている（地域のコミュニティのニーズを満たす），②その社会的目的を達成するために事業——財とサービスの生産と供給——を遂行する，③（利益は確保するが）個人には利潤を分配しない，④利益の一部を事業や地域コミュニティに再投資する，⑤地域コミュニティから委託された資産と富を

企業が保持する，⑥地位コミュニティの住民に対して「アカウンタビリティ」（説明責任）を果たす，以上の6つを指摘している（中川 2008）．

ただ，社会的企業の定義をこのように述べたとしても，その現れ方は各国で異なっており，これを代表的な国を例にその特徴点について若干みておこう．

2) イギリスの社会的企業

イギリスでは，すでに労働党のトニー・ブレアが1997年の総選挙のための「マニフェスト」で「第三の道」(the third way) を掲げ，その一部に「社会的企業」の育成を主張した．また，ブレアは「ニュー・レイバー」の政策のもとで「福祉から労働へ」(welfare to work) の政策を掲げている．この政策は，様々な議論を経てブレア労働党内閣のもとで実施に移されたのだが，その一環として社会的企業の育成・発展が見られている．労働党政府は「雇用の創出」と「地域コミュニティの再生」のための手段の1つとして社会的企業の育成を図ったのである．2001年8月，貿易産業省内に「社会的企業ユニット」を設置，2002年7月には，「社会的企業成功のための戦略」を策定し，「コミュニティのための企業」法を新たにつくりコミュニティ利益会社（Community interest company）の新法人制度などが見られている（中川 2008）．

このように労働党によって着手された社会的企業育成策は，その後2006年1月の新しい党首に就任したデイビッド・キャメロンによっても引き継がれ，2008年現在政府による社会的企業の政策部局も立ち上げられている．

福祉国家論で知られたノーマン・ジョンソン（Norman Johnson）は，イギリスの社会的企業の現状について述べる中でその定義を次のように述べている．すなわち「社会企業とは，株主やオーナーの利益を最大限にする必要性に突き動かされているというよりも，ビジネスあるいはコミュニティの目的のために，その利潤を再投資することを第1の社会的目的とするビジネスのことである」[17] というのである．

ジョンソンによると，イギリスには労働党政権及びこれに代わった現保守党政権のもとで社会的企業が5万5000社もあるという．年間270億ポンドの総売上高があり，国内総生産（GDP）に85億ポンドの貢献をしていると言われている．もっとも，労働党政府の2005年の統計によると1万5000社なので，

この相違は社会的企業の定義の相違に由来するものではないかとも考えられる[18]．いずれにしても，イギリスでの社会的企業の発達は目覚しいものがあるといえるだろう．その対象とする範囲は，都市再生事業，コミュニティや近隣地域（ネイバーフッド）におけるサービス，雇用復帰や職業訓練，住宅，医療やソーシャルサービス，人材育成，環境福祉サービス，権利擁護（アドボカシー）やキャンペン活動，信用組合，そうしてごみ収集，リサイクル，コミュニティバス事業の分野にも及んでいる．最近では，刑務所の運営にもセクターをかかわらせようという計画もあるという．

この組織には，全国ボランタリー組織協議会がかかわり，内閣府の第三セクター局と関連を持っている．また，コミュニティ開発金融機関（グラミン銀行でイギリスに約400あるという）を通じて貧困地域への地域再生資金の配分を行っている[19]．

2006年に社会企業局を保険省内に創設しており，内閣府に第三セクター局を設置し，政府支援も行ってきている．しかし，財政金融危機のもとで，財政支援はその後保守党政府の継承による支援策にもかかわらず厳しい環境に置かれてきていることも事実であろう．地方自治体のローカル・ガバナンスを通じた近隣地域レベルでの活動とその役割が注目されているのである（山本2009）．

3）アメリカの動向

アメリカにおけるこの概念については2つの流れがあると言われている．その1つは，事業収入学派の流れである．この点は米国の非営利組織研究の文脈の中でみていく必要があるが，1980年代からの「NPOの営利化」に端を発して，近年，ビジネスの手法を用いて社会的な目標を達成する幅広い「社会的ビジネス」へ注目が集まっている．また，その定義については，「NPOがその慈善的目標に向けて収入を確保するために行われるあらゆる継続的な事業活動とその戦略」とされている．

一方，アメリカの議論でいまひとつソーシャルイノベーション学派の分野での研究がある．これは，経営学（起業家研究）の文脈の中でのものであるが，社会起業家（Social Entrepreneur）への注目の中でみられるものでシュンペー

ターの「創造的破壊に基づく新結合」の概念があり，例えば，持続可能な社会を実現するためには，「革新的なニューカマーによる創造的破壊を期待」するという考え方である．このように，アメリカでは，社会起業家に向けての考え方も大きくなっている[20]．

4) EU諸国

次にEU諸国の議論についてみると，ここでは，新たな法的枠組みの位置づけが問題となるが，それは，協同組合かアソシエーション以外の法人形態の問題であり，前述したコミュニティにかかわる社会的企業が好事例となるとされている．しかし，例えばアイルランドでは，コミュニティが所有し，コミュニティのニーズに応え，財政的に自立させるというビジネスモデルがあるが「コミュニティ・ビジネス」の多くが事実上挫折しているといわれる．それに代わり，規模が大きく，マネジメントが専門的で，自律しながら公的部門と連携することで成功した地域開発事業があり，これらを包括する形で社会的企業概念が発達している．

また，この形態が発達し「職人のまち」で知られるイタリアでは，社会的企業とは「社会的協同組合」(cooperativa sociale)を指すものとおおむね理解されている．これはイタリアでは主として，福祉・医療，文化，環境，教育，情報，農業，工芸といった分野で事業活動を展開しており，1991年に協同組合の一類型として制度化されている．

(2) 日本における議論

最後に，日本における議論について見ると，非営利組織（NPO）論における社会的企業の議論としては，1998年先に見た特定非営利活動促進法が成立し，また2000年以降の社会福祉基礎構造改革があり，これによって福祉のそれまでの国（地方）による措置から契約制へと移行したことが1つの契機となっている．この点では，先にみたわが国における指定管理者制度のような行政とのあり方が「事業型NPO法人」の発展のひとつの鍵となっている．例えば，2000年度に始まる介護保険制度への参入などに見られる事業型NPO法人の増大も見られる．そこでは，財政問題が1つの焦点となり，行政との関係（支

援と癒着, 依存関係) が強い法人が生き残ることになるものといえる. 子育て, ごみ・リサイクルなど福祉, 環境政策, 高齢者の生きがいと文化活動などの分野におけるこのようなモデルの発展がわが国の社会的企業のあり方に1つの示唆を与えているとも考えられる.

一方, わが国でもワーカーズ・コレクティブの考え方と広がりが見られ出していることが注意される. ワーカーズ・コレクティブというのは, そこに働く人々によって所有 (出資) され, 管理される事業で, 自主管理, 自主運営, 直接民主主義的経営が中心である. 構成メンバーは既婚女性が大半で, 生活関連事業や, 理念性の高い事業に取り組んでいる団体も多い[21]. 先にも見たとおり,「新しい公共と市民自治」の確立を目指して「協同労働の協同組合」法制化への市民会議の運動が見られ出している. 社会的排除・格差社会に抗する新しい社会福祉の理念と構想を示す運動への実践事例としてその可能性に期待しておきたいと思う.

むすび

以上の本章の検討を通じて明らかになった点についてまとめておく.

第1に, 社会福祉と社会保障については, 援助を裏付ける財政問題も重要であるが, これに関連して特に今日の社会的排除への対応の問題が重要となったことである. 特に最近の日本で顕著になっている労働力市場の二重構造と格差拡大のもとでその底辺における不安定雇用層の増大が見られる中で, 年金・医療制度から排除されている人びとをいかに「社会的に包摂」していくかが大きな課題である.

第2に, 現代福祉国家の危機——とりわけ財政危機——のもとでエスピン-アンデルセンの福祉国家の類型を検討してきたが, エスピン-アンデルセンの脱商品化, 社会権への基準に基づく福祉における「新たな公共」と「包摂性」への視点への検討視角が極めて重要となっている. すでに欧米の議論でみられるとおり, 福祉国家を担う主体が多様性を持つ中で, 今日, 地域福祉の重要性とそこでのこれまでの「官」に対する「民」における「新たな公共」の役割が論議されてきている点である. そこでは, これまでの福祉行政におけるフォー

マルセクターに対するインフォーマルセクターの役割が益々大きくなってきていた．「社会的排除」の問題に対応していくためには両者の対等な関係での「民」の参加のあり方，つまり，行政からの適切な支援を前提とした市民団体の新たな役割——社会福祉協議会はもちろんNPOやNGO，各種市民団体，住民組織，福祉協同組合，社会的企業，コミュニティの役割など——を通じて「社会的包摂」の課題を実現していくべきことを提起したのである．

　第3に，このような意味で，欧米及び日本における社会的企業について見てきた．社会的企業については1990年代半ば頃から論議と検討が見られ出し今日ヨーロッパを中心に法的にも整備されつつある．特にイギリスにおける労働党ブレア政権以降の社会的企業の発達は著しく，都市再生事業，雇用復帰や職業訓練，住宅，医療やソーシャルサービス，環境サービスなど近隣地域（ネイバーフッド）における各種サービスの分野での社会的企業の発達が認められる．この組織は，内閣府の第三セクター局とも関連を持っており，また，コミュニティ開発金融機関（グラミン銀行）などを通じて貧困地域への地域再生資金の配分を行っており，ソーシャル・インクルージョンの施策として注目し参考としておいてよいだろう．もちろん，その財政支援のあり方は，財政金融危機のもとで厳しい環境に置かれてきていることも事実であるが，地方自治体のローカル・ガバナンスを通じた近隣地域レベルでの活動とその役割が注目されるのである．

　わが国でも地域福祉の分野では，ボランティアを含む各種団体，NPO，福祉協同組合，そして社会的企業と呼ばれる事業体による「公共」と「福祉文化」等に果たす役割が益々大きくなっている[22]．その持続性が課題となるが，この意味でも，協同組合と非営利組織との「橋渡し」となり環境・福祉・雇用・人材育成，高齢者の福祉文化活動など新たな価値意識と公益的目的性（ミッション）をもつ新しい事業体，さらには「地域における支え合い」の役割をもつ社会的企業のあり方が社会福祉や地域福祉，福祉文化活動の分野でも検討されていかねばならない課題となることを述べてむすびにかえたい．

　　　注
1) 　日本社会福祉学会第56回大会（2008年10月，於岡山県立大学）の共通テーマは

第12章　現代の社会福祉と「新たな公共」　　　　　　　　　　245

「ソーシャル・エクスクルージョンと社会福祉学」であった．「社会的排除と包摂」は現代の社会福祉学の重要なキーワードの１つと思われる．なお，本章の論文は，坂本（2009）第８章を前提とし，これに新たな社会的企業に関する研究成果と資料などを加えたものであることをお断りし，あわせ同書をも参照されたい．
2) 2000年当時に出された同報告書は，心身の障害・不安，貧困を両端とする横軸と，社会的排除や摩擦，社会的孤立と孤独を横軸とする座標を枠組みに，現代社会における社会福祉の課題をとらえており，ヨーロッパの動向に影響を受けたものと考えられる（同報告書，2000年10月号所収）．これについては，日本ソーシャル・インクルージョン推進会議編集（2007）がある．なお，炭谷（2008）も参照．
3) HM Treasury/Cabinet, 2006, p.29. ノーマン・ジョンソン「英国の社会的企業」(Norman Johnson, Social Enterprises in Britain) と題した関西学院大学での講演（2009年２月22日）による．
4) なお，山本（2002）第４章以下では，ミシュラの類型論とあわせ紹介されている．金澤編（2008）10-11頁なども参照．
5) 福祉国家の３類型については，坂本ほか編（1999）第２部第２章及び第３章も参照．ただし，エスピン-アンデルセンの類型では日本や東アジアは射程に入らない．
6) この点については前掲，坂本（2009: 211-4）でも論じている．
7) スウェーデンの1999年の年金改革を参考とした最低保障年金（ミニマム・ペンション）については，財政学では神野直彦の問題提起がある（前掲，坂本ほか編（1999）第２章参照）．
8) これについては，小沢（2002），特にⅡの各章なども参照．
9) なお，右田紀・井岡（1984）もあわせ参照．
10) 地方行政組織運営の刷新に関する研究会「分権型社会における自治体経営の刷新戦略」2007年３月の報告による．この研究会では「新しい公共空間」の用語を用いている．
11) 寄本氏は，両者の相乗作用について，ゴミ・リサイクル問題を例に，企業が製品をつくったり売ったりする段階であらかじめ製品の適正処理や再生利用のための配慮を十分にしていれば，市民や再生資源業者あるいは自治体によるリサイクル活動やごみ処理事業は，やりやすくなることを上げて，「福祉でいえば，都市，とくに大都市での住宅政策が拡充されてこそ，民の側における自助（ホーム・ケア）や互助（コミュニティ・ケア）の努力が生かされる」としている．
12) これに関して多田（2006）は公共性と地域との関連を論じている．
13) イギリスのローカル・ガバナンスからネイバーフッド・ガバナンスへの移行についての最近の研究では，山本（2009: 42頁以下）参照．
14) この点は，Leicester Business School, RCUK Research Fellow の Dr. Catherin Durose,' Local governance and neighbourhood working in the UK' (関西学院大学での2009年３月の講演ペイパー) を参照した．
15) 例えば，坂本ほか（2006）参照．
16) ボルザガ，ドゥフルニ編（2004）著者の序文及び514頁．513頁も参照．ほかに，斎藤（2004）がある．

17) 前掲，ノーマン・ジョンソンの報告による．以下は彼の報告に依拠している．
18) イギリスにおけるグラミン銀行による農村貧困地域へのマイクロクレジットの役割は，近隣地域におけるローカル・ガバナンスとしての社会的企業の役割とともに注目される活動である．中川（2008）も参照．
19) 前掲，ノーマン・ジョンソン「英国の社会的企業」．その後2008年12月，立命館大学総合政策学部で，イギリスのオックスフォード大学の社会起業家のためのスクールセンター教授のクマール博士（Dr. Sarabajaya Kumar）の講演を聴き懇談する機会があった．同教授との話し合いを通じて，サードセクターはかつての日本にみられたような観光開発など地域開発やビジネス目的の公私混合企業というよりも，協同組合などが早くから発達したイギリスではボランティア組織に軸足をおきつつ，子育てや児童保護など社会福祉，チャリティ，環境問題，起業を通じた雇用や人材育成目的など一定のミッション（mission）性をもった起業（家）に主眼が置かれている．なお，これと同時に，社会的企業の貧困劣悪地域（インナーシティ問題）の再生に果たす経済的役割の分野も注目される．
20) 桜井政成（立命館大学）のローカルガバナンス研究会（2008年10月，於関西学院大）での報告．斎藤（2004）も参照．
21) 2003年時点でのワーカーズ・コレクティブは団体数580団体，メンバー数16,149人，2002年度事業高は127億円であった．1993年時点に比べて団体数は3.5倍，メンバーは4倍となっている．
22) 福祉生活協同組合など社会的企業の地域社会福祉，福祉文化に果たす役割についての事例研究としては，一番ヶ瀬・河畠編（2001）がある．高齢者福祉協同組合の福祉文化の実現なども取り上げられている．

参考文献
一番ヶ瀬康子・河畠修編（2001）『高齢者と福祉文化』明石書店．
エスピン-アンデルセン（2001）岡沢憲英・宮本太郎訳『福祉資本主義の三つの世界』ミネルヴァ書房．
小沢修司（2002）『福祉社会と社会保障改革―ベーシック・インカム構想の新地平』高菅出版．
金澤史男編（2008）『公私分担と公共政策』日本経済評論社．
北島健一・藤井敦史・清水洋行（2005）「解説」『社会的企業とは何か―イギリスにおけるサードセクター組織の新潮流』生協総研レポートNo. 48．
厚生省（2000）『社会的な擁護を要する人びとに対する社会福祉のあり方に関する検討会』報告書．
斎藤槙（2004）『社会起業家　社会責任ビジネスの新しい潮流』岩波新書．
坂本忠次（2009）『現代社会福祉行財政論―社会保障をどうするか』大学教育出版．
坂本忠次ほか（2006）「少子化時代の子育て支援に関する事例研究」『関西福祉大学研究紀要』第9号．
坂本忠次・和田八束・伊東弘文・神野直彦編（1999）『分権時代の福祉財政』敬文堂．
炭谷茂（2008）「ソーシャル・インクルージョン（社会的包摂）の理念と実践―社会的

排除・格差社会に対する，新しい社会福祉の実践」『新しい公共と市民自治』協同総合研究所研究年報．
田代国次郎（2004）『苦悩する社会福祉学』社会福祉研究センター．
多田憲一郎（2006）「『公共性』のパラダイム転換と地域の再生」山崎怜・多田憲一郎編著『新しい公共性と地域の再生』昭和堂．
中井英雄（2007）『地方行財政学：公民連帯の限界責任』有斐閣．
中川雄一郎（2008）「地域づくりと社会的企業」『新しい公共と市民自治』協同組合研究所研究年報．
日本ソーシャル・インクルージョン推進会議編集（2007）『ソーシャル・インクルージョン―格差社会の処方箋』中央法規．
橋本理（2009）「社会的企業論の現状と課題」『市政研究』162．
ボルザガ，C.・J. ドゥフルニ編（2004）内山哲朗・石塚秀雄・柳沢敏勝訳『社会的企業』日本経済評論社（C. Borzaga and J. Defourny, eds., The Emergence of Social Enterprise, London, New York: Routledge, 2001）
右田紀久恵（1993）『自治型地域福祉の展開』法律文化社．
右田紀久恵・井岡勉（1984）『地域福祉―いま問われているもの』ミネルヴァ書房．
宮本憲一（1998）『公共政策のすすめ』有斐閣．
山本隆（2002）『福祉行財政論』中央法規．
山本隆（2009）『ローカル・ガバナンス―福祉政策と協治の戦略―』ミネルヴァ書房．
寄本勝美編（2001）『公共を支える民』コモンズ．

索引

[欧文]

EMSS 226, 238
ICF 184
Lazarus and Folkman 126
NPO 36, 231, 233, 239, 242, 244
　　──の営利化 241
　　──法人 233
　　事業型── 242

[あ行]

愛 71, 79, 80, 81
アウシュビッツ収容所 164
アカウンタビリティ 240
アガペーの愛 37
朝日訴訟 228
新たな公共 224, 226, 229, 232-5, 238, 240
　　──空間 233, 245
　　──の形成 232
アドボカシー 122
新たな支え合い 228
井岡勉 97, 99
イギリス新労働党 235
イクスクルージョン 35
池上惇 206, 208
石井十次 66
異次元空間 178
板ばさみ 113
逸脱 38
居間の力 73, 75-81
意味 42
　　──と認識 42
　　──の意味 43
医療生活協同組合 ⇒生活協同組合
インテグレーション 29

インナーシティ問題 246
インフォーマル 232
右田紀久恵 97, 99-100, 104, 232
ヴォルフェンスベルガー 106
エスピン-アンデルセン 215, 230
援助者-被援助者 121
エンパワメント 31
応益負担 33
大橋謙策 100, 102
岡村重夫 50, 92, 96-9, 104
岡本栄一 101
奥田道大 88
音楽療法 162
音列 169

[か行]

介護心中事件 125, 135, 137-8
介護保険制度 189, 218
改正介護保険法 226
概念経路 42
概念地図 42
顔の体験 17-9
格差問題 224-5, 243
家族介護者のストレス 126
家族間暴力 127-30, 137-9, 141
家族機能的適応 129, 131, 134
家族システム論 129-30, 135-9, 141
　　──的アプローチ 127-8
家族成員間のコミュニケーションパターン 139
家族内凝集性 131, 133
家族内ストレス対処戦略 131, 133
家庭内高齢者虐待 127-8, 131
河東田博 106
加藤直四郎 159

カトリック的補完原理　230
カンペ　76
機会の平等　211
基礎陶冶　73, 80-1
ギデンズ，アンソニー　210, 212
客観性　57
キャメロン，デイビッド　240
京極高宣　96, 101
共生関係　136, 138
共生社会　145
共同寄宿舎　149
協同組合　231, 239
　協同労働の――　235, 243
　社会的――　242
　農業――　237
　福祉――　244
居宅生活支援費　187
ギンダーハウス　68, 73-80
近隣地域　241
クオリティ・オブ・ライフ　87, 95-6, 105
愚敬　40
倉橋惣三　66-7
グラミン銀行　241, 244
グローバリゼーション　123
形而上学　42
賢君政治　34
憲法第25条　227, 229, 231
鉤十字　169
公的扶助　228-9
購入者-供給者モデル　220
高福祉高負担国家　230
国際障害者年　106
心を開くこと　71
個人給付　184
ゴッフマン　158
コミュニティ　91, 225, 229, 235
　――開発金融機関　241
　――ケア　87, 92-3, 245
　――の再生　239
　――・ビジネス　242
　――ワーカー　102, 105
ゴルツ，アンドレ　213

コロニー　33

[さ行]

サードセクター　226, 238, 241, 246
災害時における歌唱　174
最低限度の生活　228
最低生活保障　219, 221
真田是　97, 99
シェーンベルク　168
支援国家　235
支援費制度　183, 185
四箇院　32
支給限度基準額　189
慈恵　27
自己決定　109
　――至上主義　118
自己責任　111
自己洞察　37
市場経済　237
自治型地域福祉　⇒地域福祉
市町村障害者計画　191
指定管理者制度　233, 236, 242
私的公共性　234
慈悲　26
シベリアの収容所　159
市民参加　229
社会環境　123
社会起業家　241-2
社会権　205
社会構成主義　52
社会サービス　219
　――法　219
社会的学習理論　128
社会的企業　224-6, 231, 236-7, 244
　――ユニット　240
社会的協同組合　⇒協同組合
社会的交換／統制理論　128
社会的排除　212, 224-5, 228, 238, 243-4
　――者　232
　――に対する闘い　224
社会的包摂　29, 224, 229, 236, 244
社会投資国家　210

社会福祉学　42
社会福祉基礎構造改革　242
社会福祉協議会　233, 237, 244
社会福祉士　137, 139
社会福祉法第3条　226-7
社会保障　205
　　──制度審議会　227
社会企業　240
十二音技法　168
住民組織　244
受刑者　173
シュタプァー　69, 73-4, 81
シュタンツ孤児院　68-73, 81
障害者自立支援法　183, 185, 190
障害福祉計画　191
消費生活協同組合　⇒生活協同組合
情報環境　154
情報弱者　155
職人のまち　242
職場青年団　150
女子工員を守る運動　152
ジョンソン，ノーマン　225, 240, 245, 246
自立　227
　　──支援給付　193
人権教育　156
人権侵害　224
信仰による救済　172
新自由主義的政策　206
新播磨　152
人類の幸福　180
スウェーデン社会庁報告書　106
スウェーデンモデル　218
崇高　38
鈴木五郎　101
鈴村興太郎　206
スティグマ　35
ストレッサーへの二段階適応モデル　129-30, 134, 139
ストレングス視点　39
生活改善運動　149
生活協同組合　237
　　医療──　237

消費──　237
　　福祉──　237
生活権　227
生活の質　147
正規労働者　225
生存権　27, 227
セイフティネット　224
世界人権宣言　226
積極的労働市場政策　218, 221
セン，アマルティア　206-7, 211-2
潜在能力　208
　　──アプローチ　206-7
「選択」や「契約」制へ　228
専門職　109
専門的判断　122
相互援助　111
相談支援　188
　　──事業　196
ソーシャル・インクルージョン
　　⇒社会的包摂
ソーシャル・エクスクルージョン
　　⇒社会的排除
ソーシャルワーク実践スキル　137, 139
措置制度　24, 183
存在の尊厳　15

[た行]

第三の道　210
対等性　109
多元的主体　224
他者の尊厳　18-9
正しさ　43
　　──の根拠　44
多面的配慮　72, 73
男性介護者　130, 138
短2度圏　169
地域改革運動　157
地域自立支援協議会　196
地域生活支援事業　193
地域における支え合い　229
地域福祉　145
　　自治型──　100, 232-3

――の構成要件　102-3
――の思想　93
――の体系　87, 105
――の理論　96
――理念のダイアグラム　87, 95, 105
小さな政府　236
地図　44
父親の力　72-3
地方独立行政法人制度　233
中福祉中負担国家　230
超高齢社会　154
通過儀礼の場　151
低福祉低負担国家　230
テレージェンシュタット収容所　166
問い　43
当事者　111
同調　39
道徳的な心の状態　71-3, 76, 79
道徳的な自立　73, 81
特定非営利活動促進法　233, 237-8
留岡幸助　66

［な行］

永田幹夫　97, 99
ナショナルミニマム　29
ナチス　163
ニィリエ　106
二元論　46
西脇区婦人　149
西脇時報　152
日本国憲法の第13条　227, 229, 231
ニュー・パブリック・マネジメント　235
ニューレイバー　235
人間の尊厳　225-7
人間発達　205-6
認識論　43
認知ストレス理論　126, 138
認知的評価　126, 129-31, 138-9, 141
ネイバーフッド　225, 235, 241
　――・ガバナンス　225, 235, 245
農業協同組合　⇒協同組合
ノーマライゼーション　24, 93-5, 105

［は行］

パートナーシップ　112
バーンアウト　118
派遣社員　225
パターナリズム　109
働く女性新聞　150
母親の目　72, 79
ハビトス　8-9
パリッシュ　235
バンク-ミケルセン　106
播州織女子工員　145
ハンセン病療養施設　171
反排除　225
非営利組織　242
非正規労働者　225
日野村男子青年団　150
ヒューマニズム　38
ビルケナウ収容所　165
貧困　207
不安定雇用層　231
不安定就業　224
フォーマル　232
福祉イデオロギー　60
福祉から労働へ　216
福祉教育　156
福祉協同組合　⇒協同組合
福祉共同体　78-9
福祉国家のレジーム　230
福祉コミュニティ　87, 91, 94, 233
福祉主体の多元化　226, 229-30, 232
福祉生活協同組合　⇒生活協同組合
福祉の質　145
福祉の文化化　145
福祉文化　20-1, 145
福祉ミックス論　224, 229-30
普遍主義　216, 218, 221
普遍性　57
フランクル　164
古川孝順　100
ブレア, トニー　240
文化の福祉化　145

分権型社会　233
分権型福祉社会　220
分権型モデル　231
閉鎖的介護環境　137
ヘルヴェチア共和国　69-70, 81
ベヴァリッジ報告　205, 210
ベーシック・インカム　213
ペスタロッチー　66
保育・介護の社会化　233
包摂　232
「包摂」と「参加」　225
ホーム・ケア　245
ポストモダン　52
ホスピタリティ　39
ボランタリー　39
　──精神　145
ボランタリズム　93, 106
ボランティア　36, 244
　──活動　233
凡愛派　76, 82

[ま行]

牧里毎治　99, 101
まちづくり　148
三浦文夫　95, 99-100
ミニマム・ペンション　231, 245
村田隆一　97
メインストリーミング　29
メタ福祉学　42
メタ理論　43
免疫系　177
問題の偽解決パターン　137-9

[や行]

役割相乗型の公共政策　234
ユダヤ人　163
予防給付　36
寄本勝美　234

[ら行]

ライフモデル　123
リースマン　111
『リーンハルトとゲルハート』　68, 73-5, 77, 82
リテラシー　39
リハビリテーション　24
利用契約制度　184
利用者主体　112
隣人愛　26
倫理　18-9
ルソー　76, 82
レイベリング　26
レヴィナス　17-9
労働時間の短縮　214
ローカルガバナンス　224, 235, 241, 245-6
ロシア正教　162

[わ行]

ワーカーズコープ　239
ワーカーズ・コレクティブ　243, 246
ワーキングプア　25, 218
ワークフェア　228
ワルシャワ・ゲットー収容所　163
ワルソーからの生き残り　168

[執筆者紹介] （執筆順）

中村　剛（第1章）
関西福祉大学社会福祉学部専任講師．1963年生まれ．立正大学大学院社会福祉学研究科修士課程終了．知的障害者更生施設ながい寮副施設長を経て現職．業績に『福祉哲学の構想―福祉の思考空間を切り拓く』みらい，2009年．『井深八重の人生に学ぶ―"ほんとうの幸福"とは何か』あいり出版，2009年．

平松正臣（第2章）
関西福祉大学社会福祉学部教授．1951年生まれ．四国学院大学文学部社会福祉学科卒．知的障害者援護施設倉敷市ふじ園施設長，吉備国際大学社会福祉学部助教授を経て現職．業績に「訪問介護サービスを利用している独居高齢者の主観的健康感に影響する社会関係要因とその独居年数による相違」（共著）『厚生の指標』2006年11月号，53(13)．『社会福祉論』（共著）建帛社，2007年．

丸岡利則（第3章）
関西福祉大学社会福祉学部教授．1952年生まれ．大阪府立大学大学院社会福祉学研究科修士課程修了．業績に「メタ福祉学の構想」『関西福祉大学研究紀要』第8号，2005年．「メタ福祉学の構想II」『関西福祉大学研究紀要』第9号，2006年．

光田尚美（第4章）
関西福祉大学社会福祉学部専任講師．1973年生まれ．兵庫教育大学大学院連合学校教育学研究科単位取得満期退学，学校教育学博士（兵庫教育大学）．業績に「ペスタロッチー教育思想における教育実践学的考察―「愛」の意義を中心に―」日本教育実践学会編『教育実践学研究』第5巻，2004年．「思いやりの心を育てる道徳教育考―ペスタロッチーの心情陶冶に着目して―」『関西福祉大学社会福祉学部研究紀要』第12号，2009年．

谷川和昭（第5章）
関西福祉大学社会福祉学部准教授．1969年生まれ．立正大学大学院文学研究科社会学専攻博士後期課程単位取得満期退学．業績に『地域福祉分析論』（共編著）学文社，2005年．『社会福祉援助の基本体系』（共編著）勁草書房，2007年．

岩間文雄（第6章）
関西福祉大学社会福祉学部准教授．1970年生まれ．大阪府立大学大学院社会福祉学研究科博士後期課程単位取得満期退学．業績に，藤本修編『現場に活かす精神科チーム連携の実際―精神科医，心理士，精神科ソーシャルワーカーのより良い連携を求めて―』（共著）創元社，2006年．『とてもわかりやすい社会福祉の本』西日本法規出版，2005年．

一瀬貴子（第7章）
関西福祉大学社会福祉学部准教授．1972年生まれ．奈良女子大学大学院博士後期課程修了，博士（学術，奈良女子大学）．業績に『児童福祉論―実習中心の授業展開―』（共著）相川書房，2006年．『シリーズ社会福祉の探究2 高齢者福祉学―介護福祉士・社会福祉士の専門性の探究―』

岩本真佐子（第8章）
関西福祉大学社会福祉学部教授．1946年生まれ．神戸女子大学大学院博士課程単位取得満期退学．NPO法人「ぷくぷく　ほーむ」経営・代表理事．業績に『播州織「女工」疎外史』神戸新聞総合出版センター，1999年．「鈴木裕子師の女性労働の文献研究―播州織『女工』の労働運動との比較検討」『日本福祉図書文献学会 研究紀要』第7号，2008年．

古瀬徳雄 （第9章）
<ruby>古<rt>ふる</rt></ruby><ruby>瀬<rt>せ</rt></ruby><ruby>徳<rt>とく</rt></ruby><ruby>雄<rt>お</rt></ruby>

関西福祉大学社会福祉学部教授・社会福祉学部長．1948年生まれ．大阪教育大学特設音楽課程卒．大阪フィルハーモニー交響楽団，兵庫女子短期大学教授を経て現職．業績に『星野富広の詩による7つの歌』音楽之友社，1992年．『歌うオーケストラ1～5』音楽之友社，1994-2001年．

谷口泰司 （第10章）
<ruby>谷<rt>たに</rt></ruby><ruby>口<rt>ぐち</rt></ruby><ruby>泰<rt>たい</rt></ruby><ruby>司<rt>じ</rt></ruby>

関西福祉大学社会福祉学部准教授．1962年生まれ．立命館大学院修士課程修了（社会学研究科応用社会学）．業績に『介護保険の経済と財政』（共著）勁草書房，2006年．『介護福祉のための経済学』（共著）弘文堂，2008年．

藤岡純一 （第11章）
<ruby>藤<rt>ふじ</rt></ruby><ruby>岡<rt>おか</rt></ruby><ruby>純<rt>じゅん</rt></ruby><ruby>一<rt>いち</rt></ruby>

関西福祉大学社会福祉学部教授．1949年生まれ．立命館大学大学院経済学研究科博士後期課程単位取得，博士（経済学，京都大学）．高知大学人文学部教授を経て現職．業績に『分権型福祉社会スウェーデンの財政』有斐閣，2001年．『新しい公共性と地域の再生―持続可能な分権社会への道―』（共著）昭和堂，2006年．

坂本忠次 （第12章）
<ruby>坂<rt>さか</rt></ruby><ruby>本<rt>もと</rt></ruby><ruby>忠<rt>ちゅう</rt></ruby><ruby>次<rt>じ</rt></ruby>

関西福祉大学社会福祉学部特任教授・大学院研究科長．1933年生まれ．法政大学大学院博士課程単位取得退学，経済学博士（京都大学）．岡山大学経済学部教授を経て現職．『介護保険の経済と財政』（共編著）勁草書房，2006年．『現代社会福祉行財政論―社会保障をどうするか―』大学教育出版，2009年．

現代の社会福祉
　人間の尊厳と福祉文化

2009 年 8 月 20 日　第 1 刷発行

定価（本体 3800 円＋税）

編　　者　関西福祉大学社会福祉研究会

発 行 者　栗　原　哲　也

発 行 所　株式会社 日 本 経 済 評 論 社
〒101-0051　東京都千代田区神田神保町 3-2
電話 03-3230-1661　FAX 03-3265-2993
E-mail : info8188@nikkeihyo.co.jp
振替 00130-3-157198

装丁＊渡辺美知子　　　　印刷・製本／シナノ印刷

落丁本・乱丁本はお取替えいたします　　Printed in Japan
© 2009 中村剛・平松正臣・丸岡利則・光田尚美・
　　　谷川和昭・岩間文雄・一瀬貴子・岩本真佐子・
　　　古瀬徳雄・谷口泰司・藤岡純一・坂本忠次

ISBN978-4-8188-2066-1

・本書の複製権・翻訳権・上映権・譲渡権・公衆送信権（送信可能化権を含む）は、㈳日本経済評論社が保有します。
・[JCOPY]〈㈳出版者著作権管理機構　委託出版物〉
本書の無断複写は著作権法上での例外を除き禁じられています。複写される場合は、そのつど事前に、㈳出版者著作権管理機構（電話 03-3513-6969、FAX 03-3513-6979、e-mail : info@jcopy.or.jp）の許諾を得てください。

川口清史・富沢賢治編
福祉社会と非営利・協同セクター
A5判　276頁　3500円

福祉国家から福祉社会へ転換の今日，非営利・協同セクターの概念を再確定し，その組織と運営・機能の実際をヨーロッパ各国からの報告を元に，日本の課題と共に分析する。

V.ペストフ著／藤田暁男ほか訳
福祉社会と市民民主主義
―市場と国家を超えて―
(オンデマンド版)　　A5判　350頁　3800円

社会的企業や第三セクターの貢献なくしては福祉社会の発展はない。サービス提供者とクライアントの相互活動，労働環境の改善等，現場から市民民主主義の漸進を捉える。

C.ボルザガ, J.ドゥフルニ編／内山哲朗・石塚秀雄・柳沢敏勝訳
社　会　的　企　業
―雇用・福祉のEUサードセクター―
A5判　535頁　8200円

EU全15カ国の事例を詳細に分析，ポスト福祉国家におけるサードセクターを再定義して，経済と社会の転換と再生を理論的実証的に展望する意欲作。

山口二郎・宮本太郎・小川有美編
市民社会民主主義への挑戦
―ポスト「第三の道」のヨーロッパ政治―
A5判　270頁　3200円

「市民社会民主主義」とは新しい造語である。欧州中道左派の政治をヒントに，日本における市民社会を基盤とした新しい社会民主主義への挑戦が，いまここに始まった。

シリーズ・アメリカの財政と福祉国家 より
各巻3400円

渋谷博史・C.ウェザーズ編
④ ア メ リ カ の 貧 困 と 福 祉
A5判　273頁

グローバル化とIT革命による産業・労働再編成の下，アメリカの貧困の実体や，その貧困に対処する医療，住宅，都市再開発という領域を実証的に分析する。

根岸毅宏著
⑨ ア メ リ カ の 福 祉 改 革
A5判　229頁

「福祉依存」から脱却させるための福祉改革。自己責任と就労促進を求めるアメリカ的再編の過程を分析する。

木下武徳著
⑩ ア メ リ カ 福 祉 の 民 間 化
A5判　250頁

アメリカ福祉の民間化が飛躍的に発展する契機となった公的扶助改革をとりあげ，政府とNPOとの委託契約による福祉サービス提供の実態と問題点を実証的に分析する。

表示価格に消費税は含まれておりません